JN335805

最新 図解・イラストでみる

財務分析ABC

■和井内 清 著
■山坂サダオ 絵

銀行研修社

は　し　が　き

　財務分析は歴史的にみると，19世紀末から20世紀初頭において，アメリカで銀行家が企業の信用分析を行ったことがその端緒であるといわれます。それまでは財務諸表というものは記帳担当者が真面目に仕事を達成した証拠としてしか考えられなかったのですが，これを信用分析の資料として活用したのが各金融機関であったということです。

　その後，産業経済の発展とともに企業における会計情報システムや財務諸表制度は目を見はるような発展・充実を遂げ，それに伴って財務分析の技法も著しく進展しました。今日では財務分析は，単に外部者の行う信用分析のみならず，企業内部においても経営の改善に，また経営計画に活用されており，財務分析はまさに経営分析としての役割を担っているものといえるでしょう。

　本書は財務分析の基本をできるだけ平易に解説しようと試みたものですが，財務分析ではただ単に比率や算式を覚えるだけでなく，これらの分析技法をできるだけ体系的に理解することが肝要であり，早道です。本書はこのような記述に心掛けるとともに，できるだけ図解を多くとりいれました。とくに経営分析統計の図示を多く用いておりますが，主要業種の動向といったものをマクロ的に把握していただくことも，基本的理解に必要と考えたためです。

　財務分析を習得し活用するプロセスをフローチャートにしてみると次ページのとおりです。

　財務分析の技法習得によって，まず企業の経営上の問題点を正しく把握できなければなりません。そして，この問題点把握をベースに利益計画，資金計画，付加価値計画などの経営計画に，あるいは経営計画立案に対する助言勧告に活用できなければなりません。もし，これがＮＯである場合には，再び原点に戻って学習することが必要ですが，企業会計

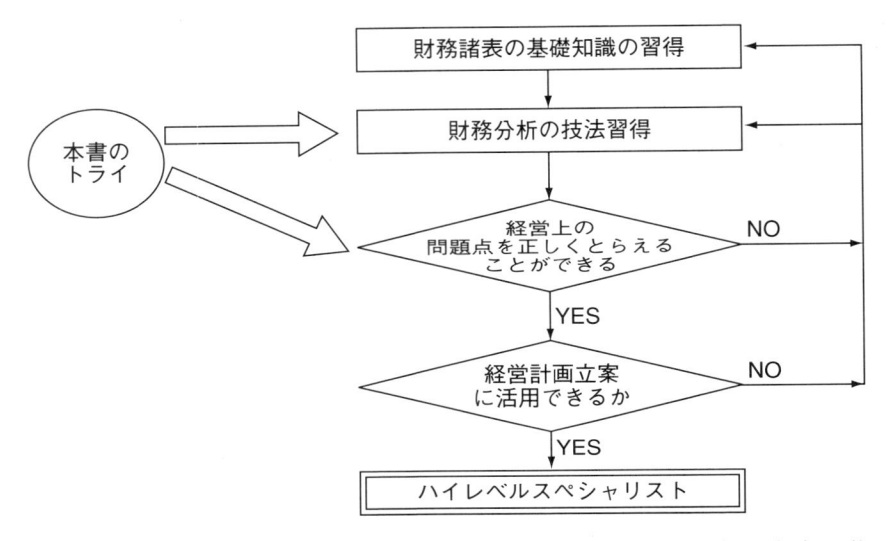

```
本書の              →  財務諸表の基礎知識の習得  ←┐
トライ              ↓                              │
                   財務分析の技法習得  ←───────────┤
                   ↓                              │
         ┌─ 経営上の問題点を正しくとらえる ─ NO ──┤
         │   ことができる                         │
        YES                                       │
         ↓                                        │
         ┌─ 経営計画立案に活用できるか ─ NO ──────┘
        YES
         ↓
      ハイレベルスペシャリスト
```

や財務諸表に対する理解力は財務分析における問題点把握力と表裏一体です。その意味から本書をお読みになる方は是非とも姉妹書である「図解・イラストでみる決算書分析ＡＢＣ」など，会計の基本書を座右におかれるようおすすめします。

最新版刊行にあたって

　本書は平成５年の初版刊行以降，好評をいただき11刷と版を重ねることができました。この間，産業経済界はバブル後遺症の中で，その体質を変化させてきました。今回の最新版では，本書の全データを時代に即した最新のものに切り換えることを主眼とし，全体の見直しを行いました。

　読者諸兄の業務に，いささかなりともお役に立てれば幸いです。
　平成16年４月

和井内　清

目次

はしがき

序章　財務分析とは

1．企業会計と財務諸表
（1）企業会計の役割 ……… 8
（2）企業会計七不思議 ……… 9
（3）時価会計などの会計基準
　　の影響 ……………… 16

2．財務分析の目的，対象
（1）財務分析の目的 ………23
（2）財務分析の対象 ………24

3．財務分析の手法
（1）比率法と実数法 ………26
（2）比率法 ………………26
（3）実数法 ………………30

1章　収益性・損益の分析

1．資本利益率
（1）総資本経常利益率 ………34
（2）総資本当期純利益率(R.O.A) …37
（3）利子支払前総資本利益率 …38
（4）総資本事業利益率 ………40
（5）経営資本営業利益率 ………42
（6）自己資本経常利益率 ………44
（7）自己資本当期純利益率(R.O.E) …48

2．売上高利益率
（1）（売上高）売上総利益率 ……50
（2）（売上高）営業利益率 ……51
（3）（売上高）経常利益率 ……52
（4）（売上高）当期純利益率 ……54

3．売上高費用率
（1）（売上高）売上原価率 ……56
（2）（売上高）販売費および
　　一般管理費率 ……57
（3）（売上高）営業費用率 ……58
（4）（売上高）営業外収益率 ……59
（5）（売上高）営業外費用率 ……60
（6）（売上高）原材料費率 ……61
（7）（売上高）人件費率 ……62
（8）（売上高）減価償却費率 ……63
（9）（売上高）支払利子率 ……64

4．その他の比率
（1）製造原価要素別構成比率 …66
（2）インタレスト・カバレッジ・
　　レシオ ………………68
（3）負債利子率 ………………70
（4）負債運用利ザヤ ……………72
（5）負債運用効率 ………………74
（6）交差比率 ………………76

5．回転率

(1)　総資本回転率 ……………78
　(2)　経営資本回転率 …………80
　(3)　自己資本回転率 …………82
　(4)　流動資産回転率 …………83
　(5)　固定資産回転率 …………84
　(6)　売掛債権回転率 …………86
　(7)　棚卸資産回転率 …………88
　(8)　有形固定資産回転率 ……90
　(9)　負債回転率 ………………91
　(10)　金融債務回転率 …………92
　(11)　買掛債務回転率 …………93
　(12)　正味運転資本回転率 ……95
6．損益分岐点
　(1)　損益分岐点 ………………97
　(2)　目標利益達成のための
　　　損益分岐点（広義）……100
　(3)　損益分岐点比率 …………102
　(4)　変動費・変動費率 ………104
　(5)　固定費・固定費率 ………107
　(6)　限界利益・限界利益率 …110
　(7)　費用分解（総費用法）……112
　(8)　費用分解
　　　（スキャッターグラフ法）……114
　(9)　費用分解（最小自乗法）…116
　(10)　費用分解（個別費用法）…119
　(11)　利益図表 …………………123
　(12)　限界利益図表 ……………126
　(13)　単位当り利益図表 ………129

7．利益増減分析
　(1)　利益増減分析 ……………131

2章　流動性・収支の分析

1．財務構成
　(1)　流動比率 …………………136
　(2)　当座比率 …………………139
　(3)　現金比率 …………………141
　(4)　固定比率 …………………143
　(5)　固定長期適合率 …………146
　(6)　自己資本比率 ……………149
　(7)　内部留保率 ………………153
　(8)　配当性向 …………………154
　(9)　負債比率 …………………156
　(10)　金融債務比率 ……………158
　(11)　売掛債権対買掛債務比率　160
　(12)　手元流動性比率 …………162
　(13)　企業間信用比率 …………163
2．回転期間
　(1)　現金預金回転期間 ………164
　(2)　現金預金有価証券回転期間　166
　(3)　売掛債権回転期間 ………168
　(4)　製品商品回転期間 ………171
　(5)　原材料貯蔵品回転期間 …173
　(6)　仕掛品回転期間 …………175
　(7)　未成工事支出金回転期間
　　　（建設業）……………………178
　(8)　固定資産回転期間 ………180

- (9) 有形固定資産回転期間 …182
- (10) 投資その他の資産回転期間…184
- (11) 買掛債務回転期間 ………186
- (12) 金融債務回転期間 ………188
- (13) 短期金融債務回転期間 …189
- (14) 運転資金回転期間 ………191

3．資金収支
- (1) 経常収支比率 ……………193
- (2) 経常収支 …………………195
- (3) 経常外収支 ………………198
- (4) 損益と収支 ………………200
- (5) 運転資金増減分析 ………202
- (6) 資金表 ……………………206
- (7) 資金繰表 …………………208
- (8) 資金運用表（基本）………211
- (9) 資金運用表（精算表）…215
- (10) 資金運用表
  （正味運転資本型）…………219
- (11) 資金運用表（三部制①）…222
- (12) 資金運用表（三部制②）…224
- (13) 資金移動表 ………………226
- (14) 収支分岐点 ………………229

3章　キャッシュフロー分析

1．キャッシュフロー計算書 …236
2．収益性関連指標
- (1) 営業キャッシュフロー
  マージン……………………239
- (2) フリーキャッシュフロー
  対売上高比率………………241
- (3) 利益構成比率 ……………243
- (4) EBITDA構成比率 ………245
- (5) キャッシュフロー版PER …246

3．流動性関連指標
- (1) 営業キャッシュフロー対
  流動負債比率………………247
- (2) インタレスト・カバレッジ・
  レシオ………………………249
- (3) 営業キャッシュフロー対
  純設備投資比率……………251
- (4) 営業キャッシュフロー対
  有利子負債比率……………253
- (5) 営業キャッシュフロー対
  長期債務比率………………255
- (6) 配当性向 …………………257

4．企業価値関連指標
- (1) 経済付加価値（EVA）……259
- (2) 市場付加価値（MVA）…260
- (3) 企業価値・株主価値 ……261
- (4) 正味現在価値（NPV）……262
- (5) 内部収益率（IRR）………263
- (6) 回収期間 …………………264
- (7) 資本コスト ………………265

4章　生産性・付加価値の分析

1．生産性

(1)　生産性 ……………268
2．付加価値
　(1)　付加価値（加工高）………270
3．労働生産性
　(1)　労働生産性 ……………273
　(2)　1人当り売上高(生産高)…276
　(3)　付加価値率(加工高比率)　278
　(4)　労働装備率 ……………281
　(5)　設備利用率 ……………283
4．資本生産性
　(1)　総資本投資効率 …………285
　(2)　設備投資効率 ……………286
　(3)　資本集約度 ………………288
5．分配率
　(1)　労働分配率 ………………290
　(2)　資本分配率 ………………292
　(3)　人件費水準 ………………294
　(4)　生産性基準原理 …………296
　(5)　適正採算人員 ……………298

序章

財務分析とは

1 企業会計と財務諸表

〔1〕 企業会計の役割

　企業会計は，企業の経営活動を計数的に把握し，企業の利害関係者，具体的には株主，投資家，債権者，金融機関，取引先，官公庁，国税当局等に対して企業の実態や経営の成果を適正かつ明瞭に報告することを使命とし，目的とするものです。しかし，企業会計は必ずしも客観的な事実のみを記録表示し，あるいは絶対的な正確性を保証するものでありません。企業会計における計算は，たとえば固定資産の減価償却計算をみてもわかるように，その計算はある程度まで概算的であり，蓋然的な事実を表示するにすぎないともいえます。すなわち，企業会計ならびにその結論を示す財務諸表は，単に取引の帳簿記録を基礎とするばかりでなく，実務上の慣習として発達した会計手続を選択適用し，経営者や会計担当者の主観的判断にもとづいて数値の決定を行い，あるいは表示するものです。

　企業会計というものは，いわば，
- a　記録的事実
- b　会計慣習
- c　個人的判断

という3つの要素から総合されたものにほかならず，これらの3つの要素はいずれも企業会計および財務諸表を支配し，適用された会計慣習や個人的判断によって，その結果は著しく左右されることになります。

　このように主観的要因の強い企業会計に対して，客観性をできるだけ強化し，会計の信頼性を高め，債権者，投資家をはじめ企業の利害関係者を保護しようという要求が生ずるようになります。今日の制度としての会計はこのような要請から発達してきたもので，企業会計原則を基礎とし，商法，税法，証券取引法等の法体系の中に実践規範として整備確立がはかられました。

序章　財務分析とは

〔2〕　企業会計七不思議

　よく"経理はむつかしい"といわれます。そういわれる方々には，会社経理に対する一種の錯覚があるように思われるので，この点の不思議さをまとめてみましたが，ここから会計の特性を理解してほしいと思います。

① **勘定合って銭足らず**

　勘定が合っていれば，いいかえれば利益が出ていれば当然資金繰りも楽なはずだ，と考えるのが一般の常識です。しかし，企業会計ではこの常識は通用しません。この理由は今日の損益計算は発生主義，実現主義にもとづいて行われ

いくら儲けても，これでは**資金繰りは続きません**！

ているからで，現金の出入りである資金繰りとはどうしてもギャップが生じます。「利益はどこへ行ったか」をみることは財務分析の重要なポイントともいえるでしょう。

② **使いたくても使えない預金**

　預金は本来，支払準備として持つものですが，ときには借入金の担保として用いられます。したがって，企業経営においては預金の多さは必ずしも資金繰りの良さを保証しませんから，現金預金の多寡をもって支払能力をみることは錯覚であるといっても過言ではありません。

預担の借入実行をすると，一時的に手元資金が増加します

序章　財務分析とは

③　決算のやり方で変わる利益

　企業の会計処理にはかなり選択の幅があります。たとえば固定資産の減価償却には定額法と定率法の選択が認められており，棚卸資産の評価には先入先出法，後入先出法，総平均法などいろいろな方法の選択が認められています。ときには決算政策として会計処理基準が変更される場合があり，会社の利益が変わります。だからこそ会計処理基準はみだりに変更してはならないわけで，この点は財務分析においても十分留意しなければならない点です。

減価償却費を利益操作に使ってはダメです

④　**利益に比例しない税金**

　税務上の課税所得は，企業会計上の利益から誘導されます。所得に対する法人税・法人税割地方税・法人事業税などの実効税率はおおむね40％内外ですから，損益計算書の「法人税等充当額」は大体において税引前当期利益の40％内外となるはずですが，たとえば多額の交際費課税を受けたり，税務調査で追徴課税を受けたりすると，税金は利益に比例しません。利益に対して法人税等充当額が80％にも90％にもなる場合には，税務上，あるいは会計上，何らかの問題点があると考えておくべきでしょう。

　なお，税金を利益に比例させる方法として「税効果会計」があります。それについては次項（17頁）を参照して下さい。

⑤　生産性が下がるほど上がる労働分配率

　生産性の低い企業は当然，賃金給料も低いから，したがって労働分配率も低いと考えるのが一般の常識ですが，これは計数の上からみると逆であり，錯覚です。生産性が低下しても直ちに人件費を切り下げることはできないから，労働分配率は逆に上昇することになります。企業の支払能力にとって人件費は非常に重要ですから，生産性，付加価値と人件費の関係はぜひ正しく理解しておくことが必要です。

この社長さん，何か間違っているのでは……

⑥ 財務内容を良くみせる不良資産

　不良資産があれば，当然企業の財務内容も悪いはず，と考えるのが一般の常識というものです。ところが，財務内容を伝える貸借対照表では資産の中に不良資産があると，この常識とは逆に財務内容を良く見せる場合が少なくありません。これはプロでも誤りやすい盲点です。たとえば売掛債権や棚卸資産に不良資産や粉飾があると流動比率，当座比率などが見かけ上は高くなります。財務分析ではこのような点にも注意が肝要です。

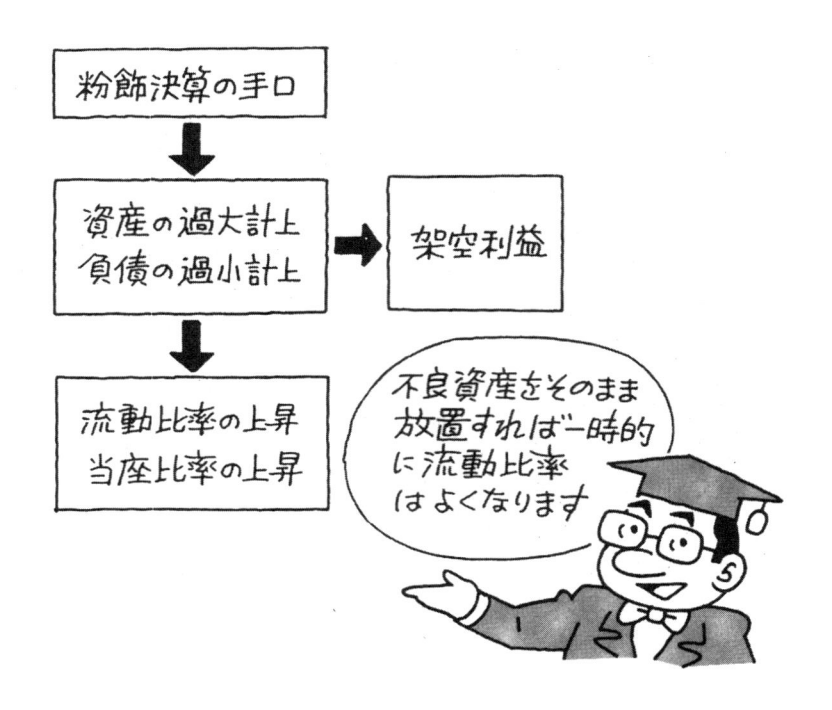

```
┌─────────────┐
│ 粉飾決算の手口 │
└──────┬──────┘
       ↓
┌─────────────┐     ┌──────────┐
│ 資産の過大計上 │ →  │ 架空利益 │
│ 負債の過小計上 │     └──────────┘
└──────┬──────┘
       ↓
┌─────────────┐
│ 流動比率の上昇 │
│ 当座比率の上昇 │
└─────────────┘
```

「不良資産をそのまま放置すれば一時的に流動比率はよくなります」

― 14 ―

⑦　バランスシートにのらない資産

　「オフバランス」という言葉があります。貸借対照表にはすべての資産，負債がのるわけではありません。オフバランスの代表的なものは，割引手形などの偶発債務，他社の借入保証などの保証債務，先物取引，受注取引，リース取引など今日では相当の量に上っています。オフバランスは重要な財務情報ですが，脚注に記載されるのみでバランスシートにのらないために，直接，財務分析の対象となりにくいことが問題であり，財務分析の立場では企業の財務諸表によって示される情報には限界があることを銘記すべきでしょう。

リースによる設備投資

〔3〕 時価会計などの会計基準の影響

　近年に至り，わが国の経済社会環境は一変しました。国境を越えた企業活動の進展，バブル経済崩壊による資産価値の著しい低下，ドラスティックな金融再生などを背景に，これまで含み益に依存した企業経営はより透明度の高い経営，投資家をはじめ企業の各種利害関係者にもわかりやすい経営が求められるようになりました。

　このために新たに設定されたのが時価会計などの会計基準です。ここではその主要なものについて，財務諸表に対する影響を簡潔に述べておきましょう。

① 金融商品の時価評価（時価会計）

　金融商品とは，現金預金，金銭債権債務，有価証券，金銭信託といった従来の金融商品のほか，デリバティブおよびデリバティブを組み込んだ複合商品（新株引受権付社債など）の総称です。

　金融商品の評価は基本的に時価（市場において形成される取引価格にもとづく公正な評価額）ですが，具体的には次のように分けられます。すなわち，金銭債権は債権額または償却原価，有価証券については，売買目的のものは時価，満期保有目的のものは償却原価，子会社関連会社株式は取得原価，持合株式（その他有価証券）は時価というように所有目的に合わせて評価が決められます。

　まず金銭債権については貸倒見積高の算定が重要です。新基準では債権を一般債権，貸倒懸念債権，破産更生債権に区分し，その区分ごとに適切な貸倒見積高の算定が求められます。

　次に有価証券については，売買目的の有価証券は従前とは異なり，期末時点の評価差額を営業外損益に計上する必要があります。金銭信託，デリバティブも同様です。

　新基準では償却原価という耳慣れない用語が出てきますが，償却原価というのは，例えば満期4年後，額面1,000万円の社債を900万円で購入した場合，その差額の100万円は金利部分と見ることができるから，毎期25万円ずつ償却（営業外収益）する方法です。

なお持合株式は，時価との差額を直接損益に計上せず，税効果調整のうえ純資産の部に計上することになります。例えば評価差益が100万円の場合，税負担（税効果）が概ね40％の40万円とすると，

（借方）		（貸方）	
有価証券	100万円	繰延税金負債（固定負債）	40万円
		その他有価証券評価差額(純資産)	60万円

のように処理されます（税効果調整については②の税効果会計を参照）。

新会計基準では，このように金融商品の時価評価には厳しい査定を要求していますので，財務分析の前提として留意したいものです。

② 税効果会計

税効果会計とは法人税等を適切に期間配分する会計処理をいいます。わが国では法人税等の所得課税は確定した納税額を損益計算書に計上していました。このため〔2〕の企業会計七不思議「④利益に比例しない税金」で述べたように，企業利益と課税所得の間には乖離が生じました。しかし，欧米先進諸国では「税金はコスト」として適切に期間配分することが実務慣行となっていました。

わが国でも平成10年の商法改正で税効果会計が適用されることとなりました（中小企業は税効果会計を行わなくてもただちに商法違反とはならないとされています）。

有税償却を例に説明しましょう。

> **事例** 得意先A社が業況不振のため手形交換所取引停止処分となりました。A社に対する売掛債権は2,000万円ですが，その全額を貸倒損失として特別損失とします。ただし貸倒損失のうち50％の1,000万円は形式基準により無税償却ですが，残りの1,000万円は有税償却になります。当社の経常利益は3,400万円です。法人税等の実効税率を40％として税効果会計を適用した場合の当期利益はいくらでしょうか。

a．従来の会計　　経常利益　　　3,400（万円）
　　　　　　　　特別損失　　　2,000
　　　　　　　　税引前利益　　1,400
　　　　　　　　法人税等　　　　960 (注)
　　　　　　　　純利益　　　　　440

　　（注）課税所得＝税引前利益1,400万円＋有税償却1,000万円＝2,400万円

　　　　　ゆえに法人税等＝2,400万円×40％＝960万円

b．税効果会計　　経常利益　　　　　　　　　　　3,400（万円）
　　　　　　　　特別損失　　　　　　　　　　　2,000
　　　　　　　　税引前利益　　　　　　　　　　1,400
　　　　　　　　法人税等　納税額　　　　960
　　　　　　　　　　　　税効果配分額　△400　　560
　　　　　　　　純利益　　　　　　　　　　　　　840
　　　　　　　　　　　（借方）　　　　　　　　　　　　　　　　（貸方）
　　（注）会計処理　繰延税金（B/S）　400万円 ｜ 法人税等（P/L）　400万円

　さて，税効果会計は欠損の場合も適用可能です。例えば今期発生欠損金1,000万円の場合，実効税率40％とすると400万円を繰延税金として資産計上が可能です。問題は今後十分な課税所得が予想され，計上した繰延税金資産が回収可能かどうかです。今後も欠損が続くようであれば繰延税金資産は不良資産になるので，所得を生み出す的確なタックス・プランニングがあるかどうかに留意することが肝要です。

③　退職給付会計

　退職給付会計は負債サイドの時価会計といわれます。これまでの退職給付としては，退職一時金及び企業年金による年金給付が一般的でした。

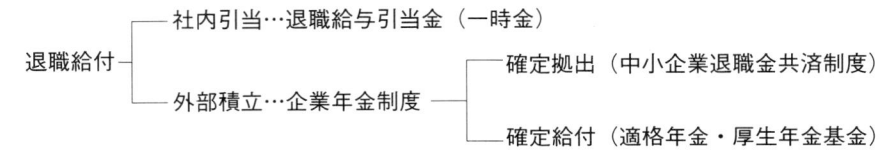

```
　　　　　　　┌─ 社内引当…退職給与引当金（一時金）
退職給付 ─┤
　　　　　　　└─ 外部積立…企業年金制度 ┬─ 確定拠出（中小企業退職金共済制度）
　　　　　　　　　　　　　　　　　　　　　└─ 確定給付（適格年金・厚生年金基金）
```

退職一時金と企業年金とでは，これまで異なる会計処理が行われてきました。つまり退職一時金では費用の発生に基づいて退職給与引当金を設定する方法であり，企業年金では年金制度に拠出すべき掛金相当額を費用処理するというものでした。

　退職一時金では多くの企業が税法基準によって積立を行ってきましたが，税法上の退職給与引当金制度が廃止されました。しかし企業として退職一時金制度がある限り適切な給付引当は必要です。また企業年金制度では多くの企業が確定給付型を採用してきましたが，これまでの掛金拠出額では企業年金の原資が十分に確保できず，多額の隠れ債務が明らかになりました。

　新会計基準では，社内引当の退職一時金と確定給付型の年金負債を一括して「退職給付引当金」とし，負債に計上（原則100％）を要することになりました。積立不足の表面化は，株価，信用格付，資金調達コストにも大きな影響が出るものといえるでしょう。

　新しい会計基準が導入され，多くの企業でかなりの不足額つまり簿外負債が発生していることが発覚しましたが，財務分析に当たってはどの程度不足しているのか，満額計上の場合と比較して自己資本比率などはどのような影響を受けるのか，また併せて不足額解消に，例えば確定拠出型年金に移行するのかどうかなど，今後の方針にも留意が肝要です。

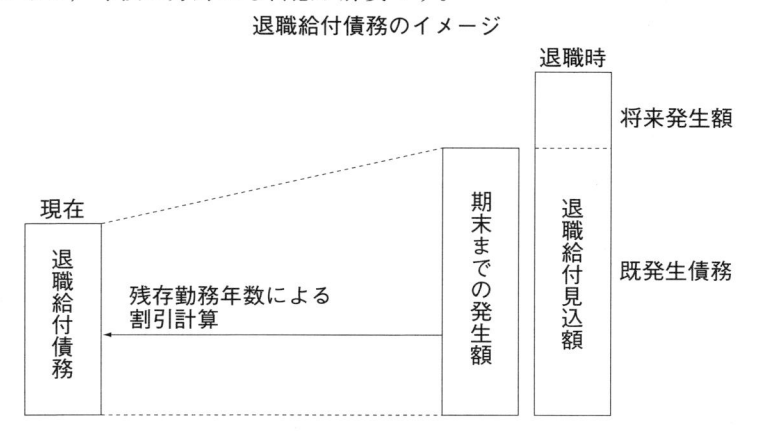

退職給付債務のイメージ

④　固定資産の減損会計

　減損会計とは企業が土地や設備あるいは「のれん」などの固定資産に抱える含み損を表面化させ，損失処理をする場合の新会計基準で，2005年度から完全実施されました。

　具体的には，資産または資産グループの収益性の低下（例えば操業度の著しい低下など）により，投資額の回収が見込めなくなった場合に，現在の帳簿価額を回収可能価額まで減損処理をすることになります。その意味では資産を時価で評価するいわゆる「時価会計」とは異なるものです。

　アメリカではすでに1995年から「長期性資産の減損処理」が導入されましたが，その背景には，「ビッグ・バス（big bath）」といって，経営陣交代等を契機にそれまでの企業の垢を流すように資産価額を大胆に切下げるため，その後の期間費用が軽減されることから，必要以上に企業業績が向上したような印象を与えることが問題となっていました。この資産簿価切下げに一定の歯止めをかけるのがアメリカにおける当初の目的でした。

　わが国の減損会計はアメリカとは対照的な発足となりましたが，新会計基準によるその仕組みは次のように考えられます。

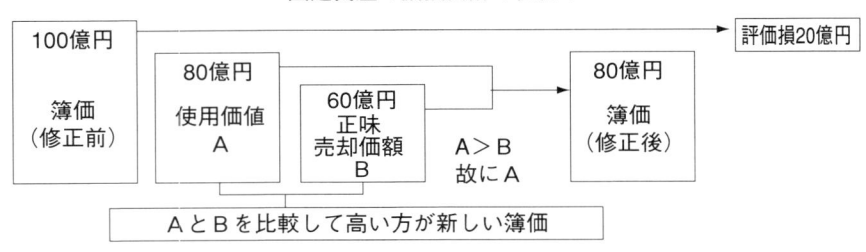

固定資産の減損会計の仕組み

```
100億円          → 評価損20億円
簿価
（修正前）
        80億円
        使用価値
           A
              60億円
              正味
              売却価額    A＞B
                 B      故にA      80億円
                                   簿価
                                  （修正後）

        ＡとＢを比較して高い方が新しい簿価
```

（注）1．使用価値は継続的使用と使用後の処分によって見込まれる将来キャッシュフローの現在価値
　　　2．正味売却価額は時価から処分費用見込額を控除した金額

　固定資産を多く抱える企業の間では，減損会計に対応して資産全般の収益性を見直すなどの動きも活発になっています。

⑤ キャッシュフロー情報の重視

　新会計基準では2000年3月期（平成12年3月期）からキャッシュフロー計算書が正規の財務諸表として制度化されました。これによって，主要な「財務三表」として貸借対照表，損益計算書，キャッシュフロー計算書が国際的に遜色のない形で確立することとなりました。

　キャッシュフローとは，文字どおりキャッシュつまり資金の流れ，資金収支です。

　ただし，キャッシュフロー計算書におけるキャッシュとは，「現金及び現金同等物」と定義され，現金は手元現金及び要求払預金（当座預金，普通預金，通知預金）をいい，現金同等物は容易に換金可能かつ価値の変動について僅少なリスクしか負わない短期投資をいいます。その例としては，取得日から満期日または償還日までの期間が3カ月以内の定期預金，譲渡性預金，コマーシャルペーパーなどです。

　わが国でも以前から資金繰り・資金管理の重要性は十分に認識されていました。しかし近年注目されているのは，キャッシュフロー情報によって示される「資金を稼ぎ出す力」そのものを業績評価の指標として重視していこうとするものです。また，利益は各国ごとに異なる会計基準や企業が選択する会計方針によって異なってきますが，キャッシュフロー情報は企業の裁量や会計上の処理によって左右されないという特徴を持っています。「利益は意見，キャッシュは事実」といわれる所以です。

　キャッシュフロー計算書上のキャッシュフローは，次の3つに区分されます。

　　　ⅰ　営業活動によるキャッシュフロー
　　　ⅱ　投資活動によるキャッシュフロー
　　　ⅲ　財務活動によるキャッシュフロー

　よって，ここに示される資金の動きから企業の投資戦略や財務戦略の適否を探ることができるようになりました。

	利益情報		資金情報
	損益計算書		キャッシュフロー計算書
収益	売上高	収入	営業活動によるキャッシュフロー
	売上原価		収　　入
	売上総利益		支　　出
－	販売費・一般管理費	－	投資活動によるキャッシュフロー
	営業利益		収　　入
費用	営業外収益	支出	支　　出
	営業外費用		財務活動によるキャッシュフロー
＝	経常利益	＝	収　　入
	特別利益		支　　出
利益	特別損失	純収支	現金および同等物増加額
	税引前当期純利益		

2 財務分析の目的，対象

〔1〕 財務分析の目的

　財務分析というのは，企業の財務諸表等の計数情報を用いて，企業経営の内容をつかむことであり，したがってまた，どのように企業を経営していかねばならないかという，経営のあり方をつかむことです。

　このように財務分析は計数によって企業の経営内容を評価し，その適否を判断するものですから，これを経営分析と呼ぶこともあり，財務分析と経営分析はほぼ同意義であるといってもよいでしょう。

　財務分析はいろいろの人が行いますが，どういう立場の人が行うかによって内部分析と外部分析に大別されます。

① 内部分析

経営者，スタッフ部門である管理部，経理部などが自社の財務分析を行う場合，その目的は企業経営がうまくいっているかどうかをみたり，また企業をどのように経営していくかをつかむことにあります。

② 外部分析

金融機関は融資の申込みをうけた企業，また融資した企業の財務分析を行いますが，それは企業の信用力，支払能力をみるための分析ですから，これを信用分析といいます。

財務分析はもともと金融機関の行う信用分析から発達したものですが，今日ではその分析手法は各方面で活用され，外部分析としては，投資の有利性を判断する投資分析，監査の立場から経営内容をみる，あるいは異常点をつかむための監査分析，国税当局が税務調査のために行う税務分析などがあります。最近では労働組合も企業の人件費支払能力等をみるために財務分析を行うようになっています。

〔2〕 財務分析の対象

分析者の立場によって企業内容のつかみ方，重点のおき方に差がありますが，財務分析の対象としては，大別して次の2つ（もしくは3つ）をあげることができます。

$$\text{財務分析}\begin{cases}(\text{資本性})\begin{cases}\text{収益性・損益}\\ \text{流動性・収支}\end{cases}\\ \text{生産性・付加価値}\end{cases}$$

① 資本性

企業とは，資本(自己資本・他人資本，負債は他人資本です)を調達し，これを具体的な資産に投下運用して生産販売などの経営活動を行うもの，いわば増殖を目的として運用される資本の組織であると考えることができます。

したがって企業経営の適否はこの資本の調達・運用の状態に表れるわけで，資本の状態，資本性を分析することが必要となりますが，これについてはさら

に次の2つの分析が必要です。

a．収益性・損益の分析

資本の運用は，まず費用→収益→利益という形で行われます。つまり企業活動では，まず調達した資本を費消（費用の発生）し，資本を回収獲得（収益の発生）して，利益を上げていくようにするのですから，この費用・収益・利益の状態，収益性・損益を分析することが必要です。

b．流動性・収支の分析

資本の運用はまた，資本の循環という形で行われます。この資本循環のプロセスは，製造業を例にとると次のような支出，収入という形をとります。

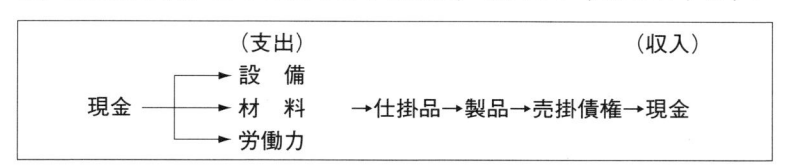

```
            （支出）                      （収入）
          ┌→ 設 備
  現金 ──┼→ 材 料  →仕掛品→製品→売掛債権→現金
          └→ 労働力
```

また，資本の調達も収入となるから，資本調達も含めて，この収支の状態つまり資金繰りを分析することが必要となります。同時に，これらの収支によってもたらされる期末時点の財務構成，資本構成を分析してみることも必要です。

財務分析では企業の支払能力のことを「流動性（安全性，健全性ともいう）」といいますが，このような流動性・収支の分析は，とくに信用分析においては重要です。

②　生産性・付加価値の分析

企業は個別経済（ミクロ）の視点でみれば，たしかに資本の組織です。しかし，これを国民経済（マクロ）の視点でみると，企業とは，労働，資本といった生産要素を投入し，それによって財貨ならびにサービスを生産するところの「生産要素」の組織でもあります。

したがって，企業活動の成果として生産性が高いかどうか，また生産の成果は労働と資本にどのように配分されているかなどを分析することも，企業の社会性の一面として必要となってきました。

3 財務分析の手法

〔1〕 比率法と実数法

財務分析の手法は大別して比率法と実数法とに分けることができます。

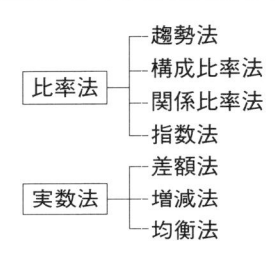

```
          ┌─ 趨勢法
比率法 ─┤─ 構成比率法
          ├─ 関係比率法
          └─ 指数法

          ┌─ 差額法
実数法 ─┤─ 増減法
          └─ 均衡法
```

〔2〕 比率法

比率法とは相互に関係のある財務項目から比率を計算する方法で，財務分析というと比率法というほど，比率法は一般的な方法です。

① 趨勢法

ある年度の財務数値を100として，その後の各年度の財務数値をこれに対する百分比で示す方法で，要するに伸び率をみるものです。

具体例で説明しましょう。

いまA・B両社の売上高が次のようであったとします。

	第1年度	第2年度	第3年度	第4年度	第5年度
A社売上高	1,000万円	1,200万円	1,400万円	1,600万円	1,800万円
B社売上高	3,000	3,600	4,200	4,800	5,400

これを普通のグラフで示すと次ページ図のようにB社の方が伸び率が高いようにみえますが，これを片対数グラフで示すと，A・B両社の売上の伸び率は同じであることがはっきりします。趨勢法分析では，このように片対数グラフを用いると便利です。

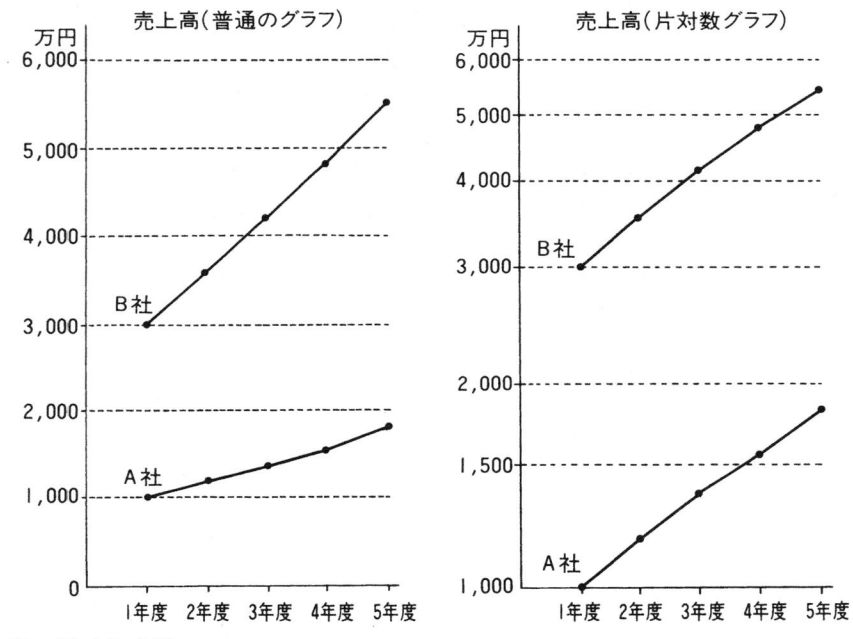

② 構成比率法

　構成比率法は百分比法ともいいます。貸借対照表では資産合計ならびに負債資本合計を100として各科目の金額を百分比で表し，損益計算書では売上高を100として，各費用項目の金額を百分比で表します。

　実数を百分比に換算すると，それぞれの構成比が明らかとなり，業績や財政状態の判断に便利だからです。損益計算書を例にとると次ページの表のようになります。

③ 関係比率法

　財務諸表上の相互に関係のある2項目間の比率を関係比率といいます。これはさらに，静態比率と動態比率に区分することができます。

　静態比率というのは，貸借対照表上の2項目間の比率で，要するに一時点における財務構成ないし資本構成をみるのに必要な比率です。

　流動比率，当座比率，固定比率，自己資本比率などはその代表的な比率とい

損益計算書

科目	金額	構成比
売上高	15,000 万円	100%
売上原価	9,800	65.3
売上総利益	5,200	34.7
販売費および一般管理費	4,000	26.7
（給料手当）	(1,600)	(10.7)
（販売手数料）	(1,300)	(8.7)
（その他）	(1,100)	(7.3)
営業利益	1,200	8.0
営業外収益	200	1.3
営業外費用	600	4.0
（支払利息割引料）	(450)	(3.0)
（雑支出）	(150)	(1.0)
経常利益	800	5.3
特別利益	100	0.7
特別損失	300	2.0
税引前当期純利益	600	4.0
法人税等	300	2.0
当期純利益	300	2.0

えます。

　動態比率というのは，回転率ないし回転期間のみをいう場合もありますが，広義には資本利益率や経常収支比率などを含めます。つまり貸借対照表，損益計算書の相互に関係のある項目間の比率から経営諸活動を分析しようとするものです。

　財務分析で用いる比率はほとんどが関係比率であって，比率分析の大部分を占めます。詳しくは次章以下をご覧いただきたいと思います。

④　**指数法**

　個々の企業の財務比率を業種平均の比率と比較すると，ある比率は優れているが，ある比率は劣るというケースはよくみられるところです。しかし，これ

序章 財務分析とは

では総合的に良否の判断がつきかねるので，何らかの方法で1個の指数として表すことが考えられるようになりました。

指数法とは，信用分析を目的とし，いろいろな比率の示す結果を単一の指数に要約して経営内容を評価する方法で，とくにアメリカのウォール（A. Wall）の提唱した方法は有名です。

そこで，いまウォールの考え方を適用して，E機械メーカーの財務内容を指数法で評価すると次のように100点満点で85となり，良好です。

なお，指数法分析のプロセスは，比率を選択し，標準比率を設定する，E社の実際比率を算出する，この実際比率を標準比率で割って関係比率を出し，これにウエイトを乗じて評点を出す，という方法をとります。

E機械工業㈱指数法分析

比率	算式	A 標準比率	B 実際比率	C(B/A) 関係比率	D ウエイト	E(C/D) 評点
流動比率	流動資産/流動負債×100	190.9%	150.6%	78.9%	25%	19.7%
固定比率	自己資本/固定資産×100	100.6%	99.8%	99.2%	15%	14.9%
自己資本比率	自己資本/総資本×100	39.7%	35.7%	89.9%	25%	22.5%
売掛債権回転率	売上高/売掛債権	5.9回	3.1回	52.5%	10%	5.3%
棚卸資産回転率	売上高/棚卸資産	7.6回	7.2回	94.7%	10%	9.5%
固定資産回転率	売上高/固定資産	3.0回	2.5回	83.3%	10%	8.3%
自己資本回転率	売上高/自己資本	2.2回	2.1回	95.5%	5%	4.8%
計					100%	85.0%

（注）標準比率は中小企業の経営指標・同原価指標を用いて分析した。
　　　ウエイトはウォールの指数表を用いた。なお，ウエイトは状況により変更されることがある。

〔3〕 実数法

　実数法とは、分析の結果を金額で割り出し、その金額から経営活動の適否や財務内容を判断する方法で、比率法に対して実数法（金額法）と呼ばれます。

① 差額法

　関係する2項目の差額を算出し、その金額の大小によって適否を判断する方法です。たとえば、流動資産から流動負債を差し引いて、純流動資産（正味運転資本ともいう）を求めこれにより支払能力の大小を判断する、あるいは経常収入と経常支出の差額を求め、資金繰りの余力を判断する、売上高から変動費を差し引いて限界利益を求め、固定費負担能力を判断する、売上高から外部購入価値を差し引いて付加価値を求め、企業の生産性を判断するなど、差額法は実数分析のあらゆる側面で基本となる技法であるといえます。

② 増減法

　2期間の実数（金額）の増減を計算して、これにより企業の業績や財務内容を分析する方法で、前期と今期の比較貸借対照表、比較損益計算書などは、その最も基本的なものです。

　比較貸借対照表から各項目の増減金額を整理し、分析すると資金運用表、資金移動表などによる資金分析が可能となります。

　また、比較損益計算書からは、利益の増減原因がどこにあるのかを明らかにする利益増減分析が可能となるなど、増減法は重要な分析情報を導き出します。

③ 均衡法

　均衡法とは収益と費用、収入と支出など相互に関連する数値（金額）について、その均衡点を図表や公式によって割り出して経営内容を分析する方法で、具体的には損益分岐点や収支分岐点などの分析がこれに当ります。

　損益分岐点や収支分岐点は、企業の利益計画、資金計画と不可分の関係にあり、これからの経営を考える場合に、均衡法は重要な分析情報を導き出します。

　実数法による具体的な分析とその活用については次章以下をご覧いただきたいと思います。

序章　財務分析とは

1章

収益性・損益の分析

1 収益性・損益の分析　1 資本利益率　1 総資本経常利益率

算式

$$総資本経常利益率（\%）＝\frac{経常利益}{負債純資産合計（平均）}\times 100$$

(注) 分母の平均は「(前期末＋当期末)÷2」による

算式の意味

経営者の観点から使用総資本(他人資本である負債と自己資本の合計)の収益性をみるもので，資本調達の巧拙も含めて企業の経常的な収益力を総合的に表す最も重要な比率です。

分母の負債純資産合計はいうまでもなく貸借対照表の負債純資産合計ですが，貸借対照表の脚注記載の割引手形や裏書譲渡手形(いわゆる廻し手形)を，実質的な金融債務，買掛債務と考えて，これを負債純資産合計に加えて計算することもあります。こうすると分母がふくらむので，上述の算式で計算した場合に比較して収益性はやや低く押えられます。

しかし一般的には，各種の経営分析統計等との比較性から，上述の算式を基本公式といたします。これはふつう「総資本利益率」とも呼ばれます。

評価

総資本経常利益率は高いほど，企業の総合的な収益性は高いと評価されます。どの程度の高さが望ましいかは一概にいえませんが，約8％が一つの目途といえます。総資本経常利益率は，次のように売上高経常利益率と総資本回転率の2つに分解されます。

$$総資本経常利益率＝\frac{経常利益}{負債純資産合計（平均）}$$

$$＝\frac{経常利益}{売上高}\times\frac{売上高}{負債純資産合計（平均）}$$

　　　　　（売上高経常利益率）　　（総資本回転率）

1章 収益性・損益の分析

つまり，売上高経常利益率（要するに利幅，マージン率）が高いほど，また，総資本回転率（要するに投下運用資本の利用率）が高いほど，これらを総合した総資本経常利益率は高くなるということです。

次の例は，経常利益60万円，負債純資産合計1,000万円，売上高1,200万円の場合ですが，これでみると，この場合の総資本経常利益率は6％，売上高経常利益率は5％，総資本回転率は1.2回となります。

総資本経常利益率の構成

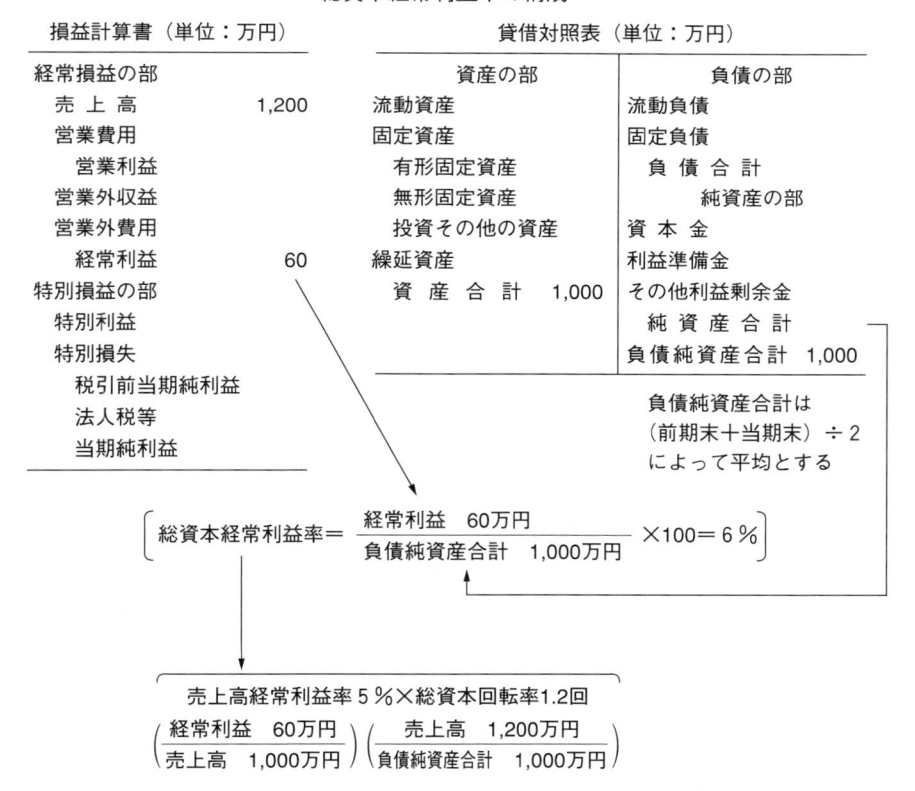

損益計算書（単位：万円）

経常損益の部	
売 上 高	1,200
営業費用	
営業利益	
営業外収益	
営業外費用	
経常利益	60
特別損益の部	
特別利益	
特別損失	
税引前当期純利益	
法人税等	
当期純利益	

貸借対照表（単位：万円）

資産の部	負債の部
流動資産	流動負債
固定資産	固定負債
有形固定資産	負 債 合 計
無形固定資産	純資産の部
投資その他の資産	資 本 金
繰延資産	利益準備金
資 産 合 計　1,000	その他利益剰余金
	純 資 産 合 計
	負債純資産合計　1,000

負債純資産合計は
（前期末＋当期末）÷2
によって平均とする

$$総資本経常利益率 = \frac{経常利益　60万円}{負債純資産合計　1,000万円} \times 100 = 6\%$$

売上高経常利益率5％×総資本回転率1.2回

$$\left(\frac{経常利益　60万円}{売上高　1,000万円}\right)\left(\frac{売上高　1,200万円}{負債純資産合計　1,000万円}\right)$$

チェックポイント

① 経常利益は正しく計算されているか。臨時・特別損益が混在していないか。

② 有利子負債の大きさによって経常利益は影響されるので資本構成の良否にも留意する。

[関連比率]

売上高経常利益率（52頁），総資本回転率（78頁）を参照。

総資本経常利益率　　　　　　　　　　　　　　　　　　　　（単位：％）

区　分	調査年度				
	平成20年	平成21年	平成22年	平成23年	平成24年
全産業	2.5	2.2	3.0	3.1	3.4
製造業	2.4	2.2	3.8	3.6	3.8
建設業	1.7	1.7	2.0	1.9	3.1
卸売業・小売業	2.5	2.2	2.9	3.8	3.6

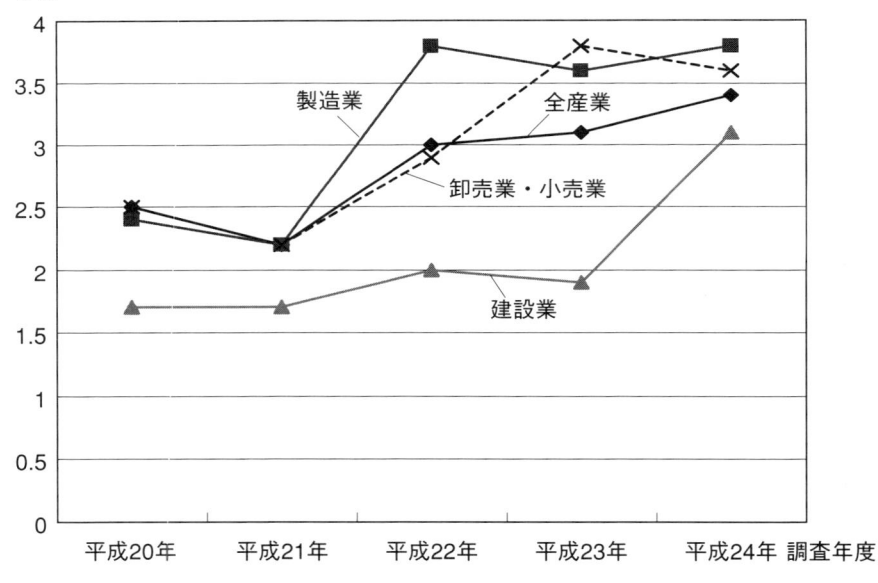

出所：財務省法人企業統計年報

1 収益性・損益の分析　1 資本利益率　2 総資本当期純利益率(R.O.A)

算式

$$総資本当期純利益率（\%）= \frac{当期純利益}{負債純資産合計（平均）} \times 100$$

(注) 分母の平均は「(前期末+当期末)÷2」による

算式の意味

　企業の損益計算には，①当期業績主義，②包括主義という2つの計算方法があります。当期業績主義によって計算される利益が経常利益ですが，当期業績主義による期間損益だけでなく，臨時・特別の損益，法人税等を包括し，最終の処分可能利益として計算されるのが当期純利益(税引後)です。

　したがって，この総資本当期純利益率は，処分可能利益が使用総資本の何％に当るかという，かなり絞り込んだ総資本の収益性を表します。

　この比率は総資産利益率(Return on Assets 略してR.O.A)ともいいます。

評価

　総資本経常利益率(34頁)の適正なレベルをおおむね4％とすると，ここでいう総資本当期純利益率の目標レベルは法人税等の負担を考えるとおおむね2％程度となります。もちろん，特別損益の大きさによってかなりの差異が生じます。

チェックポイント

○税引前当期純利益と課税所得との関連に問題はないか（とくに必要な場合には企業の税務申告書を閲覧する）。

1 収益性・損益の分析　1 資本利益率　3 利子支払前総資本利益率

算式

$$\text{利子支払前総資本利益率 (\%)} = \frac{\text{経常利益}+\text{支払利子}}{\text{負債純資産合計(平均)}} \times 100$$

(注) 1．支払利子（金融費用）＝支払利息・割引料＋社債発行差金償却＋社債発行費
　　 2．分母の平均は「（前期末＋当期末）÷2」による

算式の意味

　利子支払前総資本利益率は正確にいうと利子支払前総資本経常利益率です。負債に対する利子が分子に計上されることにより，分子と分母が対応することになります。この算式は利子支払前の，いいかえれば，事業自体の収益性（投下運用している総資産の利回り）を意味します。これと同等の比率に総資本事業利益率（後述）があります。

評価

　利子支払前総資本利益率が高いほど，事業自体の収益性が高く，負債利子の負担能力も高いと判断されます。どの程度の高さが望ましいかは一概にいえませんが，目標としては少なくとも長期資金の利率に企業リスクプレミアム（長期資金利率の約50％ぐらい）を加えた10％程度が一つの目途となるのではないかと考えられます。

チェックポイント

○この比率はあくまでも事業自体の収益性をみるものであって，企業全体の総合的収益性を表すものではないことに留意する。

関連比率

　総資本事業利益率（40頁），自己資本経常利益率（44頁）を参照。

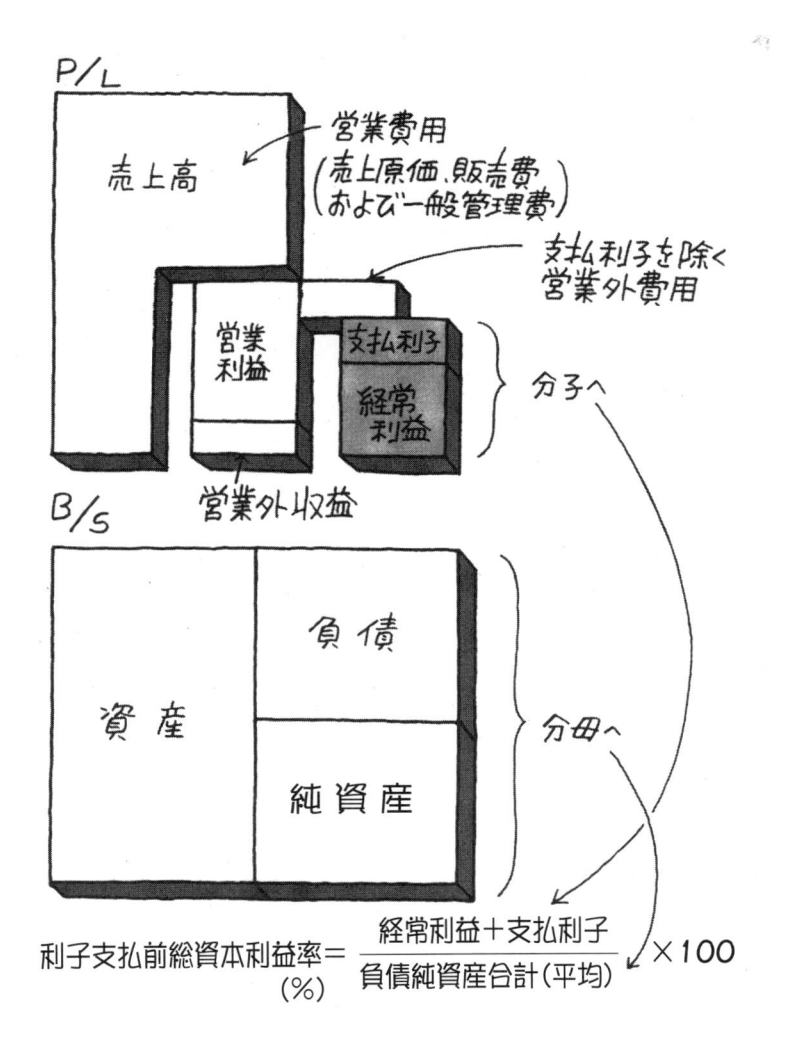

1章　収益性・損益の分析

P/L
売上高
営業費用（売上原価、販売費および一般管理費）
営業利益
支払利子を除く営業外費用
支払利子
経常利益
分子へ
営業外収益

B/S
資産
負債
純資産
分母へ

$$\text{利子支払前総資本利益率(\%)} = \frac{\text{経常利益} + \text{支払利子}}{\text{負債純資産合計（平均）}} \times 100$$

1 収益性・損益の分析　1 資本利益率　4 総資本事業利益率

［算式］

$$総資本事業利益率（％）＝\frac{営業利益＋受取利息・配当金}{負債純資産合計（平均）}\times 100$$

（注）分母の平均は「(前期末＋当期末)÷2」による

［算式の意味］

営業利益と受取利息・配当金（財務収益ともいう）の合計を事業利益といいます。この事業利益は，前述の利子支払前経常利益とはほぼ表裏の関係にあり，営業外損益中の雑収入・雑支出を除くと，

　　　事業利益＝利子支払前利益

となります。営業外損益中の雑収入・雑損失は通常それほど多くはないので，事業自体の収益性を意味する点では，前述の利子支払前総資本利益率と同等であるということができます。

［評価］

総資本事業利益率が高いほど，営業活動と財務活動を合わせた事業自体の収益性は高いことになります。評価のレベルは前述の利子支払前総資本利益率と同じです。

［チェックポイント］

①営業活動と財務活動がどのような割合で事業の収益性に貢献しているかをみる。

②利子支払前総資本利益率と同じく，企業全体の総合的収益性でないことに留意する。

［関連比率］

利子支払前総資本利益率（38頁），自己資本経常利益率（44頁）を参照。

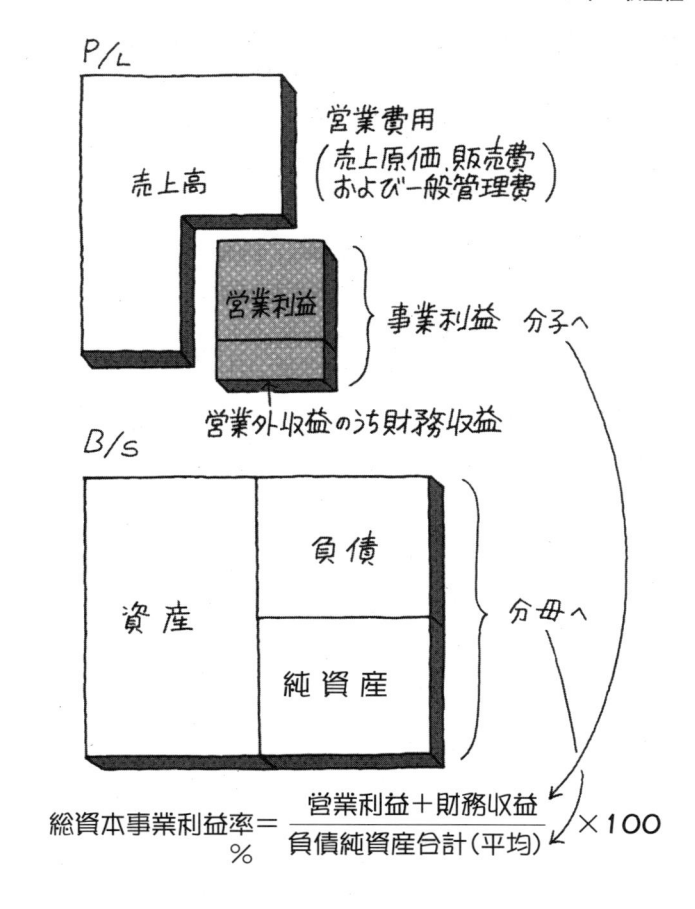

1章　収益性・損益の分析

P/L

売上高

営業費用
（売上原価,販売費
および一般管理費）

営業利益 　事業利益　分子へ

営業外収益のうち財務収益

B/S

資産

負債

純資産

分母へ

$$\text{総資本事業利益率} = \frac{\text{営業利益}+\text{財務収益}}{\text{負債純資産合計（平均）}} \times 100$$
％

1 収益性・損益の分析　1 資本利益率　5 経営資本営業利益率

算式

$$経営資本営業利益率（Ⅰ）（\%）= \frac{営業利益}{経営資本（平均）} \times 100$$

$$経営資本営業利益率（Ⅱ）（\%）= \frac{営業利益 - 支払利子}{経営資本（平均）} \times 100$$

(注) 1. 経営資本＝資産合計－（建設仮勘定＋貸与資産・遊休資産＋投資等）
2. 分母の平均は「(前期末＋当期末)÷2」による

算式の意味

経営資本とは，貸借対照表の資産合計から建設仮勘定や貸与資産，遊休資産ならびに投資等を差し引いたもので，企業本来の営業活動に運用されている資本です。したがって経営資本営業利益率は，本来の営業活動による経営資本の収益性を意味します。

算式（Ⅰ）は一般的なものですが，算式（Ⅱ）は「中小企業の経営指標」（中小企業庁編）で用いられているものです。算式（Ⅱ）においては支払利子は一般管理費として扱われるためです。

評価

経営資本営業利益率は高いほど本来の営業活動による収益性は良いことになります。どの程度の高さが望ましいかは一概にいえませんが，算式（Ⅰ）では約10％，算式（Ⅱ）では約8％が一つの目途と言えるでしょう。この比率もまた次のように売上高営業利益率と経営資本回転率に分解されます。

$$経営資本営業利益率（Ⅰ）= \frac{営業利益}{経営資本（平均）}$$

$$= \underbrace{\frac{営業利益}{売上高}}_{（売上高営業利益率①）} \times \underbrace{\frac{売上高}{経営資本（平均）}}_{（経営資本回転率）}$$

1章　収益性・損益の分析

$$経営資本営業利益率(Ⅱ) = \frac{営業利益 - 支払利子}{経営資本（平均）}$$

$$= \frac{営業利益 - 支払利子}{売上高} \times \frac{売上高}{経営資本（平均）}$$

（売上高営業利益率②）（経営資本回転率）

チェックポイント

○算式（Ⅱ）で算出された指標との比較を試みる場合は，とくに「支払利子」を損益計算書の営業利益から差し引くことに留意する。

関連比率

売上高営業利益率（51頁），経営資本回転率（80頁）を参照。

経営資本営業利益率　　　　　　　　　　　　　　　　　　（単位：％）

区　分	調査年度				
	2008年	2009年	2010年	2011年	2012年
全産業	3.2	3.0	4.7	3.3	3.5
製造業	2.0	1.9	4.4	3.4	3.9
建設業	3.2	2.1	3.7	3.6	3.0
卸売業	1.5	0.1	0.7	0.9	0.6
小売業	7.2	7.4	8.8	8.9	7.7

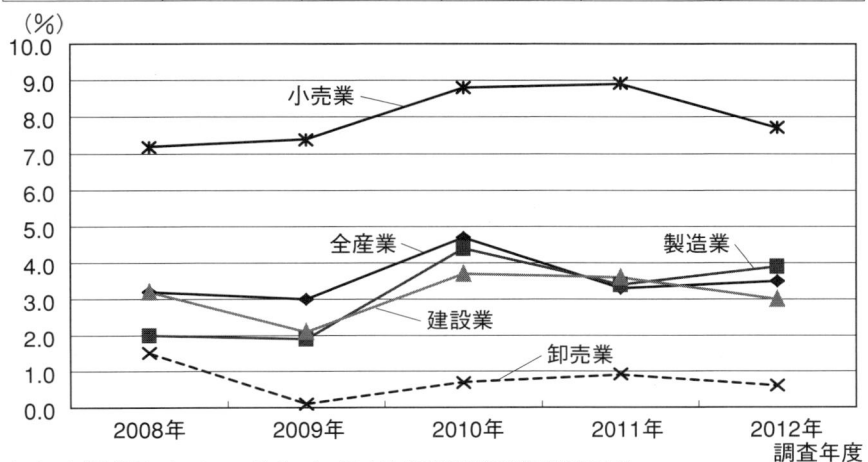

出所：産業別財務データハンドブック（日本政策投資銀行設備投資研究所）

― 43 ―

1 収益性・損益の分析 ／ 1 資本利益率 ／ 6 自己資本経常利益率

算式

$$自己資本経常利益率（\%）= \frac{経常利益}{純資産合計（平均）} \times 100$$

(注) 1. 自己資本＝純資産（以下同じ）
2. 分母の平均は「(前期末＋当期末)÷2」による

算式の意味

　株主，投資家の観点から自己資本の収益性をみるもので，企業所有者の立場における重要な比率です。この算式の分子は経常利益ですから，自己資本経常利益率は直ちに自己資本の利回りを表すものではありませんが，とくにオーナー経営者の多い中堅・中小企業では注目される収益性の指標です。

評価

　自己資本経常利益率は原則として高いほど，自己資本の収益性は高いと評価されます。評価の目途としては税引後で10％（長期資金利率＋リスクプレミアム）の利回りを考えるとおおむね20％が一つの目標となります。

　この自己資本経常利益率の問題点は次のようです。

　すなわち，この算式では分子の経常利益が一定であれば，分母の自己資本が小さいほど収益性が高いことになります。このことは自己資本の充実と矛盾します。つまり，企業体質強化のためには自己資本の充実は欠かせませんが，収益性のうえでは自己資本は小さい方が有利となるから，自己資本よりも負債を上手に活用して利益をあげようとする考え方にもなります。

負債のレバレッジ効果

　よく負債比率ということがいわれます。負債比率は，「負債比率(％)＝$\frac{負債}{資本} \times 100$」で，自己資本の何倍の負債を持っているかを示し，財務の健全性のうえからは低い方が良いとされるのは当然です。しかし負債比率は，また自己資本活用の比率という面もあり，これが高いほど自己資本を担保とした負債（他人

1章　収益性・損益の分析

資本）活用が上手であるということにもなります。このような負債活用の効果をレバレッジ効果といいます。

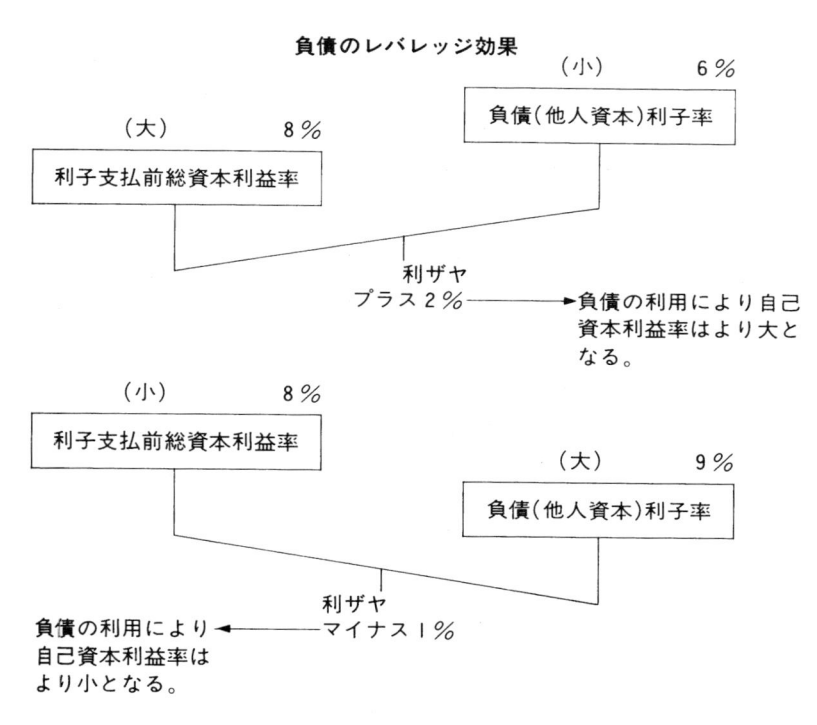

負債のレバレッジ効果

```
（大）  8％                        （小）  6％
┌─────────────────┐              ┌─────────────────┐
│利子支払前総資本利益率│              │負債（他人資本）利子率│
└─────────────────┘              └─────────────────┘
                    利ザヤ
                    プラス2％ ──▶ 負債の利用により自己
                                 資本利益率はより大と
                                 なる。

（小）  8％
┌─────────────────┐
│利子支払前総資本利益率│              （大）  9％
└─────────────────┘              ┌─────────────────┐
                                 │負債（他人資本）利子率│
                                 └─────────────────┘
                    利ザヤ
負債の利用により ◀── マイナス1％
自己資本利益率は
より小となる。
```

　レバレッジ効果は，テコの効果ともいい，他人資本の利用によって企業の収益性，とくに自己資本利益率を増大させることを指します。しかし，レバレッジ効果は図のように両刃の剣で，場合によっては自己資本の収益性を低下させる方向に働くこともあります。

　この関係を簡単な例によって説明しましょう。

A　社	（万円）			B　社	（万円）		
資産	1,000	負債	800	資産	1,000	負債	500
		純資産	200			純資産	500

　いま仮にA社，B社とも利子支払前総資本利益率が8％，負債利子率（負債

― 45 ―

はすべて有利子負債と仮定する）が6％とした場合，A・B両社の自己資本利益率は，このB/Sから次のように計算されます。

　　利子支払前利益＝総資本1,000万円×8％＝80万円
　　負債利子　　A社＝負債800万円×6％＝48万円
　　　　　　　　B社＝負債500万円×6％＝30万円
　　利益　　　　A社＝80万円－48万円＝32万円
　　　　　　　　B社＝80万円－30万円＝50万円

ゆえに自己資本利益率は，

$$A社＝\frac{利益32万円}{純資産200万円}×100＝16％$$

$$B社＝\frac{利益50万円}{純資産500万円}×100＝10％$$

これを負債のレバレッジ効果という点から，自己資本利益率の構成要因別にみると，次の展開図のようになることがわかります。

自己資本利益率の構成要因

```
                    利子支払前              利子支払前
                    総資本利益率             総資本利益率
                    A＝8％                 A＝8％
                    B＝8％                 B＝8％
自己資本      ┌─
利益率    ⊕─┤      負債運用利鞘
A＝16％       │      A＝2％     ⊖
B＝10％       │      B＝2％             負債利子率
              └─                        A＝6％
                    負債運用効率           B＝6％
                    A＝8％       ⊗
                    B＝2％
                                負債比率
                                A＝400％(負債800/資本200)
                                B＝100％(負債500/資本500)
```

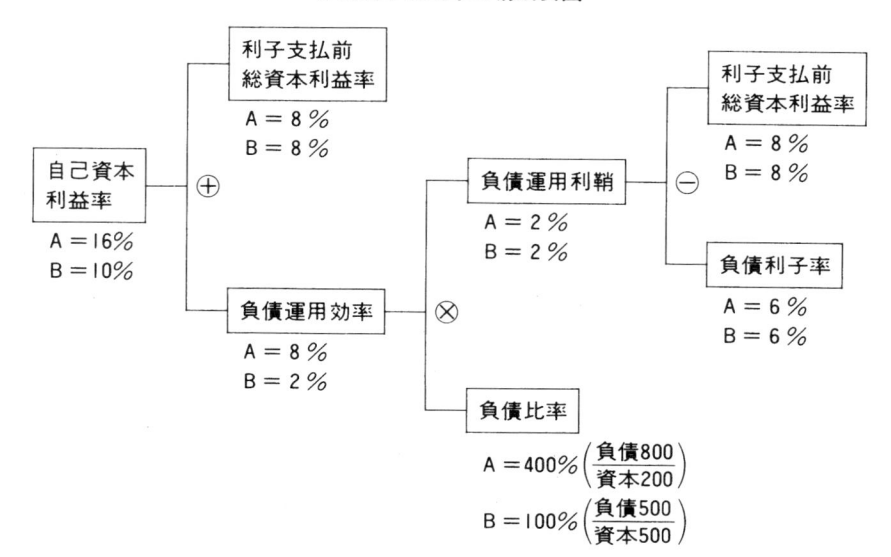

— 46 —

1章　収益性・損益の分析

チェックポイント
① 自己資本経常利益率が高くても，それが過小資本による場合には財務の健全性をチェックすることが必要となる。
② 負債運用利ザヤが常にプラスであればよいが，マイナスの場合には，負債比率が高いほど経常利益への影響が大となる。

関連比率
利子支払前総資本利益率(38頁)，負債運用利ザヤ(72頁)，負債運用効率(74頁)を参照。

自己資本経常利益率　　　　　　　　　　　　　　　　　　　　　　（単位：％）

区　分	調査年度				
	平成20年	平成21年	平成22年	平成23年	平成24年
全産業	7.3	6.6	8.6	8.9	9.2
建設業	5.6	5.0	8.6	8.2	8.7
製造業	5.7	5.5	6.7	6.5	9.5
卸売・小売業	8.9	7.9	10.4	13.2	11.36

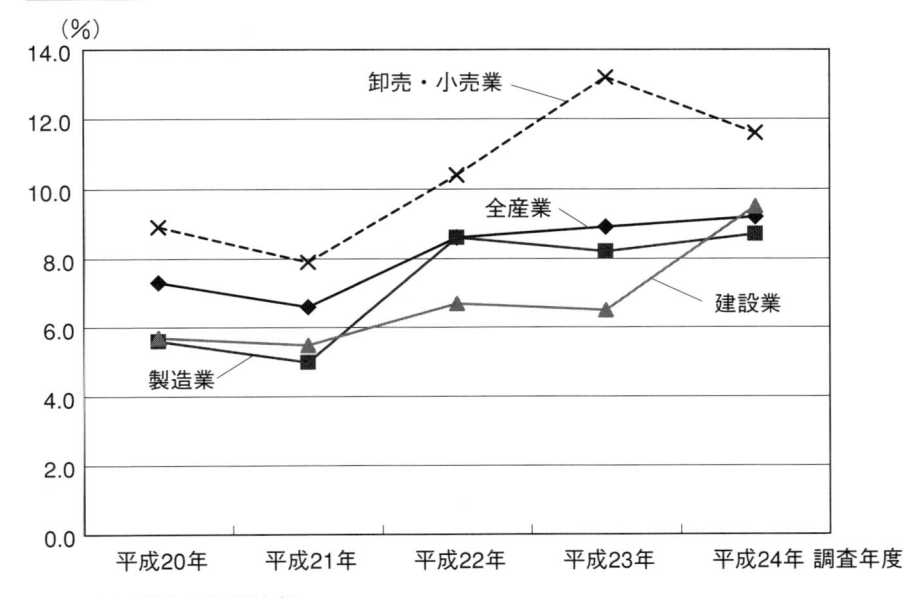

出所：財務省法人企業統計年報

1 収益性・損益の分析 / 1 資本利益率 / 7 自己資本当期純利益率(R.O.E)

［算式］

$$自己資本当期純利益率（％） = \frac{当期純利益}{純資産合計（平均）} \times 100$$

（注）分母の平均は「(前期末+当期末)÷2」による

［算式の意味］

　自己資本経常利益率と同じく株主，投資家の観点からみた自己資本の収益性ですが，これを税引後の当期純利益に絞り込んだもので，したがって，この年度における処分可能利益が自己資本に対して何％生じたかという，自己資本の利回りを表します。

　当期純利益は，配当金・役員賞与などの社外分配と社内留保に分けられるので，自己資本当期純利益率は配当率，配当性向や内部留保率などの目安ともなります。

この比率は，株主資本利益率(Return On Equity. 略してR.O.E)ともいいます。

［評価］

　自己資本の利回りですから原則として高いほど良いと評価されますが，評価の目途としては，長期資金の利率に企業リスクプレミアム（長期資金利率の約50％ぐらい）を加えて，おおむね10％内外が一つの目標となります。

［チェックポイント］

○過小資本によって自己資本当期純利益率が高い場合には財務の健全性をチェックすることが必要となる。

［関連比率］

　自己資本経常利益率（44頁），自己資本比率（149頁）を参照。

1章　収益性・損益の分析

自己資本当期純利益率　　　　　　　　　　　　　　　　（単位：％）

区　分	調査年度				
	平成19年	平成20年	平成21年	平成22年	平成23年
全産業	―	4.7	3.1	5.0	6.7
製造業	―	2.6	1.0	1.3	4.7
建設業	―	3.6	0.8	4.9	7.3
卸売業	―	5.9	3.4	5.4	7.1
小売業	―	4.0	4.4	5.8	9.3

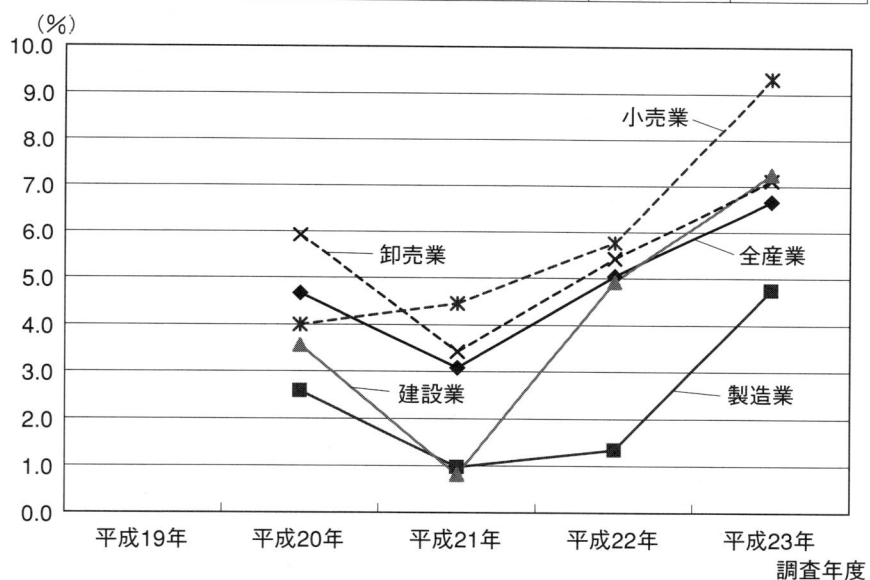

出所：中小企業実態基本調査

1 収益性・損益の分析　2 売上高利益率　1 （売上高）売上総利益率

【算式】

$$（売上高）売上総利益率（\%）= \frac{売上総利益}{売上高} \times 100$$

【算式の意味】

　売上総利益とは「売上高－売上原価」によって計算される製品・商品の売買差益で（図参照），荒利益あるいは粗利益ともいわれます。したがって，売上高に対する売上総利益率は，その製品商品自体の差益獲得力，あるいは市場に提供するサービスの差益獲得力の大きさを表します。

【評価】

　（売上高）売上総利益率は，販売によって最初にもたらされる利益率ですから，できるだけ高い方が良いことはいうまでもありません。

　しかし，どの程度の高さが望ましいかは，業種によってかなりその水準が異なるので一概にいうことはできませんが，評価の方法としては，同業他社に比べて高いか低いか，あるいは，自社の前期，前々期等と比較して高くなったのか低くなったのか，という比較が重要となります。

【チェックポイント】

○売上総利益率が低い場合には，販売価格が低いのか，売上原価率が高いのか，あるいは粗利益率の低い製品商品が多いのかなどをチェックする。

【関連比率】

　（売上高）売上原価率（56頁）を参照。

1 収益性・損益の分析　2 売上高利益率　2 （売上高）営業利益率

算式

$$（売上高）営業利益率 = \frac{営業利益}{売上高} \times 100$$

算式の意味

　営業利益は，売上総利益から販売費および一般管理費を差引いたもので（図参照），企業の営業段階における利益を表します。したがって，売上高に対する営業利益率は，企業の営業力，企業本来の活動による収益力を判断するうえで重要な比率であるといえます。

評価

　（売上高）営業利益率は企業の営業力を表すので，売上に比べ販売費および一般管理費をかけ過ぎると営業利益率を低下させ，企業の営業力，営業活動による収益力が弱いという評価となります。

　前述の（売上高）売上総利益率と同様に，評価の方法としては，同業他社との比較，自社の時系列比較等によってその高低を評価することが重要でしょう。

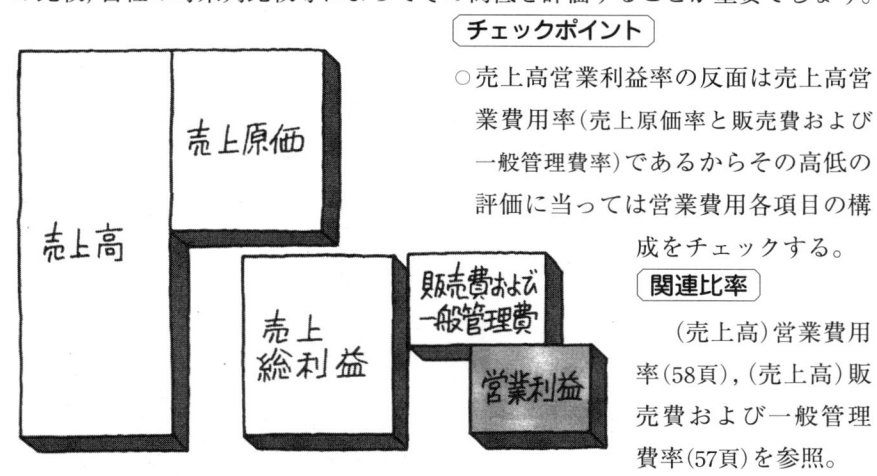

チェックポイント

○売上高営業利益率の反面は売上高営業費用率（売上原価率と販売費および一般管理費率）であるからその高低の評価に当っては営業費用各項目の構成をチェックする。

関連比率

　（売上高）営業費用率(58頁)，（売上高）販売費および一般管理費率(57頁)を参照。

| 1 | 収益性・損益の分析 | 2 | 売上高利益率 | 3 | （売上高）経常利益率 |

[算式]

$$（売上高）経常利益率（\%）=\frac{経常利益}{売上高}\times 100$$

[算式の意味]

（売上高）経常利益率は，経常利益と売上高の関係を表す比率で，各種の売上高利益率の中でも最も重要な比率です。また，売上高経常利益率は総資本回転率と並ぶ総資本利益率の構成要素の一つであり，総合的な収益力評価の一環としても重要視されます。

[評価]

経常利益は，「営業利益±営業外損益」であり（図参照），いいかえると企業本来の営業活動とともに，企業の財務活動の結果が，この（売上高）経常利益率に反映されます。したがって，この比率はできるだけ高い方が望ましいが，評価の方法としては，営業利益率とともに営業外損益率をも含めて，同業他社との比較，自社の時系列比較等によってその高低を評価することが重要です。

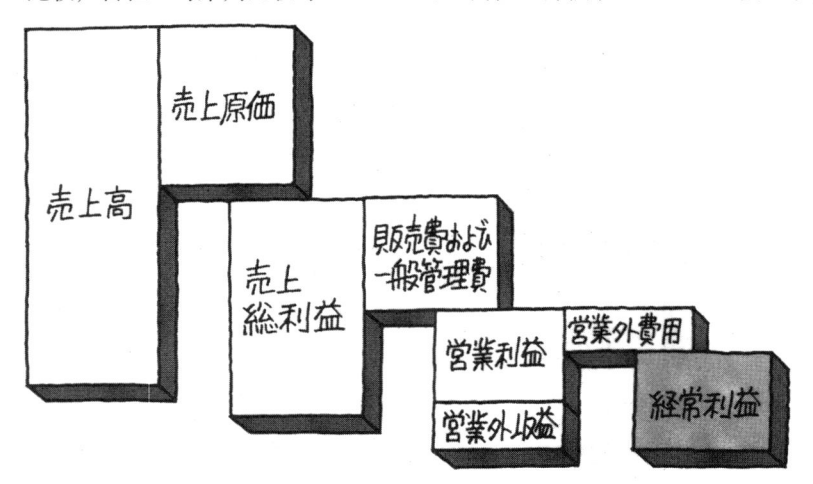

1章 収益性・損益の分析

チェックポイント
○営業利益率の高低をチェックするとともに，営業外収益率，営業外費用率等の構成から企業の財務活動の適否をチェックする。

関連比率
　総資本経常利益率（34頁），（売上高）営業利益率（51頁），（売上高）営業外収益率（59頁），（売上高）営業外費用率（60頁）を参照。

売上高経常利益率　　　　　　　　　　　　　　　　　　　　　　（単位：％）

区　分	調査年度				
	平成20年	平成21年	平成22年	平成23年	平成24年
全産業	2.4	2.3	3.2	3.3	3.5
製造業	2.3	2.4	3.9	3.7	4.1
建設業	1.3	1.3	1.6	1.6	2.4
卸売業・小売業	1.3	1.2	1.5	2.0	2.0

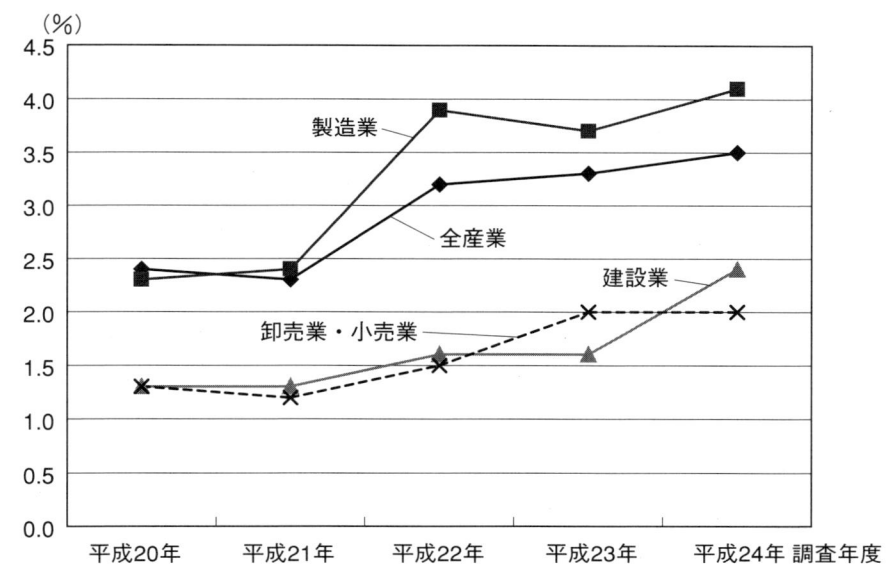

出所：財務省法人企業統計年報

1 収益性・損益の分析　**2** 売上高利益率　**4** （売上高）当期純利益率

[算式]

$$（売上高）当期純利益率（\%）=\frac{当期純利益}{売上高}\times 100$$

[算式の意味]

　当期純利益は「経常利益±特別損益－法人税等」によって計算され（図参照），企業が自由に処分できる利益です。（売上高）当期純利益率はいわば売上高に対する純利益率であるともいうことができます。

　したがって，（売上高）当期純利益率によって企業の配当可能利益についての情報を知ることができます。

[評価]

　（売上高）当期純利益率についても評価方法は他の売上高利益率と同じく，同業他社との比較，自社の時系列比較によってその高低を判断することになりますが，評価上とくに留意すべき点は，当期純利益の出方つまり経常利益率が高いのか，経常利益率は低いが特別利益率が高いのかという点を判断することが重要となります。

[チェックポイント]

①経常利益率の高低をチェックするとともに，特別利益，特別損失の構成から企業の決算政策の適否をチェックする。

②税引前当期純利益と法人税等の関係に異常がないかどうかをチェックする。

[関連比率]

　（売上高）経常利益率（52頁）を参照。

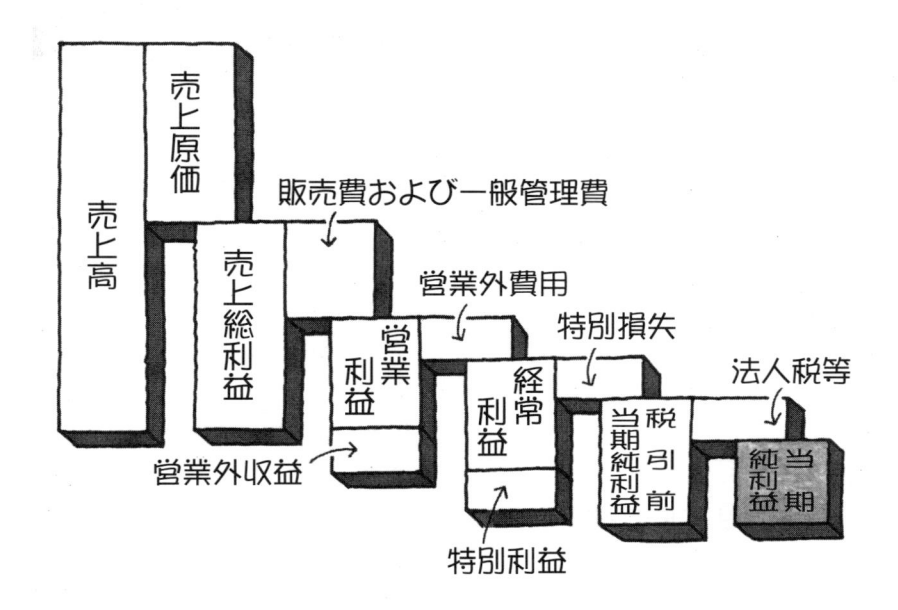

1章　収益性・損益の分析

1 収益性・損益の分析　3 売上高費用率　1 （売上高）売上原価率

算式

$$（売上高）売上原価率（\%） = \frac{売上原価}{売上高} \times 100$$

算式の意味

　売上高に対する製品商品等の売上原価の割合です。（売上高）売上原価率の反面は（売上高）売上総利益率ですから，売上原価率が高いことは，製造コスト，仕入コストが割高であることを意味します。

　企業は製品商品等の販売によってまず粗利益，荒利益を稼ぐわけですから，製造コスト率，仕入コスト率である売上原価率は，利益率，収益性を決定する最初の要因として重要視されます。

評価

　（売上高）売上原価率は低いほど，売上総利益（粗利益，荒利益）を生み出す収益性は高いと評価されます。よく「利は元にあり」といわれるように，製造コスト，仕入コストの低いことは製品商品販売の優位性を確保する最初のポイントと考えられるからです。

チェックポイント

① （売上高）売上原価率は業種によって著しい差異があるので，業種の特性にはとくに留意する。
② 製造業では製造原価の要素別構成比率にも留意する。

関連比率

　（売上高）売上総利益率（50頁），製造原価要素別構成比率（66頁）を参照。

1 収益性・損益の分析　3 売上高費用率　2 (売上高)販売費および一般管理費率

算式

$$（売上高）販売費および一般管理費率（\%） = \frac{販売費および一般管理費}{売上高} \times 100$$

算式の意味

売上高に対する販売費および一般管理費の割合です。販売費および一般管理費は「狭義の営業費用」「販売にかかる営業費用」ともいわれますが，この販売および一般管理費率が低いことは，企業の販売活動，管理活動が効率的に行われていること意味し，その効率は直接営業利益率に影響します。

評価

（売上高）販売費および一般管理費率は，（売上高）売上総利益率が一定であれば，販売費および一般管理費率が低いほど営業利益率を生み出す収益性は高いと評価されます。

販売費および一般管理費はこれを経営戦略面からみると，マーケティングコスト，流通コスト，R＆D（Research ＆ Development）コストなどから構成されているので，場合によってはこれらの各コスト率からどこに経営戦略上の優位性があるかなどをみることも重要と考えられます。

チェックポイント

○（売上高）販売費および一般管理費率は売上原価率と同様に業種による差が大であることに留意する。

関連比率

（売上高）売上総利益率（50頁），（売上高）営業利益率（51頁），（売上高）売上原価率（56頁）を参照。

1 収益性・損益の分析　3 売上高費用率　3 （売上高）営業費用率

算式

$$（売上高）営業費用率（\%）= \frac{営業費用}{売上高} \times 100$$

（注）営業費用＝売上原価＋販売費および一般管理費

算式の意味

売上高に対する営業費用の割合です。（売上高）営業費用率の反面は（売上高）営業利益率ですから，営業費用率が高いことは，営業レベルにおける費用の非効率性を意味します。

営業費用はこれを狭義に解すると，販売費および一般管理費を意味する場合もありますが，会計上の営業費用は商法計算規則によって上式のように広義の営業費用であることに気をつけてください。

評価

（売上高）営業費用率は低いほど，営業費用の効率が高く，したがってまた，営業利益を生み出す収益性も高いと評価されます。しかし，営業費用率は業種によってもかなりの差異があるので，単純に比較するのではなく業種のレベルを勘案して評価することが必要です。

チェックポイント

①業種レベルの特性に留意する。
②営業費用率は売上原価率と販売費および一般管理費率から構成されるので，どちらに問題があるかを掘り下げる。

関連比率

（売上高）営業利益率（51頁），（売上高）売上原価率（56頁），（売上高）販売費および一般管理費率（57頁）を参照。

1 収益性・損益の分析　3 売上高費用率　4 （売上高）営業外収益率

【算式】

$$（売上高）営業外収益率（\%） = \frac{営業外収益}{売上高} \times 100$$

【算式の意味】

売上高に対する営業外収益の割合です。

売上高も営業外収益もともに経常収益ですから，売上高に対する営業外収益の割合を出すことはおかしいようにも思われますが，営業外収益を「マイナスの費用」と考えると，（売上高）営業外収益率は売上高に対するマイナスの費用率を意味することになり，その意味がよくわかると思います。

【評価】

（売上高）営業外収益率は高いほど，いわゆる財務活動の収益性は高いと評価されます。営業外収益の内容をみると，一般に最もウエイトの高いのは受入利息および配当金という財務収益で，次いで不動産賃貸料等の副業収益，為替差益やその他の雑収益の順となっており，営業外収益率が高いことは，直接にマイナス費用率の高さとして全体の収益性向上に貢献するものと評価されます。

【チェックポイント】

○（売上高）営業外収益率も業種により，また企業の財務戦略により差異が生ずることに留意する。

【関連比率】

（売上高）営業外費用率（60頁）を参照。

1 収益性・損益の分析　3 売上高費用率　5 (売上高) 営業外費用率

算式

$$（売上高）営業外費用率（\%） = \frac{営業外費用}{売上高} \times 100$$

算式の意味

売上高に対する営業外費用の割合です。

営業外費用の内訳は,

① 支払利息割引料などの金融費用,
② 流動資産に属する有価証券の評価損,
③ 製品商品,原材料など棚卸資産の評価損(特別損失に計上されるものを除く),
④ 為替差損,
⑤ その他の雑支出,

などとなっていますが,最も金額的に重要なのが支払利息割引料などの金融費用で,(売上高)営業外費用率はほとんどこの金融費用率できまるといっても過言ではありません。

評価

(売上高)営業外費用率はできるだけ低いことが,経常利益を生み出す収益性に貢献します。

とくにその中心である金融費用率については,企業の資本構成のあり方とも関係するので,資本構成の健全性(具体的には金融債務構成率の適否)とともに評価することが必要と考えられます。

チェックポイント

①(売上高)営業費用率も業種によってかなりの差異があることに留意する。
②資本構成とともに棚卸資産等の評価損の有無に留意する。

関連比率

(売上高)営業外収益率 (59頁), (売上高) 支払利子率 (64頁) を参照。

1 収益性・損益の分析 3 売上高費用率 6 (売上高) 原材料費率

算式

$$（売上高）原材料費率（\%） = \frac{原材料費}{売上高} \times 100$$

算式の意味

売上高に対する原材料費の割合です。製造業では原価要素のうちで最も重要なのが原材料費ですから,売上高に対する原材料費率の高いことは逆に加工度合の低いこと,したがってまた付加価値率の低いことを表します。

製品の価格決定において,よく「原材料コストの2.5倍の価格をつけることができれば採算は成り立つ」ということが技術者の間でいわれます。もちろん,業種によって差はあると思いますが,このケースでは逆算すると売上高に対する原材料費率は40%ということになります。

評価

一般に売上高に対する原材料費率は低い方が,加工率,付加価値率が高くなるから望ましいとされます。

チェックポイント

○製品の特性や外注依存率の大小等によってかなりの差異があるので業種の特性に留意する。

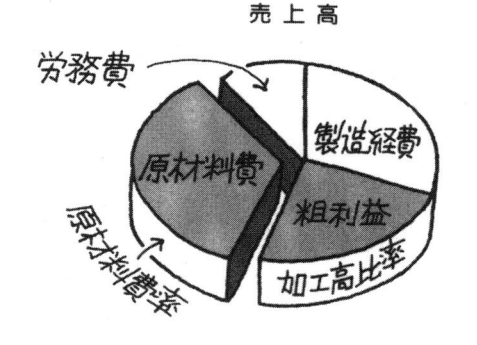

関連比率

製造原価要素別構成比率(66頁)を参照。

1 収益性・損益の分析　3 売上高費用率　7 (売上高)人件費率

算式

$$（売上高）人件費率（\%） = \frac{人件費}{売上高} \times 100$$

(注) 人件費には役員報酬, 給料諸手当のほか法定福利費・福利厚生費を含める

算式の意味

売上高に対する人件費の割合です。

製造業の場合には, 製造原価の中にも労務費としての人件費が計上されますので, 販売費および一般管理費中の人件費と合算して売上高に対する割合を計算します。

評価

損益分岐点分析では, 費用を変動費と固定費に大別しますが, その固定費の中で, ①人件費, ②減価償却費, ③支払利子の3つを三大固定費と呼んでいます。なかでも最も重要なのが人件費で, この人件費率の高いことは企業の収益性に大きな影響を与えます。したがって, (売上高)人件費率はできるだけ低い方が, 収益性のうえでは望ましいことになりますが, 人件費率は業種によってもかなり差があるので, 業種の特性を勘案してみることも必要です。

チェックポイント

①業種特性, 業種のレベルに留意する。
②中小企業の人件費率では, 役員報酬率にも留意する (役員報酬がとくに多額の場合)。

関連比率

固定費・固定費率 (107頁), 付加価値率 (278頁) を参照。

1 収益性・損益の分析　3 売上高費用率　8 （売上高）減価償却費率

算式

$$（売上高）減価償却費率（\%）＝\frac{減価償却費}{売上高}\times 100$$

算式の意味

　売上高に対する減価償却費の割合で，税法上の特別償却費で特別損失に計上されるものは除きます。

　製造業の場合には製造原価中にも減価償却費が計上されるので，販売費および一般管理費中の減価償却費と合算して売上高に対する割合を計算します。

評価

　減価償却費もいわゆる三大固定費の一つで，人件費に次いで金額的に重要です。

　一般に（売上高）減価償却費率は装置産業においては大であり，労働集約産業においては小であると考えられますが，業種によってかなり差があることも勘案して評価することが必要です。

チェックポイント

①減価償却の方法は継続されているか，もし変更がある場合は，その影響額，影響率に留意する。

②業種特性，業種レベルに留意する。

関連比率

　固定費・固定費率（107頁），付加価値率（278頁）参照。

1 収益性・損益の分析　3 売上高費用率　9 （売上高）支払利子率

[算式]

$$（売上高）支払利子率（\%）= \frac{支払利子}{売上高} \times 100$$

（注）支払利子（金融費用）＝支払利息および割引料＋社債発行差金償却＋社債発行費

[算式の意味]

売上高に対する支払利子の割合です。

（売上高）支払利子率の計算では，次式のように支払利子から受取利息および配当金を差し引いて「純金融費用」の率とする場合もありますが，一般的には上式のように営業外費用中の支払利子率とします。

$$（売上高）純金融費用率（\%）= \frac{支払利子-受取利息および配当金}{売上高} \times 100$$

[評価]

支払利子も人件費，減価償却費に次ぐ三大固定費の一つです。

（売上高）支払利子率の適正なレベルについては，製造業の場合には2～3％，商業では1～1.5％が適正でそれを超えると危険といわれていますが，一般的経験則として参考にしてよいでしょう。もちろん，業種による差異を勘案することは必要です。

[チェックポイント]

①土地等の取得で支払利子の資産計上の有無に留意する。
②業種の特性，業種のレベルに留意する。

[関連比率]

（売上高）営業外費用率(60頁)，負債利子率(70頁)，固定費・固定費率(107頁)参照。

1章　収益性・損益の分析

支払利息・割引料

(単位：%)

区　分	調査年度				
	2008年	2009年	2010年	2011年	2012年
全産業	0.6	0.7	0.6	0.6	0.5
製造業	0.4	0.5	0.4	0.4	0.4
建設業	0.3	0.3	0.3	0.3	0.2
卸売業	0.3	0.3	0.2	0.2	0.2
小売業	0.2	0.2	0.2	0.2	0.2

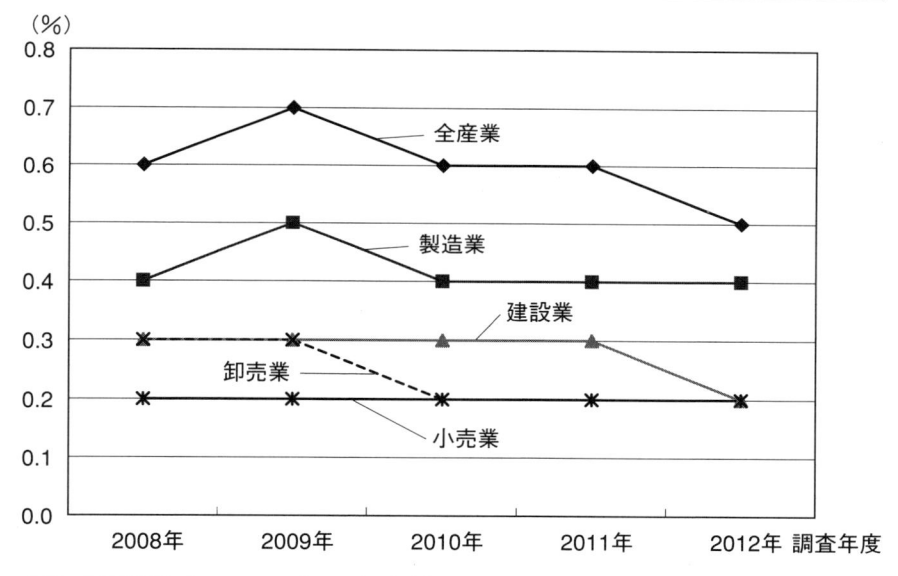

出所：産業別財務データハンドブック（日本政策投資銀行設備投資研究所）

1 収益性・損益の分析　4 その他の比率　1 製造原価要素別構成比率

【算式】

$$原材料費率（\%） = \frac{原材料費}{当期総製造費用} \times 100$$

$$労務費率（\%） = \frac{労務費}{当期総製造費用} \times 100$$

$$製造経費率（\%） = \frac{製造経費}{当期総製造費用} \times 100$$

【算式の意味】

　原価計算では原価費目のことを原価要素といいます。一般に原価計算では，①原価を費目別に累計する要素別原価計算，②これを製造部門，補助部門，管理部門等に分類する部門別原価計算，③この部門別計算を製品別に再集計する製品別原価計算，という三段階に分けられますが，要素別の集計はその基本です。

　製造業では原価要素は大別して，原材料費，労務費，製造経費の3つに区分されるので，当期に発生した総製造費用を100としてそれぞれの原価要素が何％となっているかをみることは，加工度合などその企業の生産の特性をつかむために必要と考えられます。また原価の要素別把握は原価計算を行っていない大多数の中小企業においても，要素別計算だけは行っているので，加工度合などの特性をつかむことは可能です。

【チェックポイント】

○外注費は広義の原材料費として原材料費に含めるが，金額的に重要な場合には外注費率として別に計算する。

【関連比率】

　（売上高）売上原価率（56頁）を参照。

1章 収益性・損益の分析

総製造費用構成比率（1社平均）

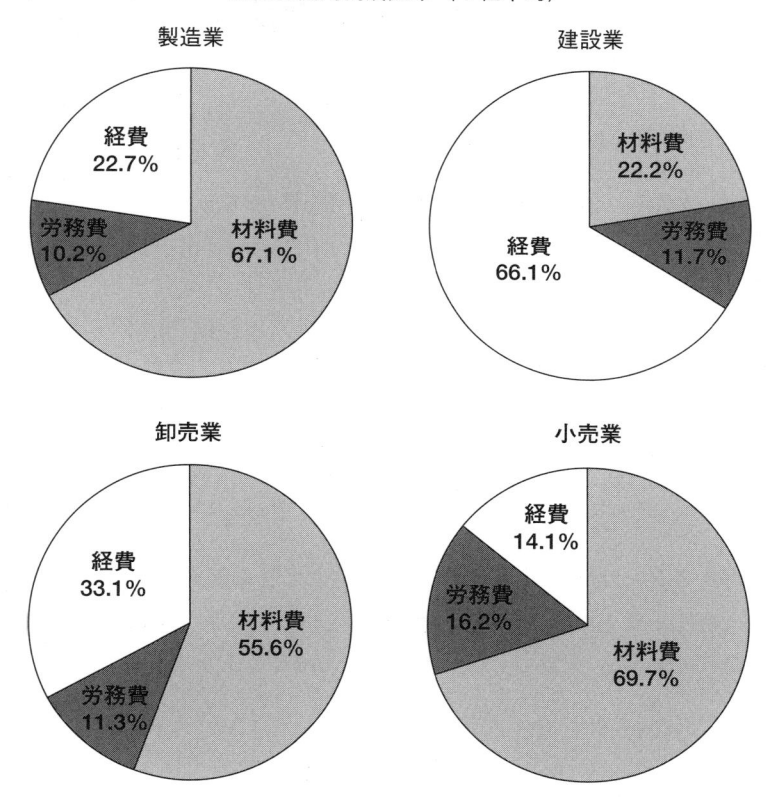

製造業
- 経費 22.7%
- 労務費 10.2%
- 材料費 67.1%

建設業
- 材料費 22.2%
- 労務費 11.7%
- 経費 66.1%

卸売業
- 経費 33.1%
- 労務費 11.3%
- 材料費 55.6%

小売業
- 経費 14.1%
- 労務費 16.2%
- 材料費 69.7%

出所：産業別財務データハンドブック（日本政策投資銀行設備投資研究所）

1 収益性・損益の分析　4 その他の比率　2 インタレスト・カバレッジ・レシオ

[算式]

$$\text{インタレスト・カバレッジ・レシオ} = \frac{\text{営業利益}+\text{受取利息および配当金}}{\text{支払利子}}$$

(注) 支払利子(金融費用)＝支払利息および割引料＋社債発行差金償却＋社債発行費

[算式の意味]

インタレスト・カバレッジ・レシオは，支払利子（金融費用）の支払能力，利子支払の安全性をみるための比率で，倍率で表します。

上場企業等では社債を発行する場合に，「適債基準」というのがありますが，この適債基準の要件の一つとして重視されるのがインタレスト・カバレッジ・レシオです。

[評価]

インタレスト・カバレッジ・レシオで示される倍率が高ければ高いほど利子支払の余裕度が高く，望ましいとされます。上場企業等の適債基準等では，企業の規模（純資産）の大きさによっても異なりますが1.0～1.5倍以上が必要とされます。

[チェックポイント]

○支払利子は原則的に期間費用であるが，土地等の取得のために借入れた借入金利息の一部を資産（土地）に計上することもあるので，その経理処理の健全性に留意する。

[関連比率]

（売上高）支払利子率（64頁），負債利子率（70頁）を参照。

1章 収益性・損益の分析

P／L　　　　　　（万円）

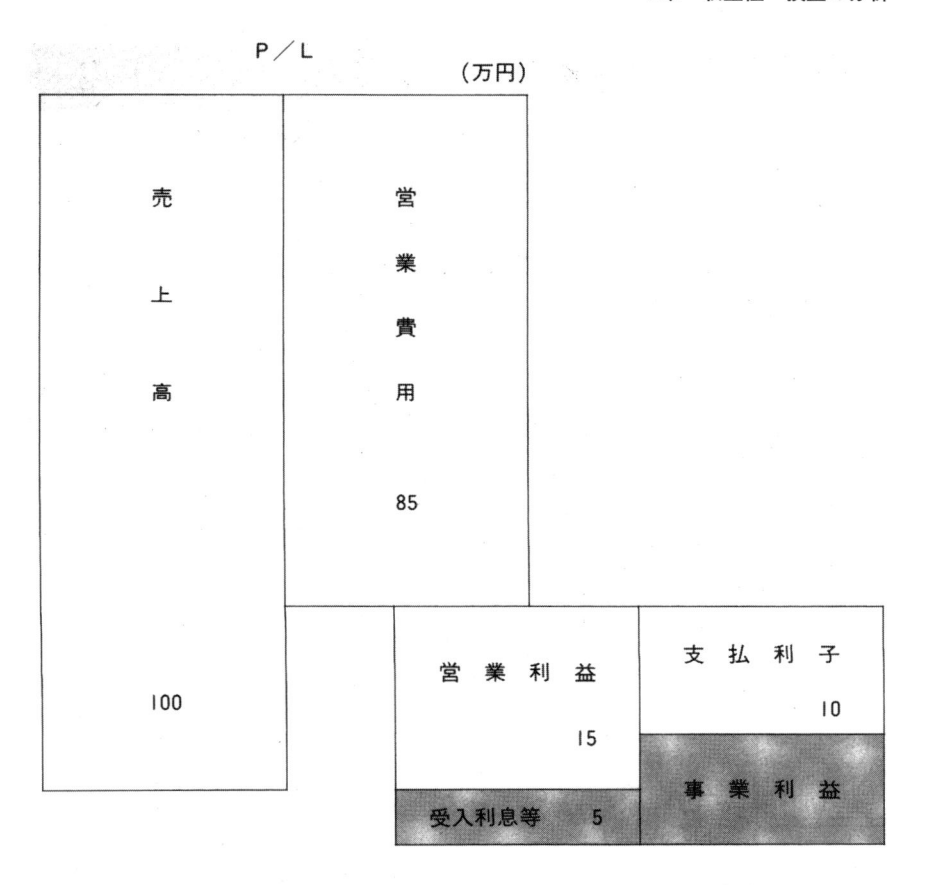

売上高 100	営業費用 85
	営業利益 15 / 受入利息等 5	支払利子 10 / 事業利益

$$\text{インタレスト・カバレッジ・レシオ} = \frac{\text{営業利益}\ 15^{万円} + \text{受入利息等}\ 5^{万円}}{\text{支払利子}\ 10^{万円}} = 2.0$$

1 収益性・損益の分析　4 その他の比率　3 負債利子率

算式

$$負債利子率（\%）= \frac{支払利子}{負債合計（平均）} \times 100$$

$$= \frac{支払利子}{有利子負債合計（平均）} \times \frac{有利子負債合計（平均）}{負債合計（平均）}$$

　　　　　　（有利子負債利率）　　　　（有利子負債構成率）

（注）1．支払利子（金融費用）＝支払利息および割引料＋社債発行差金償却＋社債発行費

　　　2．平均は「（前期末＋当期末）÷2」による

算式の意味

　P/L上の支払利子がB/S上の負債合計（平均）に対して何％の割合になるかという，負債全体に対する利子率です。負債の中には社債や借入金等の有利子負債と買掛債務，未払金等の無利子負債が混在するので，有利子負債の割合が高いと全体としての負債利子率は高くなり，逆に買掛債務，未払金等の無利子負債の割合が高いと負債利子率は低くなります。したがって負債という他人資本の調達源とその適否をみることができます。

評価

　負債利子率はできるだけ低い方が財務の健全性にとって好ましいことですが，一般的な目途としては4～5％以下といえるでしょう。

チェックポイント

①有利子負債構成率に注目する。

②B/Sの脚注に表示される割引手形，裏書譲渡手形は負債に加える（少額の場合は省略可）。

関連比率

　負債運用利ザヤ（72頁），負債運用効率（74頁）を参照。

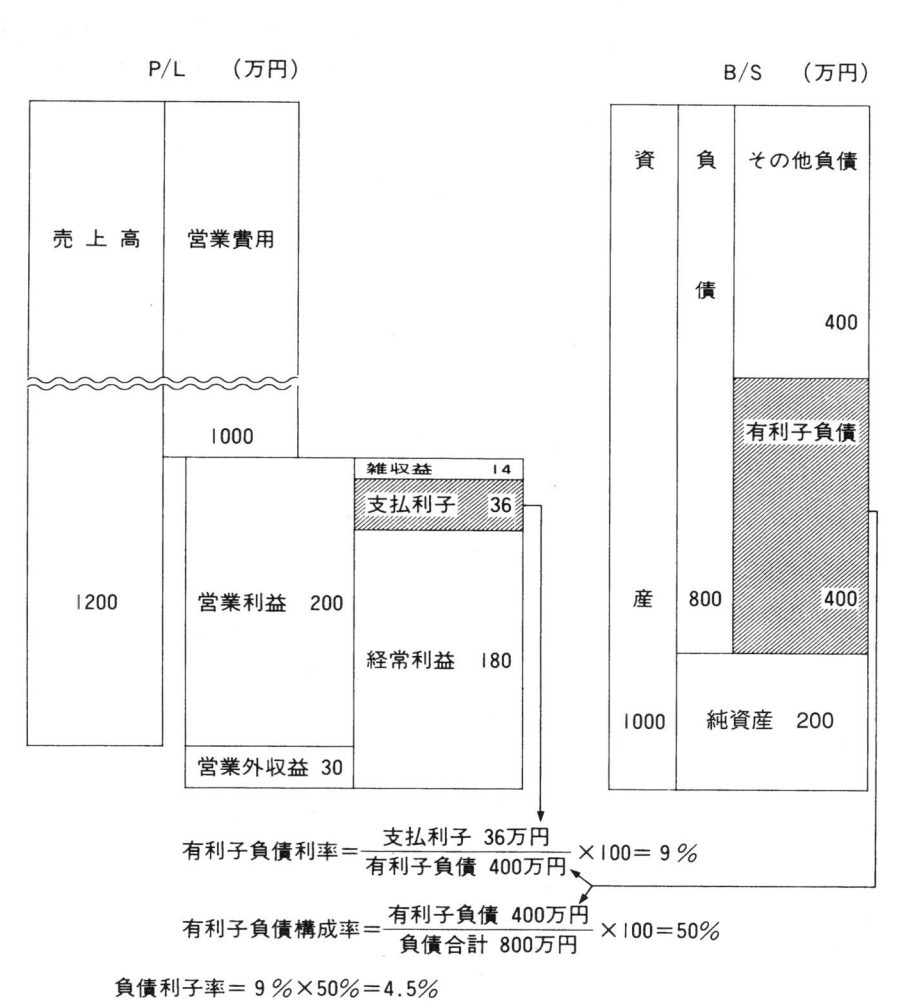

1章 収益性・損益の分析

P/L （万円）

売上高　営業費用

1000

雑収益　14
支払利子　36

1200　営業利益　200

経常利益　180

営業外収益　30

B/S （万円）

資　負　その他負債
　　債
　　　　400

　　　　有利子負債

産　800　400

1000　純資産　200

$$\text{有利子負債利率} = \frac{\text{支払利子 36万円}}{\text{有利子負債 400万円}} \times 100 = 9\%$$

$$\text{有利子負債構成率} = \frac{\text{有利子負債 400万円}}{\text{負債合計 800万円}} \times 100 = 50\%$$

負債利子率 ＝ 9％ × 50％ ＝ 4.5％

$$\left(\text{負債利子率} = \frac{\text{支払利子 36万円}}{\text{負債合計 800万円}} \times 100 = 4.5\%\right)$$

1 収益性・損益の分析　4 その他の比率　4 負債運用利ザヤ

[算式]

$$負債運用利ザヤ（\%）= \frac{利子支払前}{総資本利益率}（\%）- 負債利子率（\%）$$

[算式の意味]

　事業自体の収益性である利子支払前総資本利益率（または総資本事業利益率）と負債利子率の差異を負債運用利ザヤといいます。事業自体の収益性（事業利回り）が負債利子率よりも高いときは，負債を積極的に活用することによって，いわゆる「他人の資金を活用して利益を上げる」ことができますが，負債利子率の方が高い場合には利鞘はマイナスとなり，負債の利用は不利になります。

[評価]

　負債運用利ザヤは金融機関における資金利ザヤに相当するので，できるだけ大であることが事業活動に有利であり，かつ，有利子負債の調達に余裕のあることを示します。

[チェックポイント]

○負債比率の高い企業では，金融情勢変化の影響を受けやすく，ときには利ザヤがマイナスになることも少なくないことに留意する。

[関連比率]

　利子支払前総資本利益率（38頁），負債利子率（70頁），負債運用効率（74頁），負債比率（156頁）を参照。

1章　収益性・損益の分析

1 収益性・損益の分析　4 その他の比率　5 負債運用効率

［算式］

　　　　負債運用効率（％）＝負債運用利ザヤ×負債比率

［算式の意味］

　負債運用効率は負債の利用，活用による収益性を表し，この負債運用効率が高いほど自己資本経常利益率（44頁参照）は高くなります。すなわち負債運用効率は負債のレバレッジ効果を表します。

　負債運用効率は，負債運用利ザヤと負債比率という2つの要素から成り立っています。したがって負債運用利ザヤが大であり，また負債比率が高いと負債運用効率は高くなりますが，負債運用利ザヤがマイナスの場合には，負債比率が高いほど，そのマイナス効果が増幅されます。

［評価］

　負債運用効率は高い方が収益性，とくに自己資本利益率にとってプラスです。しかし低い場合，とくにそれが負債比率の低いことによる場合は，必ずしも悪いとはいえません。利ザヤがマイナスの場合にはそのマイナス効果が負債比率の低いことによって減殺されるからです。

［チェックポイント］

○負債運用効率はプラスの場合，マイナスの場合の両面があることに留意する。

［関連比率］

　自己資本当期利益率（48頁）を参照。

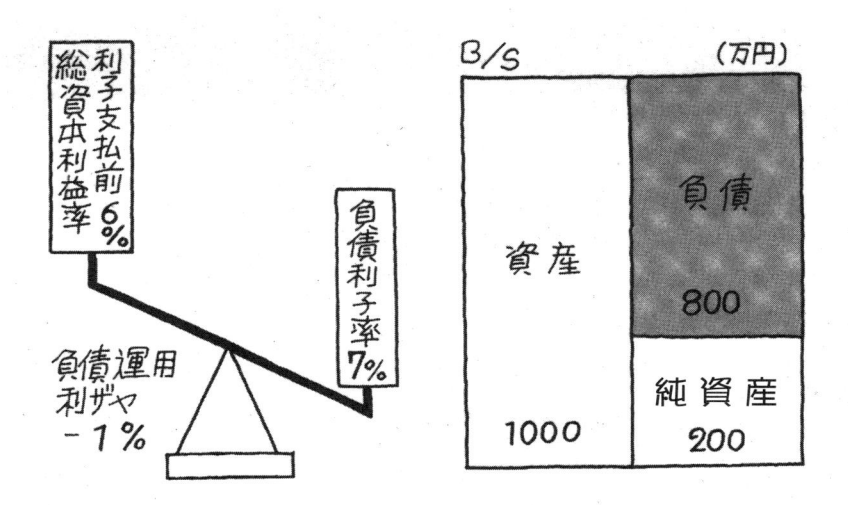

1章 収益性・損益の分析

負債運用効率
＝負債運用利ザヤ−1％×負債比率$\left(\dfrac{負債800}{資本200}\right)$400％＝−4％

利ザヤがマイナスの場合は負債比率が高いほどマイナス効果が増幅されます

1 収益性・損益の分析　4 その他の比率　6 交差比率

【算式】

$$交差比率（\%）= \frac{売上総利益}{製品・商品（平均）} \times 100$$

$$= \frac{売上総利益}{売上高} \times \frac{売上高}{製品・商品（平均）}$$

（注）分母の平均は「(前期末＋当期末)÷2」による

【算式の意味】

　交差比率は在庫製品・商品の効率をみるもので，製商品等の在庫投資がどれだけの粗利益（売上総利益）をあげているかを示し，とくに商業において重要視される比率です。

　交差比率は，①粗利益率と②製品商品回転率の2つの指標の交差によって構成されるところから，交差比率ないし交差主義比率と呼ばれるようになったと考えられます。

【評価】

　交差比率は高いほど製商品等の在庫投資の効率は高いとされますが，一般的には200%以上が一つの目途とされます。交差比率200%というのは在庫投資の2倍の年間粗利益を生ずるということです。もちろん，業種によって差はあると考えられますが，一般的な評価基準としては次のとおりです。

200%以上	優
150〜200%	良
100〜150%	可
100%以下	不可

【チェックポイント】

○業種の特性，業種のレベルに留意する。

1章　収益性・損益の分析

関連比率

（売上高）売上総利益率（50頁），棚卸資産回転率（88頁），製品商品回転期間（171頁）を参照。

P/L　（万円）

	粗利 20
売上高 100	売上原価 80

$$交差比率 = \frac{粗利益\ 20万円}{商品\ 10万円} \times 100 = 200\%$$

$$= 粗利率20\% \times 商品回転率10回 = 200\%$$

$$ただし，商品回転率 = \frac{売上高\ 100万円}{商品\ 10万円} = 10回$$

B/S　（万円）

資産	負債純資産合計
商品 10	
100	100

1 収益性・損益の分析　5 回転率　1 総資本回転率

算式

$$総資本回転率（回）= \frac{売上高}{負債資本合計（平均）}$$

（注）分母の平均は「（前期末＋当期末）÷2」による

算式の意味

　1単位の総資本がどれだけの売上高を生み出すか，総資本ないし投下資本が売上高を生み出す力，いいかえれば総資本の活用度を表すのが総資本回転率で，たとえば1円の総資本が年2円の売上高を生み出す場合には総資本回転率を2（回）といいます。

評価

　総資本回転率は，売上高経常利益率とともに総資本経常利益率を構成する2要素の一つで，売上高経常利益率が一定であれば，総資本回転率が高いほど，総合的収益性を示す総資本利益率は高くなります。

　その意味で総資本回転率は高いほど良いとするのが原則ですが，総資本回転率は業種によってかなりの差があり，たとえば労働集約型企業に比べて資本集約型企業（素材業種，装置産業等）では相対的に低くなるので，この点を考慮して評価することが必要です。

チェックポイント

○労働集約型か，資本集約型か業種の特性を考慮する。

関連比率

　総資本経常利益率（34頁），（売上高）経常利益率（52頁）を参照。

1章　収益性・損益の分析

総資本回転率　　　　　　　　　　　　　　　　　　　　　　（単位：回）

区　分	調査年度				
	平成20年	平成21年	平成22年	平成23年	平成24年
全産業	1.1	1.0	1.0	1.0	1.0
製造業	1.1	0.9	1.0	1.0	0.9
建設業	1.3	1.3	1.2	1.2	1.3
卸売業・小売業	2.0	1.8	1.9	1.9	1.8

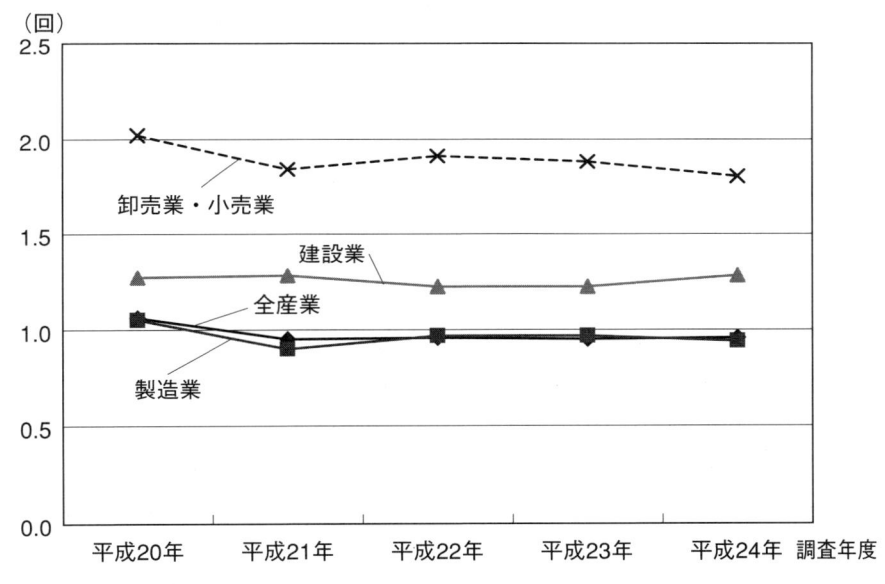

出所：財務省法人企業統計年報

1 収益性・損益の分析　5 回転率　2 経営資本回転率

算式

$$経営資本回転率（回）＝ \frac{売上高}{経営資本（平均）}$$

(注) 1. 経営資本＝資産合計－（建設仮勘定＋貸与資産・遊休資産＋投資等）
2. 分母の平均は「(前期末＋当期末)÷2」による

算式の意味

経営資本とは，その利用，活用によって売上高を生み出す直接的な投下資本です。経営資本回転率とは1単位の経営資本がどれだけの売上高を生み出すか，経営資本が直接的に売上高を生み出す力，いいかえれば経営資本の活用度を表すのが経営資本回転率です。

評価

経営資本回転率も総資本回転率と同様に高いほど良いとするのが原則ですが，経営資本回転率は業種によってかなりの差があります。

労働集約型企業に比べて資本集約型企業では，総資本回転率と同様に経営資本回転率も低くなるので，この業種特性を考慮して評価することが必要です。

チェックポイント

○労働集約型か，資本集約型か，業種の特性を考慮する。

関連比率

経営資本営業利益率（42頁）を参照。

1章 収益性・損益の分析

1 収益性・損益の分析　5 回転率　3 自己資本回転率

算式

$$自己資本回転率（回） = \frac{売上高}{純資産合計（平均）}$$

(注) 分母の平均は「(前期末＋当期末) ÷ 2」による

算式の意味

自己資本の利用度，活用度を表します。

具体的には，1円の自己資本が1年に何円の売上高を生み出しているか，仮に1円の自己資本が1年に3円の売上高を生み出しているとすれば，自己資本回転率は3回となります。

評価

当然，高い方が良いとされますが，業種レベルによってそのレベルに差があるので，業種レベルにおける比較が肝要です。

自己資本回転率が著しく低い場合には，株主資本が有効に活用されていないことを示し，結果として自己資本利益率の低下というリスクを考えなければなりません。

チェックポイント

①業種の特性，業種レベルに留意する。
②収益性，とくに自己資本経常利益率との関連に留意する。

関連比率

自己資本経常利益率（44頁）を参照。

1 収益性・損益の分析　5 回転率　4 流動資産回転率

算式

$$流動資産回転率（回）= \frac{売上高}{流動資産合計（平均）}$$

（注）分母の平均は「(前期末＋当期末)÷2」による

算式の意味

流動資産に投下運用した短期資金の利用度，活用度を表します。具体的には，1円の流動資産が1年に何円の売上高を生み出しているか，仮に1円の流動資産が1年に3円の売上高を生み出しているとすれば，流動資産回転率は3回となります。

評価

利用度，活用度ですからできるだけ高い方が望ましいことはいうまでもありませんが，業種によって，そのレベルにはかなりの差があります。したがって，回転率は各種の経営分析統計などと横並びで比較することが望まれます。このことは各回転率に共通です。

チェックポイント

①業種の特性，業種のレベルに留意する。
②流動資産の主要項目である売掛債権回転率，棚卸資産回転率に留意する。

関連比率

売掛債権回転率（86頁），棚卸資産回転率（88頁）を参照。

1 収益性・損益の分析　5 回転率　5 固定資産回転率

算式

$$固定資産回転率（回） = \frac{売上高}{固定資産合計（平均）}$$

(注) 1. 固定資産には繰延資産を含み，広義の固定資産とする
　　 2. 分母の平均は「（前期末＋当期末）÷2」による

算式の意味

固定資産に投下運用した長期資金の利用度，活用度を表します。具体的には，1円の固定資産が1年に何円の売上高を生み出しているか，仮に1円の固定資産が1年に2円の売上高を生み出しているとすれば，固定資産回転率は2回となります。

評価

当然，高い方が良いとされますが，業種によって，そのレベルに差があるので，業種レベルにおける比較が肝要です。

チェックポイント

①業種の特性，業種のレベルに留意する。
②固定資産の主要項目である有形固定資産回転率に留意する。

関連比率

固定資産回転期間（180頁），有形固定資産回転率（90頁）を参照。

1章　収益性・損益の分析

固定資産回転率　　　　　　　　　　　　　　　　　　　　　　（単位：回）

区　分	調査年度				
	平成18年	平成19年	平成20年	平成21年	平成22年
全産業	2.9	2.9	2.9	2.6	2.3
製造業	2.5	2.7	2.6	2.5	2.2
建設業	4.1	4.0	4.2	4.0	3.4
卸売業	6.0	5.9	6.3	6.2	5.5
小売業	3.7	3.7	4.0	3.8	3.8

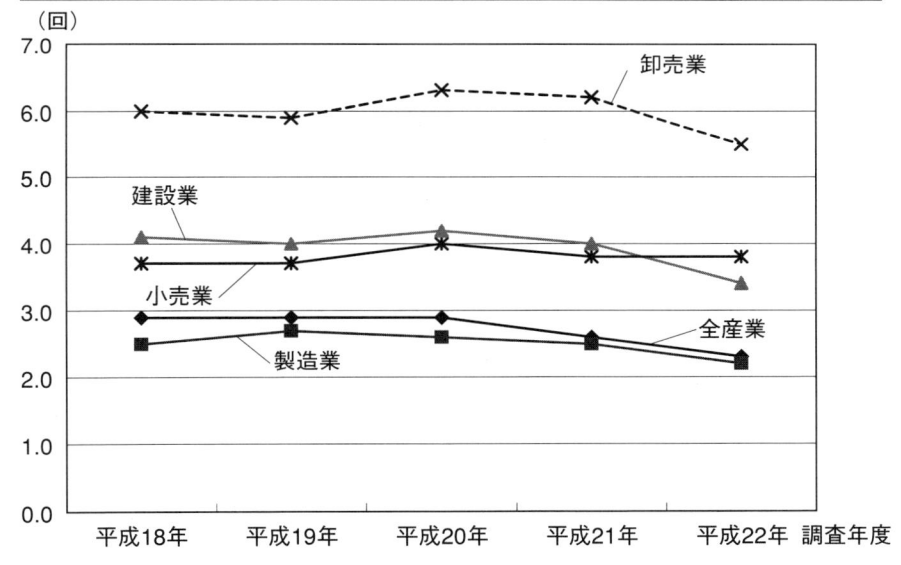

出所：中小企業実態調査に基づく経営・原価指標

1 収益性・損益の分析　5 回転率　6 売掛債権回転率

算式

$$売掛債権回転率（回）＝\frac{売上高}{売掛債権（平均）}$$

(注) 1. 売掛債権＝受取手形(含割引手形・裏書譲渡手形)＋売掛金－前受金－貸倒引当金(流動資産)
2. 分母の平均は「（前期末＋当期末）÷2」による

算式の意味

　販売資金として売掛債権に投下運用した短期資金の利用度，活用度を表します。具体的には，1円の販売資金が1年に何円の売上高を生み出しているか，仮に1円の売掛債権が1年に5円の売上高を生み出していれば，売掛債権回転率は5回となります。なお，売掛債権回転率は「受取勘定回転率」ともいわれます。

評価

　売掛債権は運転資金を構成する主要項目ですから，売掛債権回転率は重要な資金効率の一つです。
　当然，高い方が良いとされますが，業種によって差があるので，業種レベルにおける比較が肝要である。

チェックポイント

①業種の特性，業種のレベルに留意する。
②回転率が低い場合には滞貨売掛債権の有無に留意する。

関連比率

　流動資産回転率（83頁），売掛債権回転期間（168頁）を参照。

1章　収益性・損益の分析

売掛金回転率　　　　　　　　　　　　　　　　　　　　　　（単位：回）

区　分	調査年度				
	平成20年	平成21年	平成22年	平成23年	平成24年
全産業	6.7	6.6	6.7	6.6	6.5
製造業	5.6	5.2	5.4	5.2	5.1
建設業	5.8	5.7	5.5	5.5	5.6
卸売業・小売業	7.4	7.5	7.8	7.7	7.4

（注）データは売掛金回転期間から回転率を推計した

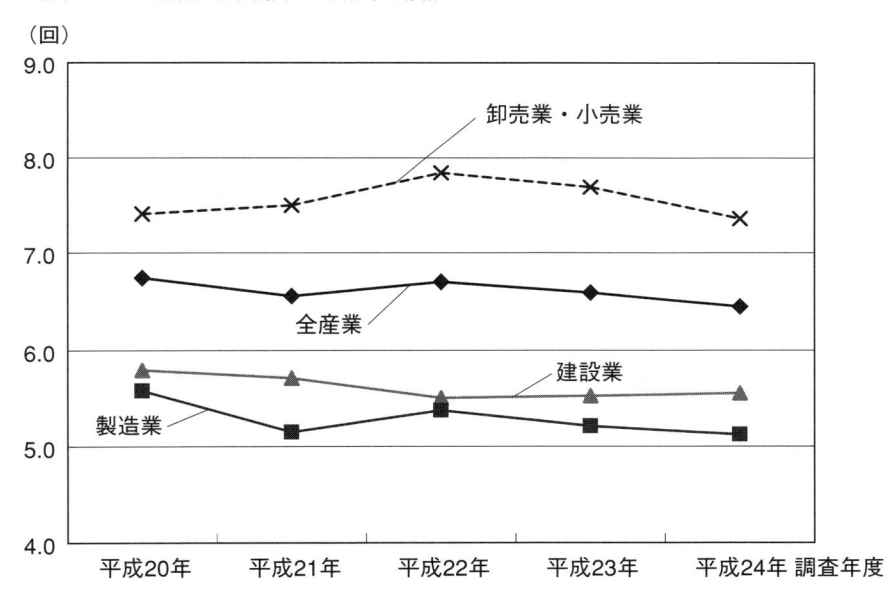

出所：財務省法人企業統計年報

1 収益性・損益の分析　5 回転率　7 棚卸資産回転率

算式

$$\text{棚卸資産回転率（回）} = \frac{\text{売上高}}{\text{棚卸資産合計（平均）}}$$

(注) 1．棚卸資産＝製品・商品＋仕掛品＋原材料・貯蔵品
　　 2．分母の平均は「(前期末＋当期末)÷2」による

算式の意味

在庫資金として棚卸資産に投下運用した短期資金の利用度，活用度を表します。具体的には，1円の在庫資金が1年に何円の売上高を生み出しているか，仮に1円の棚卸資産が1年に10円の売上高を生み出していれば，棚卸資産回転率は10回となります。

評価

棚卸資産は売掛債権とともに運転資金を構成する主要項目ですから，棚卸資産回転率は重要な資金効率の一つです。当然，高い方が良いとされますが，業種によって差があるので，業種レベルにおける比較が肝要です。とくに商業，販売業の場合，棚卸資産は商品です。

したがって，商業における棚卸資産回転率は商品を売り切る力として評価されます。

チェックポイント

①業種の特性，業種のレベルに留意する。
②回転率が低い場合には不良在庫の有無に留意する。

関連比率

流動資産回転率（83頁），製品商品回転期間（171頁），原材料貯蔵品回転期間（173頁），仕掛品回転期間（175頁）を参照。

1章　収益性・損益の分析

棚卸資産回転率　　　　　　　　　　　　　　　　　　　　（単位：回）

区　分	調査年度				
	平成20年	平成21年	平成22年	平成23年	平成24年
全産業	12.8	11.5	13.6	13.3	13.0
製造業	10.0	9.1	10.5	9.9	9.4
建設業	7.0	9.1	8.6	9.1	10.3
卸売業・小売業	17.9	16.7	17.4	16.9	16.4

（注）データは棚卸資産回転期間から回転率を推計した

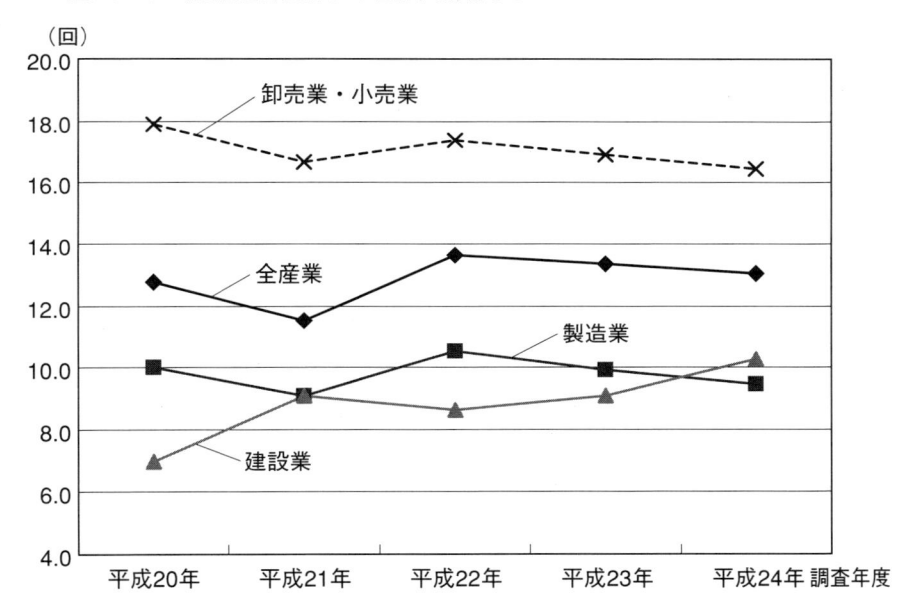

出所：財務省法人企業統計年報

1 収益性・損益の分析　5 回転率　8 有形固定資産回転率

［算式］

$$\text{有形固定資産回転率（回）} = \frac{\text{売上高}}{\text{有形固定資産（除建設仮勘定）（平均）}}$$

（注）分母の平均は「(前期末＋当期末)÷2」による

［算式の意味］

設備に投下運用した資金，設備資金の利用度，活用度を表します。具体的には，1円の設備投資が1年に何円の売上高を生み出しているか，仮に1円の有形固定資産が1年に4円の売上高を生み出しているとすれば，有形固定資産回転率は4回となります。

［評価］

実物資産である有形固定資産回転率は，設備投資にかかる資金効率を表すものとしてとくに重視される回転率の一つです。また，設備利用率として生産性・付加価値の分析にも重要な関連を持ちます。当然，高い方が良いとされますが，業種により差があるので業種レベルにおける比較が肝要です。

なお，重要設備がファイナンスリースによっている場合には適切な回転率が出ないことから，これを適切な方法で取得資産として評価し，回転率を改訂することも必要と考えられます。

［チェックポイント］

①業種の特性，業種のレベルに留意する。
②ファイナンスリースの有無に留意する。

［関連比率］

固定資産回転率(84頁)，有形固定資産回転期間(182頁)，設備利用率(283頁)を参照。

1 収益性・損益の分析　5 回転率　9 負債回転率

算式

$$負債回転率（回） = \frac{売上高}{負債合計（平均）}$$

（注）分母の平均は「（前期末＋当期末）÷2」による

算式の意味

他人資本である負債の利用度，活用度を表します。具体的には，1円の他人資本が1年に何円の売上高を生み出しているか，仮に1円の負債が1年に2円の売上高を生み出しているとすれば，負債回転率は2回となります。

評価

当然，高い方が良いとされますが，業種によってそのレベルに差があるので，業種レベルにおける比較が肝要です。負債回転率が著しく低い場合には債務過多であることを示します。

チェックポイント

①業種の特性，業種レベルに留意する。
②負債のうち主要項目である買掛債務回転率，金融債務回転率に留意する。

関連比率

金融債務回転率（92頁），買掛債務回転率（93頁）を参照。

1 収益性・損益の分析　5 回転率　10 金融債務回転率

算式

$$\text{金融債務回転率（回）} = \frac{\text{売上高}}{\text{金融債務合計（平均）}}$$

（注）1．金融債務＝社債＋長期借入金＋短期借入金＋割引手形
　　　2．分母の平均は「（前期末＋当期末）÷2」による

算式の意味

借入金の金融債務の利用度，活用度を表します。具体的には，1円の金融債務が1年に何円の売上高を生み出しているか，仮に1円の借入金が1年に4円の売上高を生み出しているとすれば，金融債務回転率は4回となります。

評価

当然，高い方が良いとされますが，業種によってそのレベルに差があるので，業種レベルにおける比較が肝要です。

金融債務回転率が著しく低い場合には借入過大で，支払不能となるリスクが高いことを示します。

チェックポイント

①業種の特性，業種レベルに留意する。
②回転率が低い場合には返済期間の適否，返済状況等に留意する。

関連比率

負債回転率(91頁)，金融債務回転期間(188頁)，短期金融債務回転期間(189頁)を参照。

1　収益性・損益の分析　5　回転率　11　買掛債務回転率

算式

$$買掛債務回転率（回）= \frac{売上高}{買掛債務（平均）}$$

(注) 1．買掛債務＝支払手形(除設備)＋裏書譲渡手形(除設備)＋買掛金－前渡金
2．分母の平均は「(前期末＋当期末)÷2」による

算式の意味

企業間信用としての買掛債務の利用度，活用度を表します。具体的には，1円の企業間信用が1年に何円の売上高を生み出しているか，仮に1円の買掛債務が1年に7円の売上高を生み出しているとすれば，買掛債務回転率は7回となります。なお，買掛債務回転率は「支払勘定回転率」ともいわれます。

評価

当然，高い方が良いとされますが，業種によってそのレベルに差があるので，業種レベルにおける比較が肝要です。

買掛債務回転率が著しく低い場合には，買掛債務の支払期間が長く，支払不能となるリスクが高いことを示します。

チェックポイント

①業種の特性，業種レベルに留意する。
②回転率が低い場合には支払期間の適否に留意する。

関連比率

負債回転率（91頁），買掛債務回転期間（186頁）を参照。

買掛金回転率　　　　　　　　　　　　　　　　　　　　　　　　（単位：回）

区　分	調査年度				
	平成20年	平成21年	平成22年	平成23年	平成24年
全産業	8.7	8.5	8.6	8.6	8.4
製造業	7.4	7.0	7.3	7.1	7.1
建設業	6.6	6.9	6.9	6.8	6.6
卸売業・小売業	8.1	7.7	7.8	7.9	7.7

（注）データは買掛金回転期間から回転率を推計した

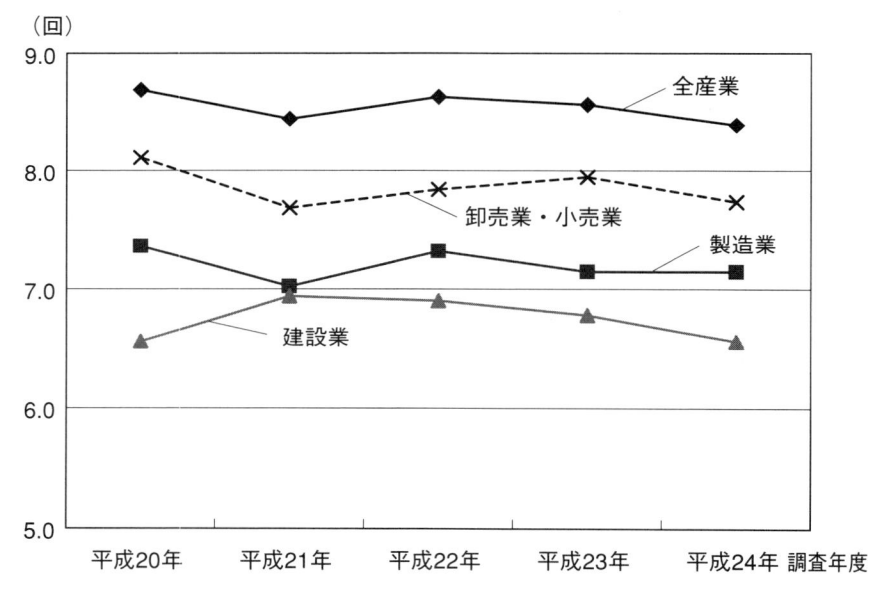

出所：財務省法人企業統計年報

1 収益性・損益の分析　5 回転率　12 正味運転資本回転率

算式

$$正味運転資本回転率（回）＝ \frac{売上高}{正味運転資本（平均）}$$

(注) 1．正味運転資本＝資本＋固定負債－固定資産（含繰延資産）
　　 2．分母の平均は「（前期末＋当期末）÷2」による

算式の意味

正味運転資本とはNet Working Capitalの訳語で，算式の分母のように，長期資本（資本＋固定負債）から固定資産を差し引いたもので，安定的な生産販売資金を意味します。この安定的生産販売資金がどれだけの売上高を生み出すか，いいかえれば正味運転資本活用の度合をみようとするのが，この正味運転資本回転率です。

評価

流動性，支払能力の点からみると正味運転資本は原則として多額の方が良いと考えられますが，逆に正味運転資本回転率が高すぎることは安定的生産販売資金の涸渇を意味することになります。

したがって，高すぎても低すぎても問題があることになります。業種ないし企業の特性を考慮し，望ましい正味運転資本のレベルを勘案することが必要となります。

チェックポイント

①とくに流動資産中に不良滞留資産がないかどうか。
②業種ないし企業の特性を考慮する。

関連比率

流動比率（136頁），固定長期適合率（146頁）を参照。

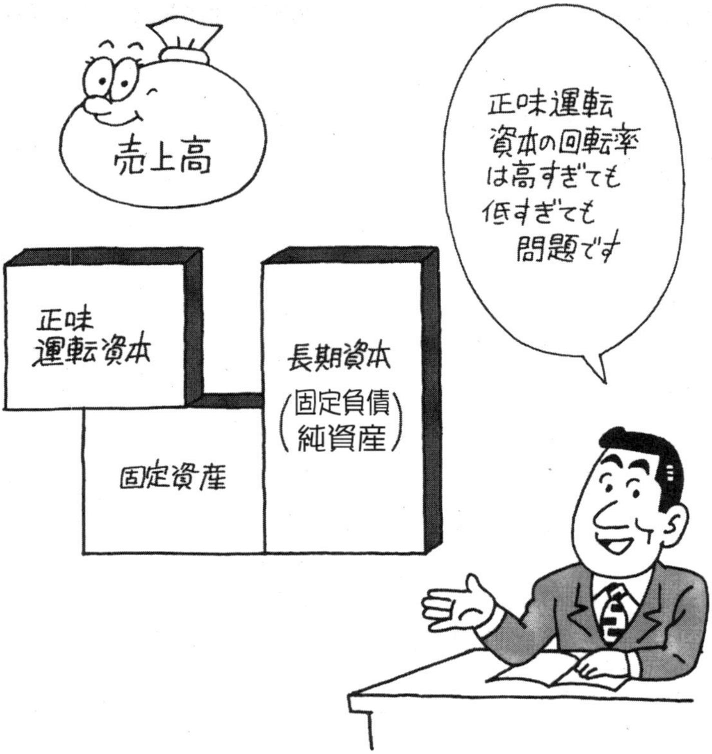
売上高
正味
運転資本
固定資産
長期資本
(固定負債
純資産)
正味運転資本の回転率は高すぎても低すぎても問題です

1 収益性・損益の分析　6 損益分岐点　1 損益分岐点

算式

$$損益分岐点（売上高） = \frac{固定費}{1-変動費率}$$

$$損損益分岐点（販売量） = \frac{固定費}{価格-単位変動費}$$

算式の意味

損益分岐点とは，費用がちょうど回収される売上高（販売量，操業度），つまり採算点です。

費用は売上高（販売量ないし操業度）の増減に伴ってどのように変化するかということを基準にすると，変動費と固定費に分けることができます（変動費，固定費の区分については費用分解112頁～122頁を参照）。

算式の分母の変動費率というのは，材料費などの変動費が売上高に対してどの程度，何％生ずるかを表します。また，分母の「1－変動費率」は「限界利益率」ともいい，売上高1単位を追加するごとに売上高に対して何％の正味の利益が生ずるかを表します。

変動費，固定費という費用区分をとると企業の損益は，

　　（売上高－変動費）－固定費＝損益

となります。この式で，損益をゼロとした場合には，

　　売上高－変動費＝固定費

となる点の売上高が損益分岐点ですから，

$$売上高 - 売上高 \times \frac{変動費}{売上高} = 固定費$$

　　売上高－売上高×変動費率＝固定費

したがって，

　　売上高×（1－変動費率）＝固定費

— 97 —

となります。ゆえに，売上高をXとすると，

$$X = \frac{固定費}{1 - 変動費率}$$

です。いま仮に変動費率が60％の場合，月々の固定費が2,000万円とすると，損益分岐点となる売上高は，

$$X = \frac{2,000万円}{1 - 60\%} = 5,000万円$$

となります。

また，この例において製品1個当りの販売価格が5万円であったとすると，単位変動費（1個当りの変動費）は価格5万円×変動費率60％＝3万円です。したがって，採算点となる販売量は，

$$X = \frac{2,000万円}{5万円 - 3万円} = 1,000個$$

となります。この式では分母の「価格－単位変動費」は，単位当りの限界利益を意味し，1個2万円の限界利益で，2,000万円の固定費をカバーするには1,000個の販売が必要であることを表します。

[評価]

損益分岐点が明らかになると，企業の経営戦略として，採算をとるのに一体どのくらいの生産販売を行わなければならないか，また，いくらの売上高を達成しなければならないか，などをはじめ，設備投資によって人件費，減価償却費，金利などの固定費が増加すると，企業の採算点はどのように変化するかなどの情報が得られます。

したがって，損益分岐点は企業の利益計画，利益管理と不可分の関係にあり，損益分岐点によって企業の利益計画，利益管理のあり方が検討され，評価されるといっても過言ではありません。なお，固定費のうち，前述の人件費，減価償却費，金利の3つはとくに主要であるため，これを三大固定費といいます。

[チェックポイント]

○評価に同じ。

1章　収益性・損益の分析

関連比率

損益分岐点比率（102頁）を参照。

（吹き出し）損益トントンになる採算点のことです！

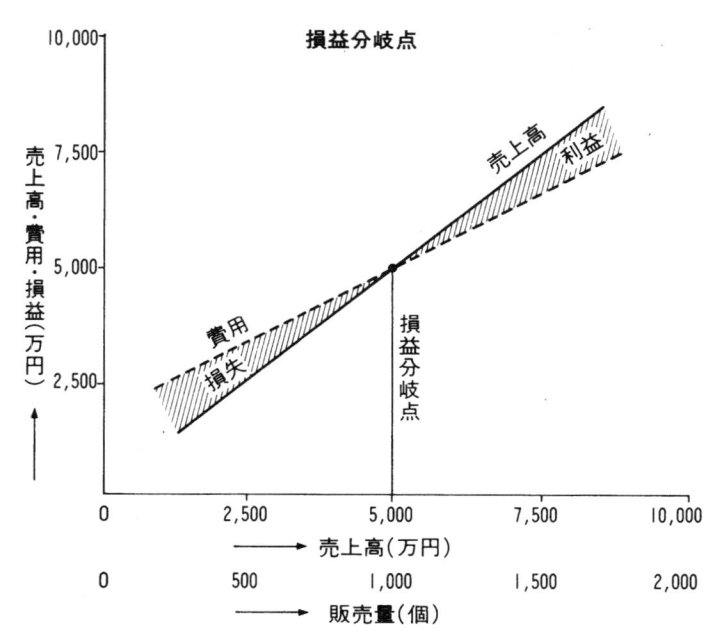

損益分岐点

縦軸：売上高・費用・損益（万円）　0, 2,500, 5,000, 7,500, 10,000
横軸：売上高(万円)　0, 2,500, 5,000, 7,500, 10,000
　　　販売量(個)　0, 500, 1,000, 1,500, 2,000

売上高／利益／費用／損失／損益分岐点

1 収益性・損益の分析　6 損益分岐点　2 目標利益達成のための損益分岐点（広義）

【算式】

$$\text{目標利益達成のための損益分岐点（売上高）} = \frac{\text{固定費}+\text{目標利益}}{1-\text{変動費率}}$$

$$\text{目標利益達成のための損益分岐点（販売量）} = \frac{\text{固定費}+\text{目標利益}}{\text{価格}-\text{単位変動費}}$$

【算式の意味】

利益計画，利益管理においては，単に損益分岐点，採算点をみるだけでなく，積極的に目標利益達成のための損益分岐点を割り出すことが重要です。

この算式では分子を「固定費＋目標利益」としていますが，「固定費＋目標利益」はいいかえれば「目標限界利益」です。いま仮に固定費2,000万円，目標利益1,000万円，変動費率60％の場合では，目標利益達成のための採算点となる売上高Xは，

$$X = \frac{\text{目標限界利益3,000万円}}{1-\text{変動費率}60\%} = 7,500\text{万円}$$

となります。また，この例で1個当り販売価格5万円とすると，単位変動費3万円（5万円×60％）となるので，目標利益達成のための採算点となる販売量Xは，

$$X = \frac{\text{目標限界利益3,000万円}}{\text{価格5万円}-\text{単位変動費3万円}} = 1,500\text{個}$$

【評価】

具体的に利益計画としてその妥当性が検討され，評価されます。

【チェックポイント】

○評価に同じ。

【関連比率】

損益分岐点比率（102頁）を参照。

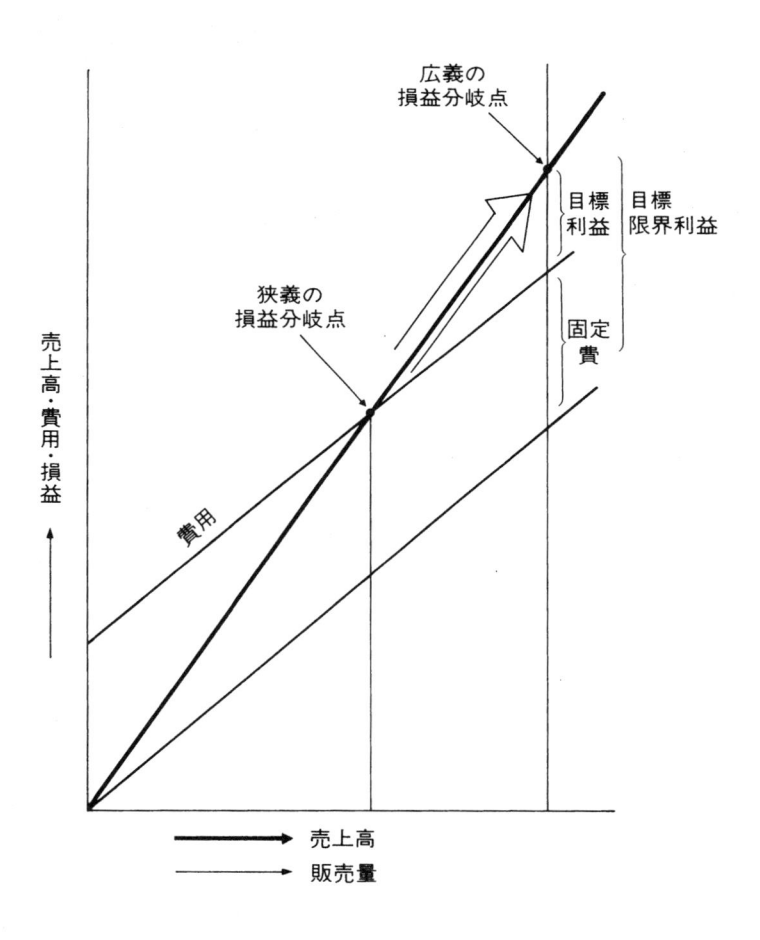

1章 収益性・損益の分析

- 広義の損益分岐点
- 目標利益
- 目標限界利益
- 狭義の損益分岐点
- 固定費
- 費用
- 売上高・費用・損益
- 売上高
- 販売量

1 収益性・損益の分析　6 損益分岐点　3 損益分岐点比率

算式

$$損益分岐点比率（\%）= \frac{損益分岐点売上高}{実際売上高}$$

$$安全余裕率（\%）= 1 - 損益分岐点比率（\%）$$

算式の意味

損益分岐点比率というのは，実際売上高を100として損益分岐点売上高つまり採算点が何％のところにあるかを表し，企業利益の安定度を表します。

いま仮に，損益分岐点が8,000万円で，実際売上高が1億円であるとすれば，損益分岐点比率は，

$$損益分岐点比率（\%）= \frac{損益分岐点8,000万円}{実際売上高10,000万円} \times 100 = 80\%$$

です。

したがって，この場合の安全余裕率は，

　　安全余裕率＝ 1 －80％＝20％

となり，実際売上高と採算点の間には20％の余裕があることを示します。

評価

損益分岐点比率はできるだけ低い方が，安全余裕率が高く，企業の不況抵抗力も高いことになります。参考までに平成17年度調査の「中小企業の財務指標」（中小企業庁編）などをもとに計算してみると，製造業などの平均的な損益分岐点の位置は90％内外です。

チェックポイント

○評価に同じ。

関連比率

損益分岐点（97頁）を参照。

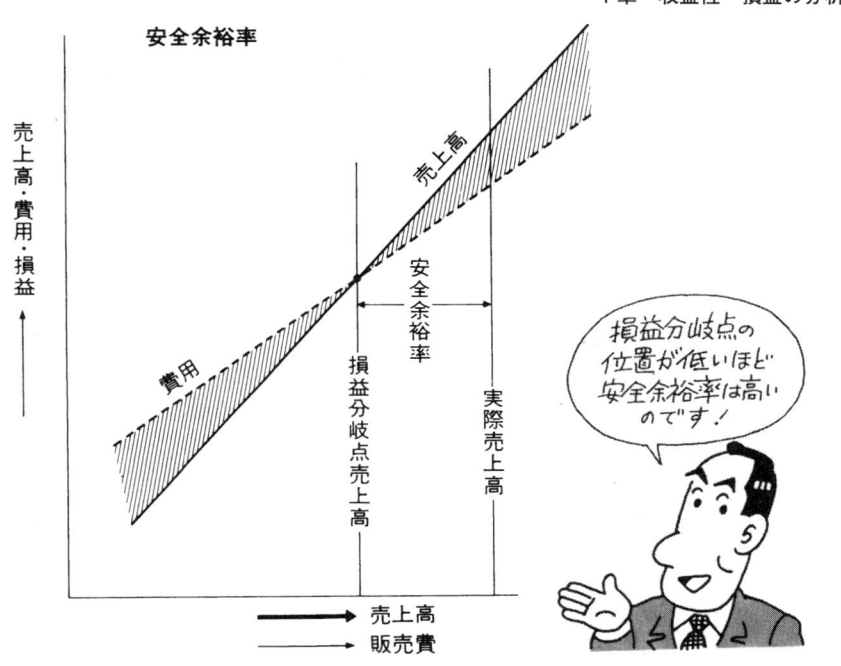

1章 収益性・損益の分析

安全余裕率

(縦軸) 売上高・費用・損益
(横軸) 売上高 / 販売費

費用／売上高／損益分岐点売上高／安全余裕率／実際売上高

> 損益分岐点の位置が低いほど安全余裕率は高いのです！

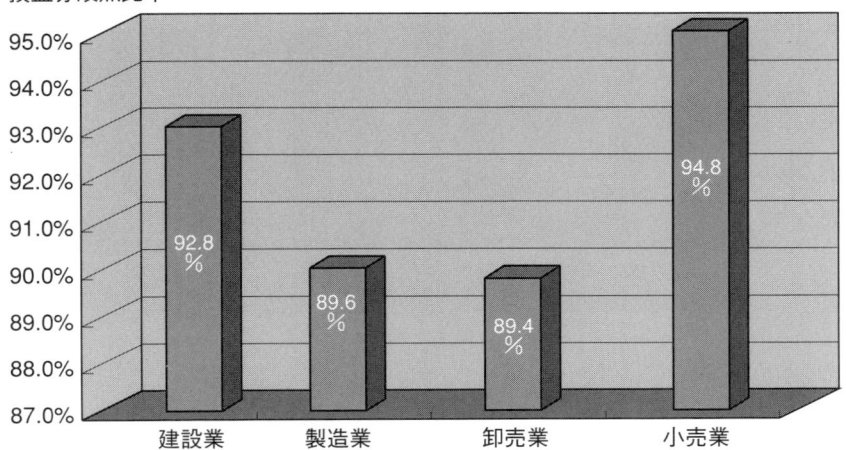

損益分岐点比率

業種	比率
建設業	92.8%
製造業	89.6%
卸売業	89.4%
小売業	94.8%

出所：中小企業の財務指標（中小企業庁）をもとに計算

1 収益性・損益の分析　6 損益分岐点　4 変動費・変動費率

算式

変動費＝可変費, 操業費用

$$変動費率（\%）＝\frac{変動費}{売上高}\times 100$$

算式の意味

変動費は可変費または比例費ともいいますが, これは売上高が多くなれば多くなり, 反対に売上高が少なくなれば少なくなる費用で, 材料費, 外注費, 販売手数料, 運賃などが主なものです。

変動費率

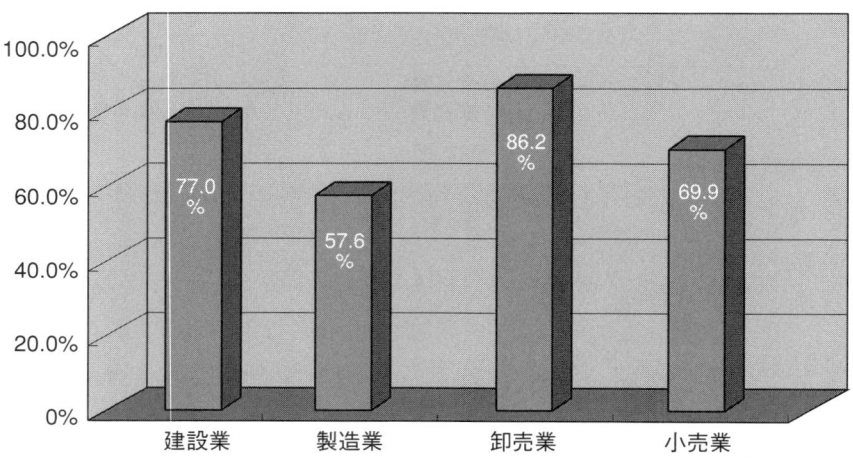

業種	変動費率
建設業	77.0%
製造業	57.6%
卸売業	86.2%
小売業	69.9%

出所：中小企業の原価指標（中小企業庁）

費用を個別にみていくと直接材料費のようにはっきりと変動費であることがわかる場合には問題はないのですが，実際には電力費・修繕費などのように，準変動費（または準固定費）といわれる費用が出てきます。これらの準変動費についても何らかの方法で変動費と固定費に分解することが必要となります。その方法としては次のような方法が考えられます。

① 変動費に近い準変動費は変動費とし，固定費に近いものは固定費として処理する。
② 準変動費については過去の経験により，それぞれ何％が変動費，固定費であるかを推計して分ける。
③ 準変動費については総費用法，スキャッターグラフ法，最小自乗法などによって分解する。

[評価]

　一般に変動費が多額で，変動費率が高い企業は固定費率が低く，したがって損益分岐点の位置も低いという特徴があります。そのかわり限界利益率が低いため好況時におけるスケールメリットは期待できません。一例をあげると，ある企業で年間の売上高，費用等は次のようであったとします。

〈設例〉　売上高　　　1,000万円
　　　　　費　用
　　　　　　変動費　　800
　　　　　　固定費　　100
　　　　　　　計　　　900
　　　　　利　益　　　100

このケースでは限界利益率は20％ですから損益分岐点は，

$$損益分岐点 = = \frac{固定費100万円}{限界利益率20\%} = 500万円$$

となります。したがって，売上高が少しぐらい低下してもすぐに赤字になることはありませんが，売上高が増加した場合でも，たとえば売上高が20％増，つまり200万円増加した場合でも限界利益の増加は，

増加売上高200万円×限界利益率20％＝40万円

となり，固定費の高い企業（107頁を参照）に比べるとそのスケールメリットは小さくなります。

チェックポイント

○製造業において変動費率が高い場合には，設備能力が小さく，そのため外注依存率が高いケースが多い。あるいは設備能率が低く，設備合理化，経営合理化が遅れているケースが多いことに留意する。

関連比率

損益分岐点比率（102頁），限界利益・限界利益率（110頁）を参照。

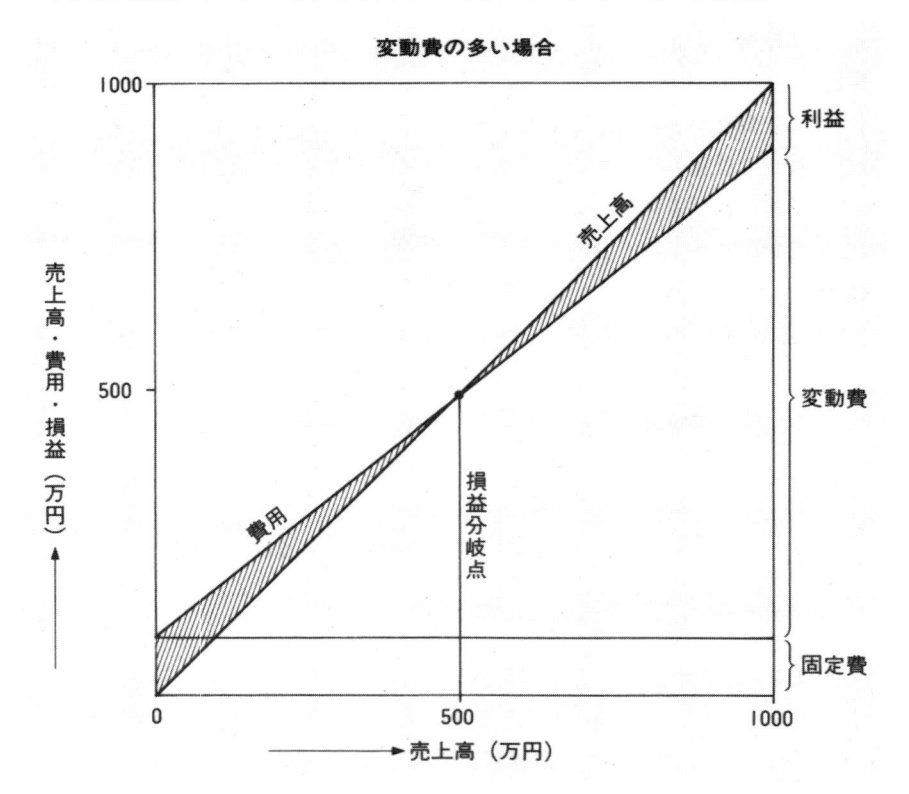

変動費の多い場合

1 収益性・損益の分析　6 損益分岐点　5 固定費・固定費率

算式

固定費＝不変費，存立費用

$$固定費率（\%）＝\frac{固定費}{売上高}\times 100$$

算式の意味

固定費は不変費ともいいますが，これは売上高が増加しても，また減少しても，それには直接関係なく，常に一定額生ずる費用をいいます。

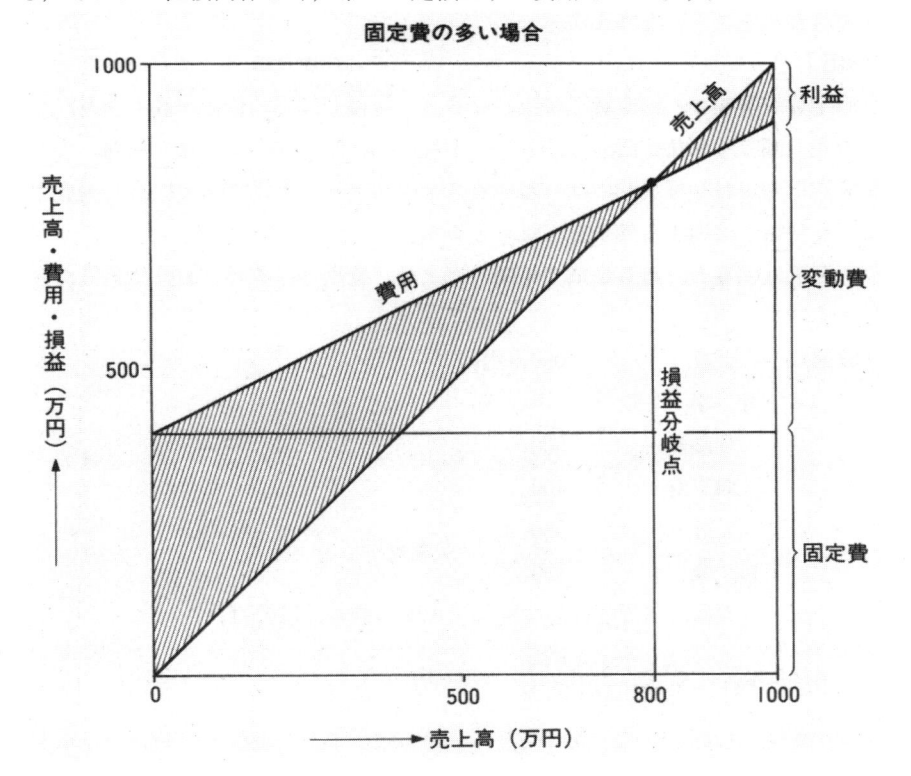

固定費の多い場合

（グラフ：横軸 売上高（万円）0～1000，縦軸 売上高・費用・損益（万円）0～1000。売上高線，費用線，損益分岐点 800，利益・変動費・固定費の区分を示す）

一般に固定費に属するものは，経営における生産販売能力を準備し，維持する費用であって，次のようなものが含まれます。
① 生産販売設備に関する費用……借地借家料，固定資産の減価償却費，修繕費，冷暖房費，火災保険料，固定資産税，支払利子など
② 基礎的な経営組織を維持する費用……工場における監督者や生産管理・販売管理等に従事する職員の給料手当など
③ 主としてトップマネジメントの意思決定にもとづいて支出される費用……市場開発費，試験研究費，交際費など

しかし，営業規模が大きくなれば設備も増え，人員も増えて固定費も増加するので，固定費・変動費の区分はあくまでも一定の期間（通常は１年）を前提として行われることになります。

[評価]

固定費が多額で，固定費率が大になると，損益分岐点の位置が高くなり，少しの売上減でも利益が激減し，とくに不況時には収益性の安定度が問題となります。そのかわり好況時にはいわゆるスケールメリットによって，少しの売上増でも利益は倍増する効果をもたらします。

一例をあげると，ある企業で年間の売上高，費用等は次のとおりであったとします。

〈設例〉　売上高　　　　　1,000万円
　　　　　費　用
　　　　　　変動費　　　　500
　　　　　　固定費　　　　400
　　　　　　　計　　　　　900
　　　　　利　益　　　　　100

このケースでは，限界利益率は50％ですから損益分岐点は，

$$損益分岐点 = \frac{固定費400万円}{限界利益率50\%} = 800万円$$

となります。したがって，仮に売上高が20％減少すると損益トントンになりま

1章　収益性・損益の分析

すが，逆に売上高が20%増加する場合には，限界利益の増加は，

　　増加売上高200万円×限界利益率50%＝100万円

となります。この例からわかるように，固定費率の高い企業ほど守りには弱いが攻めには強いことがわかります。なお，固定費のうち①人件費，②減価償却費，③支払利子の3つについては，固定費の中でもとくに金額が重要であるため，この3つは三大固定費などと呼ばれます。

【チェックポイント】

○固定費率の高い場合，とくに不況時の収益性の安定度に留意する。

【関連比率】

　損益分岐点比率（102頁），限界利益・限界利益率（110頁）を参照。

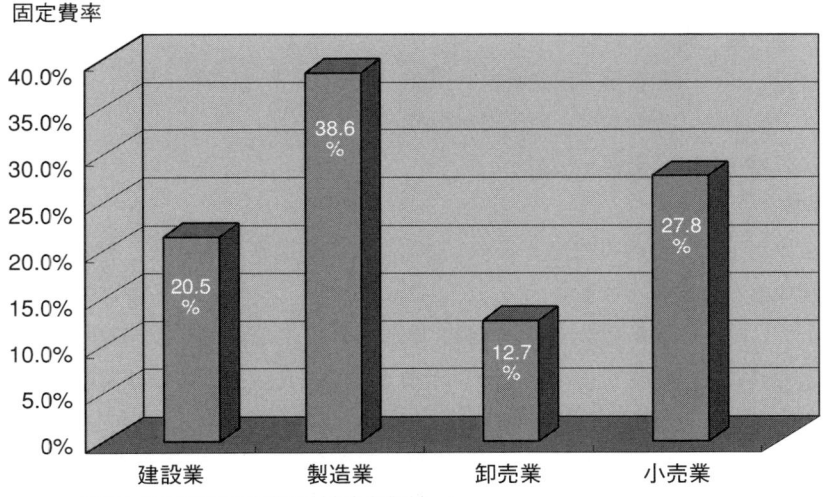

固定費率

業種	固定費率
建設業	20.5%
製造業	38.6%
卸売業	12.7%
小売業	27.8%

出所：中小企業の原価指標（中小企業庁）

1 収益性・損益の分析　6 損益分岐点　6 限界利益・限界利益率

【算式】

　　限界利益＝売上高－変動費

　　限界利益率（％）＝ 1 －変動費率（％）

【算式の意味】

　売上高 1 単位の増加または減少によって，これにスライドして増減する正味の利益を「限界利益」といいます。したがって限界利益率は売上高に対する限界利益の割合であって，変動費率とは表裏の関係にあり，「 1 －変動費率」によって表されます。限界利益を用いると，売上高・費用・損益の関係は次のように表すことができます。

　　売上高－費用＝損益

　　売上高－（変動費＋固定費）＝損益

　　（売上高－変動費）－固定費＝損益

　　限界利益－固定費＝損益

【評価】

　限界利益は一種の粗利益であり，限界利益率が比率が高いほど利幅は大で，有利であることを示します。

　企業において効率経営，省資源経営を進める場合，最も重要な着眼点は「不採算製品の生産販売をやめて，その余力を採算の良いものに振り向けること」であると考えられます。この着眼点は，具体的には各製品の限界利益率を分析することによって得られますが，限界利益率からみた生産販売管理の原則をあげてみると次の 3 点があげられます。

① 限界利益率（または単位当り限界利益）の高いものの生産販売を行う。

② 限界利益率（または単位当り限界利益）は低くても，余力ある場合には生産販売を行う。

③ 限界利益率（または単位当り限界利益）がマイナスのものは生産販売を中止

する。

　限界利益率の高いものの生産販売を行うことが黒字経営の原則であることはいうまでもありませんが，2番目の「限界利益率は低くても，余力ある場合には生産販売を行う」というのは，いわゆるダンピングの理論です。生産販売能力に余裕がある場合，いいかえれば操業度に余裕がある場合には，たとえ価格を下げてもその生産販売によって少しでも限界利益が得られれば，生産販売をしないよりもましです。なぜならば，その生産販売による追加コストは材料費などの変動費のみであって，固定費はほとんど追加支出が生じないからです。

[チェックポイント]
①限界利益率はあくまでも管理会計上の利益概念であることに留意する（財務会計，決算会計にはこのような利益概念はない）。
②変動費，固定費の費用分解が適切にされているかどうかに留意する。

[関連比率]
　損益分岐点（97頁），変動費・変動費率（104頁），固定費・固定費率（107頁）を参照。

1 収益性・損益の分析　6 損益分岐点　7 費用分解（総費用法）

算式

$$変動費率（％）=\frac{費用増加（当月費用-前月費用）}{売上高増加（当月売上高-前月売上高）}\times100$$

固定費 ＝ 当月費用 － 当月売上高 × 変動費率
　　　 ＝ 前月費用 － 前月売上高 × 変動費率

算式の意味

　総費用法とは、ある売上高のときの費用総額と、他の売上高のときの費用総額とを対比して変動費と固定費の額を求める方法です。

〈設例〉

　たとえばある企業において前月と当月の売上高と費用が次のようであったとします。

	前月	当月	差額
売上高	900万円	1,000万円	100万円
費　用	840万円	910万円	70万円

　このケースでは変動費率は、

$$変動費率=\frac{費用増加70万円}{売上高増加100万円}=70\％$$

となります。したがって、

　　前月変動費 ＝ 900万円 × 70％ ＝ 630万円
　　当月変動費 ＝ 1,000万円 × 70％ ＝ 700万円

　ゆえに、

　　固定費 ＝ 210万円（前月費用840万円 － 前月変動費630万円、または当月費用910万円 － 当月変動費700万円）

と計算されます。

1章　収益性・損益の分析

【チェックポイント】

①製品の販売価格に著しい変化がないこと。
②製品の単位当り変動費（たとえば材料費など）に著しい変化がないこと。
③固定費（たとえば人件費，支払利子など）に著しい増減がないこと。
④異常な費用が含まれていないこと。

【関連比率】

　変動費・変動費率（104頁），固定費・固定費率（107頁），限界利益・限界利益率（110頁）を参照。

1 収益性・損益の分析　6 損益分岐点　8 費用分解（スキャッターグラフ法）

図表ースキャッターグラフ

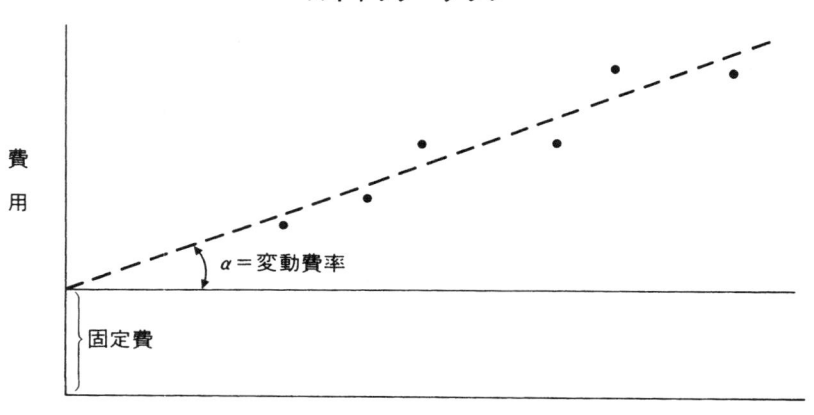

スキャッターグラフ

縦軸：費用／横軸：売上高

α＝変動費率

固定費

図表の意味

スキャッターグラフ法は撒布図表法とも呼ばれ，数期間の売上高と費用をグラフの上に対比することにより，そのおおよその傾向線をみて変動費と固定費を分解する方法です。

〈設例〉

ある企業で1月から6月までの売上高と費用は次のようであったとします。

これをグラフ上にプロットすると費用の線はややジグザグに上昇するものの売上高の増加にほぼスライドしていることがわかります。

	売上高	費用
1月	400万円	450万円
2月	500	530
3月	350	400
4月	600	580
5月	670	640
6月	750	720

1章　収益性・損益の分析

スキャッターグラフ

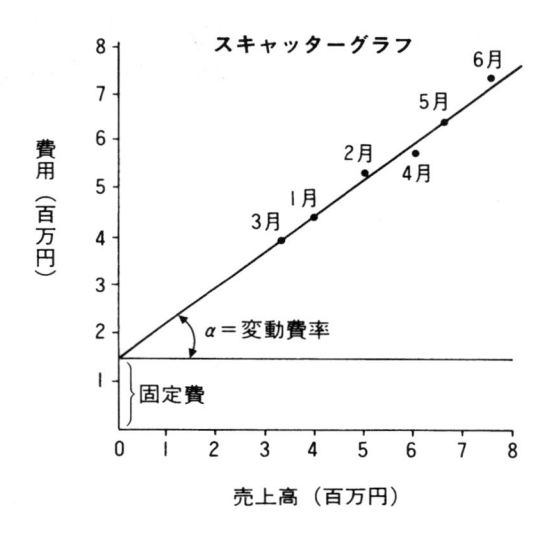

（グラフ：縦軸 費用（百万円）、横軸 売上高（百万円）、1月～6月の点と傾向線。a＝変動費率、固定費）

　そこで目分量をもって適当に費用の傾向線を入れてみると，固定費は約140万円（月額）であり，変動費率は角度 a が約36度であるから $\dfrac{36度}{45度}=80\%$ ということになります。

チェックポイント

①製品の販売価格に著しい変化がないことなど総費用法の場合と同じ条件が備わっているかどうか。

②目分量で線を引くので，描く人の主観がかなり作用するので恣意に流れないように留意する。

関連比率

　変動費・変動費率（104頁），固定費・固定費率（107頁），限界利益・限界利益率（110頁）を参照。

1 収益性・損益の分析　6 損益分岐点　9 費用分解（最小自乗法）

算式

売上高 x，費用 y，固定費 a，変動費率 b，月数 n
とすると，　y = a + b x
∴　Σy = a × n + Σx × b　（Σはシグマと読む，合計の意味）
同様に〔y = a + b x〕× x によって
　　x y = a x + b x² であるから
　　Σx y = a × Σx + Σx² × b
以上の連立一次方程式から固定費 a と変動費率 b を求める。

算式の意味

スキャッターグラフ法では費用の分解を目分量で行いましたが，これを数学的に正しく行う方法が最小自乗法です。

〈設例〉

前述のスキャッターグラフ法の設例によって計算してみましょう。
まず，次のような最小自乗法の計算表をつくります。

	売上高 x	費用 y	x²	x y
1	400	450	160,000	180,000
2	500	530	250,000	265,000
3	350	400	122,500	140,000
4	600	580	360,000	348,000
5	670	640	448,900	428,800
6	750	720	562,500	540,000
計	3,270	3,320	1,903,900	1,901,800

この計算表から次のような手順で固定費 a と変動費率 b を求めます。

1章　収益性・損益の分析

　$\Sigma y = a \times n + \Sigma x \times b$ により，

　　　$3,320 = 6a + 3,270b$ ……………………………………………(1)

　$\Sigma xy = a \times \Sigma x + \Sigma x^2 \times b$ により，

　　　$1,901,800 = 3,270a + 1,903,900b$ ………………………………(2)

(1)式×545（3,270÷6）とすると，

　　　$1,809,400 = 3,270a + 1,782,150b$ ………………………………(3)

(2)－(3)により，

$$\begin{array}{r}[1,901,800 = 3,270a + 1,903,900b]\\ -[1,809,400 = 3,270a + 1,782,150b]\\ \hline 92,400 = \qquad\qquad 121,750b\end{array}$$

ゆえに，

　　　$b = 92,400 \div 121,750 = 76\%$（約）……………………………(4)

(4)を(1)に代入して，

　　　$3,320 = 6a + 3,270 \times 76\%$

　　　　　　$= 6a + 2,485$

　　　$6a = 3,320 - 2,485 = 835$

　　　　$a = 835 \div 6 = 139$ …………………………………………(5)

ゆえに，　$y = 139$万円 $+ 0.76x$

チェックポイント

○売上高と費用との間に高い相関関係のあることが前提となるので，総費用法と同じく販売価格に著しい変化がないことなどの条件が備わっているかどうか。

関連比率

　変動費・変動費率（104頁），固定費・固定費率（107頁），限界利益・限界利益率（110頁）を参照。

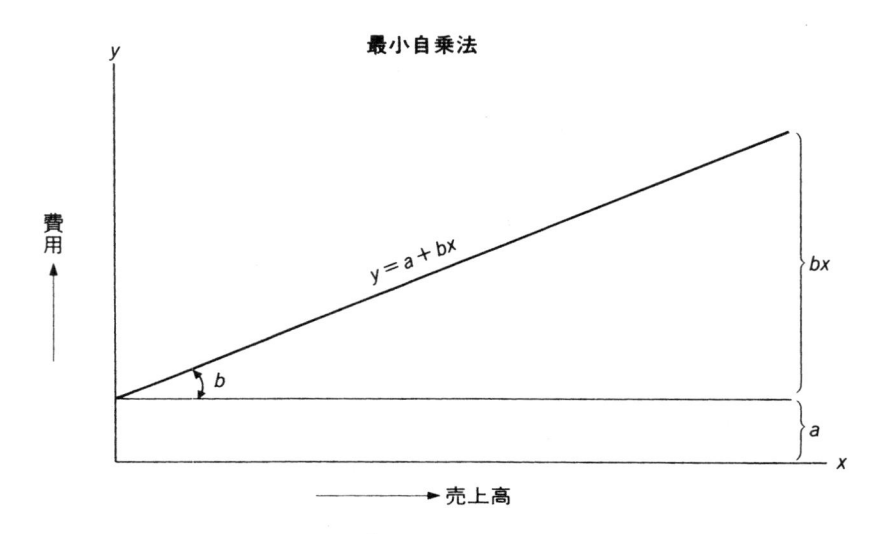

最小自乗法

費用 →

$y = a + bx$

b

bx

a

→ 売上高

x

1 収益性・損益の分析　6 損益分岐点　10 費用分解（個別費用法）

変動費と固定費

　個別費用法というのは，材料費，労務費，外注費，製造経費，販売経費，販売費および一般管理費などの個々の費用について，変動費と固定費に分類整理し，変動費と固定費を求める方法で，一般に用いられている実務的な方法です。

　変動費，固定費はどういう性質の費用かというと，変動費は材料費や運賃荷造費などのような直接的な操業費用であり，固定費は経営における生産・販売能力を準備し，維持するための費用であるということができます。

費用分解の基準

　製造業を例にとると，費用分解は次のような基準によって行うことができます。

科　目	変動費	固定費	費用分解の根拠
製造費用			
材料費	○		主要材料費，補助材料費等の操業費用
買入部品費	○		材料費と同じく操業費用
外注費	○		外注費，下請費
労務費		○	工場関係の従業員にかかる人件費（福利厚生費を含む）
減価償却費		○	工場設備等有形・無形固定資産の減価償却費
賃借料		○	工場施設・設備等の賃借料，リース料
修繕費		○	工場施設・設備等の修繕費，補修費
燃料動力費	○	△	操業費用として変動費，ただし少額の場合は固定費とすることも可
特許権使用料	○	△	操業費用として変動費，ただし少額の場合は固定費とすることも可
その他製造経費		○	旅費交通費，通信費，固定資産税等諸費用
商品売上原価	○		仕入商品の売上原価
販売費および一般管理費			
役員報酬		○	役員の給料および手当

給料および手当		○	販売部門,一般管理部門の従業員にかかる人件費(福利厚生費を含む)
減価償却費		○	営業施設の有形・無形固定資産の減価償却費
賃借料		○	営業施設の賃借料,リース料
租税公課		○	事業税,固定資産税,その他公課
販売手数料	○		販売に直接要する費用として変動費
広告宣伝費	○	△	販売促進費として変動費,ただし素材業種などのPR費は固定費
荷造運搬費	○		販売に直接要する費用として変動費
試験研究費		○	主としてトップマネジメントの意思決定にもとづく政策費
その他管理費		○	旅費交通費,通信費等
営業外収益		○	主として投資収益,雑収益で,マイナスの固定費として固定費合計から差し引く
営業外費用		○	主として支払利子,雑損失で固定費

製造業における売上原価の分解

　商業においては商品の売上原価はすべてが変動費ですが,製造業の場合には,製造費用のうちにも変動費と固定費があります。

　したがって,企業の外部から信用分析などにより,損益分岐点を割り出そうとするときは,損益計算書上の費用を変動費と固定費に分解しなければなりませんが,製造業の場合に,この損益計算上の売上原価を変動費,固定費に分解することが必要となります。

　これには,次のようにして生産ベースから販売ベースへの換算を行います。

$$製品売上原価中の変動費 = 製造費用中の変動費 \times \frac{製品売上原価}{当期総製造費用}$$

$$\left[または\ 製造売上原価中の変動費 = 製品売上原価 \times \frac{製造費用中の変動費}{当期総製造費用} \right]$$

　いま仮に製品売上原価は4,700万円,また,材料費,労務費,製造経費など当期総製造費用が5,000万円発生したとして,その内訳は次表のようであった

1章　収益性・損益の分析

とします。

```
         製造原価，売上原価などの内訳
                                          万円
    材   料   費        3,500
    労   務   費          700
    製   造   経   費      800
        当期総製造費用         5,000
        期首仕掛品棚卸高         300
        合       計         5,300
        期末仕掛品棚卸高         400
        差引当期製品製造原価      4,900
        期首製品棚卸高          500
        期末製品棚卸高          700
        差引製品売上原価        4,700
```

　このような場合には，製品売上原価4,700万円を変動費と固定費に分解しなければなりませんが，当期総製造費用のうち変動費は材料費のみで，他は固定費とすると製品売上原価は次のように分解されます。

$$\text{製品売上原価中の変動費} = \text{製造費用中の変動費}\ 3{,}500万円 \times \frac{製品売上原価4{,}700万円}{当期総製造費用5{,}000万円} = 3{,}290万円$$

［または
$$\text{製品売上原価中の変動費} = 製品売上原価4{,}700万円 \times \frac{製造費用中の変動費3{,}500万円}{当期総製造費用5{,}000万円} = 3{,}290万円$$
］

ゆえに
製品売上原価中の固定費＝4,700万円－3,290万円＝1,410万円

[チェックポイント]
①実際の費用は非常に複雑であるから，費用分解の正確性を多少犠牲にしても実際に役立つ数字を割り出すようにする。
②業種の特性，当該企業の特性を考慮した費用分解を行う。

[関連比率]
　変動費・変動費率（104頁），固定費・固定費率（107頁），限界利益・限界利益率（110頁）を参照。

1章　収益性・損益の分析

1 収益性・損益の分析　6 損益分岐点　11 利益図表

意味

損益分岐点の状態つまり売上高，費用，損益の関係をグラフにして示したものを損益分岐点図表といいますが，一般的にはこれを利益図表と呼んでいます。

作り方

ある企業で1期間の売上高，費用は次のようであったとして，この設例によって利益図表を作ると次のようになります。

〈設例〉

　　売上高　　6,000万円（この販売量1,200個）

　　費　用　　5,600万円（うち固定費2,000万円）

　　利　益　　400万円

〈手順1〉

まず費用を変動費と固定費に分けます。この例では費用は5,600万円，このうち固定費は2,000万円ですから変動費は3,600万円です。

〈手順2〉

方眼紙(セクションペーパー)を用意し，縦軸に売上高・費用・損益などの金額を目盛ります。目盛の単位は1千万円がよいでしょう。また横軸には，売上金額と販売量を目盛ります。目盛の単位は金額は1千万円，販売量は200個ごととします。

〈手順3〉

売上高線を書き入れます。この図形は正方形ですから左下の0点から右上の角へ一直線を引きます。

〈手順4〉

費用の線を書き入れます。利益図表(1)では，まず固定費は2,000万円ですから縦軸2,000万円のところからその固定費線を横に伸ばします。次にこの固定費の上にそれぞれの売上高，販売量に相当する変動費をのせていきます。

利益図表(1)

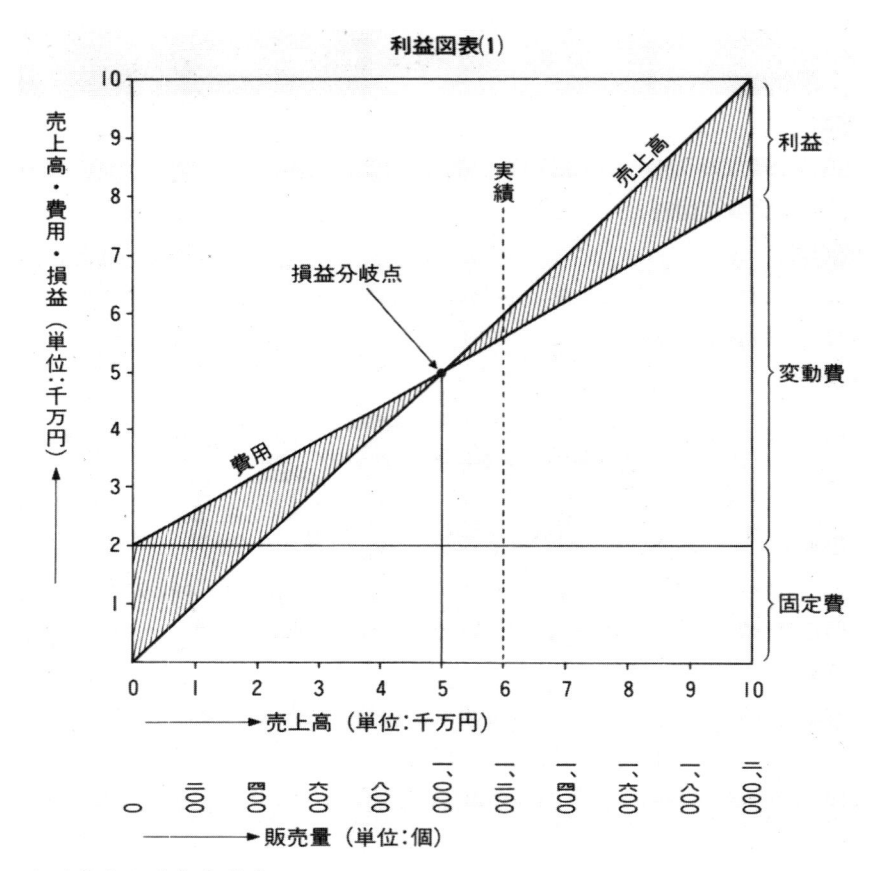

変動費率と単位変動費は,

$$変動費率 = \frac{変動費3,600万円}{売上高6,000万円} \times 100 = 60\%$$

$$単位変動費 = \frac{変動費3,600万円}{販売量1,200個} = 3万円$$

です。
したがって，仮に売上高10,000万円または販売量2,000個では,

変動費 x = 10,000万円 × 60% = 6,000万円

1章　収益性・損益の分析

　　〃　　＝　2,000万円×3万円＝6,000万円

となるので，横軸の売上高10,000万円または販売量2,000個のところで〔固定費2,000万円＋変動費6,000万円＝8,000万円〕と目盛って図のように費用の線を書き入れます。

　以上により，この企業の損益分岐点売上高は5,000万円，またその販売量は1,000個と示されます。

　利益図表(2)は，費用の線を，変動費から先に書き，その上に固定費をのせて書いたものです。

　このようにすると，売上高・費用・損益の関係がわかると同時に，限界利益，固定費・損益の関係，つまり限界利益で固定費をカバーする点が損益分岐点であるということが示されます。

[関連比率]　損益分岐点（97頁），損益分岐点比率（102頁）を参照。

利益図表(2)

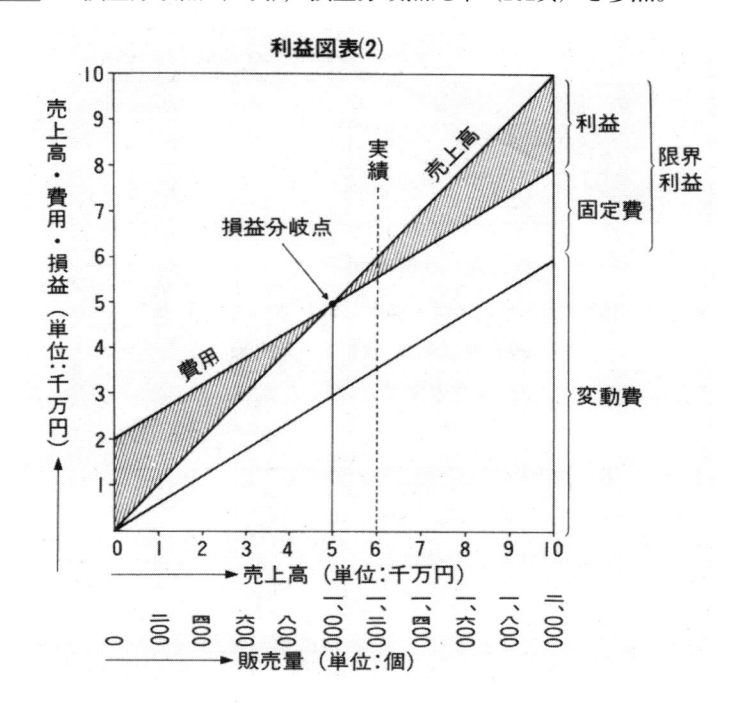

1 収益性・損益の分析　6 損益分岐点　12 限界利益図表

意味

売上高から変動費を差し引き，売上高・販売量と限界利益・固定費・損益の関係を表したグラフを限界利益図表といいます。

作り方

前述の利益図表の設例を用いて限界利益図表(1)を作ると，次のようになります。

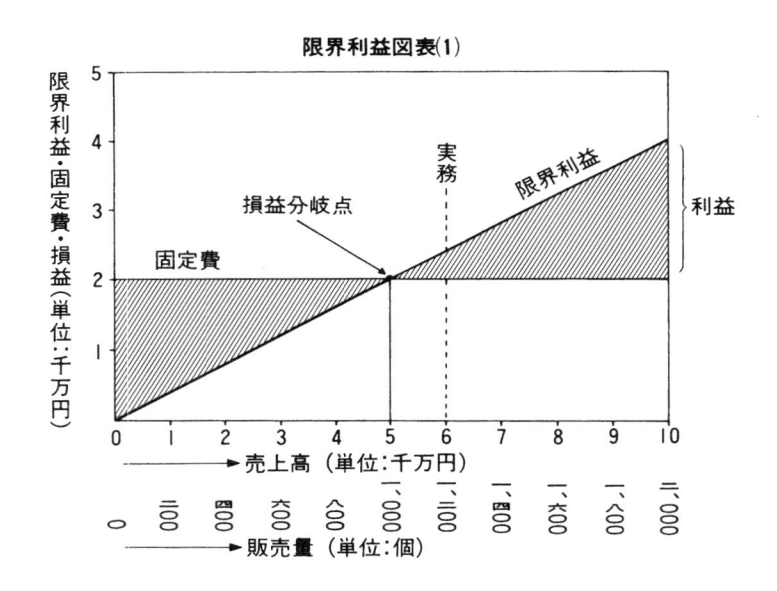

限界利益図表(1)

縦軸：限界利益・固定費・損益（単位：千万円）
横軸：売上高（単位：千万円）／販売量（単位：個）

（グラフ中の表示：固定費，損益分岐点，実務，限界利益，利益）

〈設例〉

　　売上高　　6,000万円（この販売量1,200個）
　　費　用　　5,600万円（うち固定費2,000万円）
　　利　益　　　400万円

〈手順1〉

設例の数字から限界利益を計算し，限界利益率，単位限界利益を求めます。

1章　収益性・損益の分析

限界利益＝売上高6,000万円－変動費3,600万円＝2,400万円

ゆえに,

限界利益率＝$\dfrac{限界利益2,400万円}{売上高6,000万円}$×100＝40％

または，限界利益率＝1－変動費率60％＝40％

単位限界利益＝$\dfrac{限界利益2,400万円}{販売量1,200個}$＝2万円

または，単位限界利益＝価格5万円－単位変動費3万円＝2万円

〈手順2〉

方眼紙を用意し，縦軸に限界利益・固定費・損益を目盛り，横軸に売上高と販売量を目盛ります。この場合，縦軸の目盛幅は横軸よりも少し大きくした方が見やすいでしょう。

〈手順3〉

固定費線2,000万円を書き入れます。

〈手順4〉

限界利益線を書き入れます。その方法は，任意の売上高または販売量，たとえば売上高10,000万円，または販売量2,000個では，

限界利益 x ＝10,000万円×40％＝4,000万円

〃　＝2,000個×2万円＝4,000万円

ですから，この点と原点を結びます。これによって損益分岐点売上高は5,000万円，またその販売量は1,000個であることが示されます。

なお，前記の設例で，製品A，Bの2種類があり，それぞれの売上高，変動費が次のようであったとします。

	売上高	変動費	限界利益
A	4,000万円	2,800万円	1,200万円
B	2,000万円	800万円	1,200万円
計	6,000万円	3,600万円	2,400万円

この例ではA製品の限界利益率は30％，B製品の限界利益率は60％ですが，

主力製品Aでは限界利益1,200万円では固定費2,000万円をカバーするためには800万円不足です。そこで，これをB製品でカバーするとすれば，B製品の必要売上高xは，

$$x = \frac{\text{固定費残額800万円}}{\text{B限界利益率60\%}} = 1,333万円$$

ゆえに採算点となる売上高はA売上高4,000万円＋B売上高1,333万円＝5,333万円となります。

これを図示したのが限界利益図表(2)ですが，この方法は限界利益図表(1)の応用として，多品種，多活動企業の場合に，主力製品でどこまで固定費をカバーできるか，その不足はどの製品に力を入れてカバーすべきか，というプロダクトミックス戦略に活用すると便利です。

[関連比率]

損益分岐点（97頁），限界利益・限界利益率（110頁）を参照。

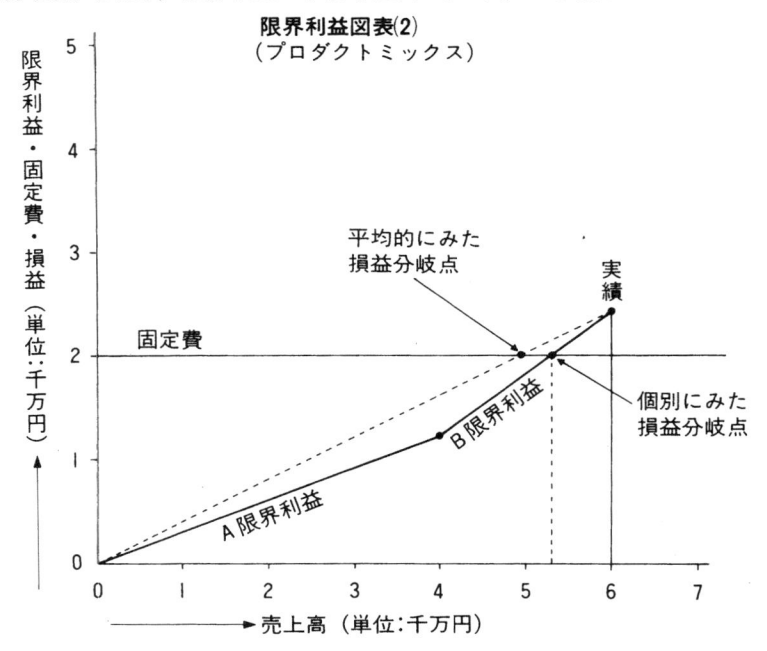

限界利益図表(2)
（プロダクトミックス）

1 収益性・損益の分析　6 損益分岐点　13 単位当り利益図表

[意味]

販売量が増減するごとに，単位当りコスト（単位変動費＋単位固定費）がどのように変化するか，採算点となる販売量は何個かなど，販売量，価格，単位コストの関係を示す利益図表を「単位当り利益図表」といいます。

[作り方]

前述の設例によって単位当り利益図表を作ると次のようになります。

〈設例〉

　　売上高　　6,000万円（この販売量1,200個）
　　費　用　　5,600万円（うち固定費2,000万円）
　　利　益　　 400万円

〈手順1〉

上記の数字から1個当り価格5万円（売上高6,000万円÷販売量1,200個），1個当り変動費3万円（変動費3,600万円÷販売量1,200個）を計算する。

〈手順2〉

固定費2,000万円は，販売量が増減すると単位当り固定費がいくらになるかを計算する。たとえば販売量が400個であれば，単位当り固定費は5万円（固定費2,000万円÷販売量400個），また販売量が1,600個では単位当り固定費は1万2,500円（固定費2,000万円÷販売量1,600個）となります。

〈手順3〉

販売量，価格，単位コスト，単位利益の関係を次頁のように一表にまとめてみます。

〈手順4〉

方眼紙の縦軸に単位当りの価格，コストを目盛り，横軸に販売量を目盛ります。

まず価格5万円の線を書き入れます。これは縦軸5万円のところから横一直線です。次に各販売量に対応する単位コストをプロットします。たとえば販売量400個では単位コストは8万円，販売量800個では単位コスト5万5,000円と

販売量・価格・コストの関係

販売量	価　格	単位コスト 変動費	単位コスト 固定費	単位コスト 合　計	単位利益
400 個	50,000 円	30,000 円	50,000 円	80,000 円	△30,000 円
600	50,000	30,000	33,333	63,333	△13,333
800	50,000	30,000	25,000	55,000	△5,000
1,000	50,000	30,000	20,000	50,000	0
1,200	50,000	30,000	16,666	46,666	3,334
1,400	50,000	30,000	14,285	44,285	5,715
1,600	50,000	30,000	12,500	42,500	7,500

いうようにプロットします。

　そしてこのプロットされた位置をつなぎます。これにより，単位コストは曲線で示され，逆放物線となり，価格，単位コスト，単位利益の関係がよくわかるようになります。

[関連比率]

　損益分岐点（97頁）を参照。

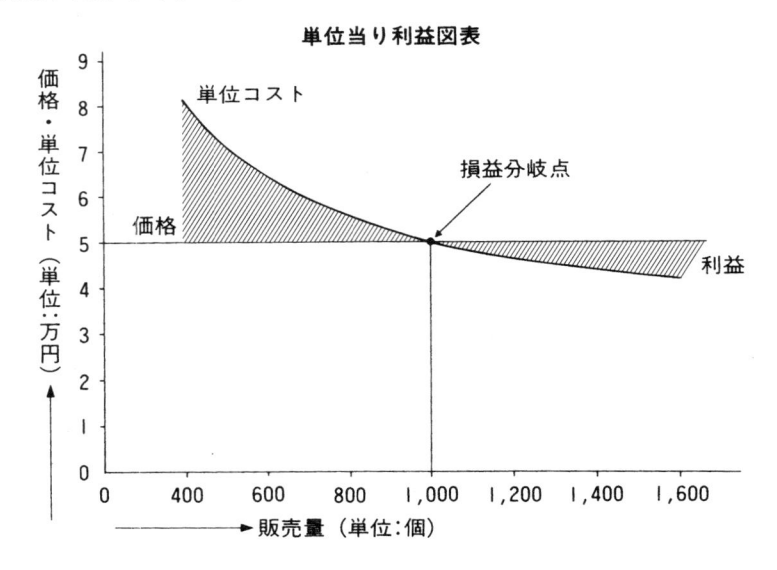

単位当り利益図表

1 収益性・損益の分析　7 利益増減分析　1 利益増減分析

[意味]

　今期の利益は前期と比較して，なぜ増減しているのか，この増減原因を分析して，今期の業績の適否（たとえば業績不振の原因），問題点などを明らかにすることを利益増減分析といいます。

[利益の増減原因]

　利益の増減原因を計数のうえからとらえると，①販売量の増減，②販売価格の変化，③単位当りコストの変化，という3つをあげることができます。

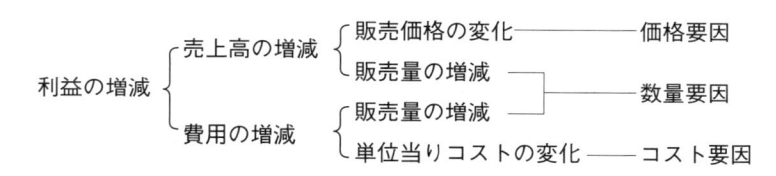

```
                          ┌ 販売価格の変化 ───── 価格要因
           ┌ 売上高の増減 ┤
           │              └ 販売量の増減 ┐
利益の増減 ┤                              ├─ 数量要因
           │              ┌ 販売量の増減 ┘
           └ 費用の増減  ┤
                          └ 単位当りコストの変化 ── コスト要因
```

[分析のプロセス]

　したがって利益増減分析では，
　① 販売量の増減によって利益はどれくらい増減しているか
　② 販売価格の変化によって利益はどれくらい増減しているか
　③ 単位当りコストの変化によって利益はどれくらい増減しているか
という利益の絶対額の増減をつかむとともに，
　ａ．販売量は前期に比較し何%増減したか
　ｂ．販売価格は前期に比較し何%変化したか
　ｃ．単位当りのコストは前期に比較し何%変化したか
など，相対的・質的な増減率，変化率をつかんで，今期の経営内容を検討しようとするものです。

[分析方法]

　利益には売上総利益，営業利益，経常利益など各段階の利益がありますが，ここでは売上総利益の段階で簡単な設例を使って説明しましょう。

〔設例〕　　　　　P／L（抜すい）　　　　　　（万円）

	前　期	今　期	増　減
売　上　高	2,000	2,700	700
売上原価	1,600	2,520	920
売上総利益	400	180	△220
（販売量）	（1,000個）	（1,500個）	

　この設例では，販売量は50％の増加となっていますが，売上総利益は220万円の減少となっています。

　なぜそうなったのか，これは価格変化率，コスト変化率を分析することによって明らかになります。

① **価格変化率**

　まず，売上高の増減分析をします。これはどうするかというと，販売量が50％増加しているのであるから，仮に価格が前期と変わらないとすれば，今期の売上高はいくらか，という「価格変化なき場合」の今期売上高を求めます。

　この例では，

　　前期売上高2,000万円×1.5＝3,000万円

です。ところが実際の今期売上高は2,700万円ですから，その差額300万円は今期において価格が低下したことを示し，その低下率は，

　　販売価格低下率＝300万円÷3,000万円＝10％

であることがわかります。

　なお，売上高の増減分析をまとめると次のようになります。

　　売上高の増加＝販売量の増加による増加1,000万円－価格の低下による減少
　　　　　　　　300万円＝700万円

② **単位当りコストの変化率**

　次に，売上原価増減分析によって単位コストの変化率をみます。販売量が50％増加しているのですから，仮に単位当りコストが前期と変わらないとすれば，今期の売上原価は，

　　前期売上原価1,600万円×1.5＝2,400万円

1章　収益性・損益の分析

となります。ところが実際の売上原価は2,520万円ですから，その差額120万円は今期において単位当りコストが上昇したことを示し，その上昇率は，

　　単位当りコスト上昇率＝120万円÷2,400万円＝5％

であることがわかります。

　売上原価の増減分析をまとめると次のようになります。

　　　売上原価の増加＝販売量の増加による増加800万円＋単位当りコスト上昇
　　　　　　　　　　　による増加120万円＝920万円

③　要因別売上総利益増減分析表

これまでの分析結果を一表にすると次のようになります。

要因別売上総利益増減分析表

1．販売量の増加による売上総利益の増加			
販売量の増加による売上高の増加	1,000		
〃　　　　売上原価の増加	800	200	（50％）
2．販売価格の低下による売上総利益の減少		△300	（△10％）
3．単位当りコスト上昇による売上総利益の減少		△120	（5％）
差引売上総利益減少		△220	

（注）（　）内は増減変化率

チェックポイント

①多品種企業の場合は事業部門別など適当な製品グループごとに分析することも必要。

②費用の増減分析では，費用を変動費，固定費に分解し，単位当り変動費の変化率，固定費増加率（対前期）をみることも必要。

関連比率

　（売上高）売上総利益率（50頁），（同）営業利益率（51頁），（同）経常利益率（52頁），（売上高）売上原価率（56頁），（同）営業費用率（58頁）などを参照。

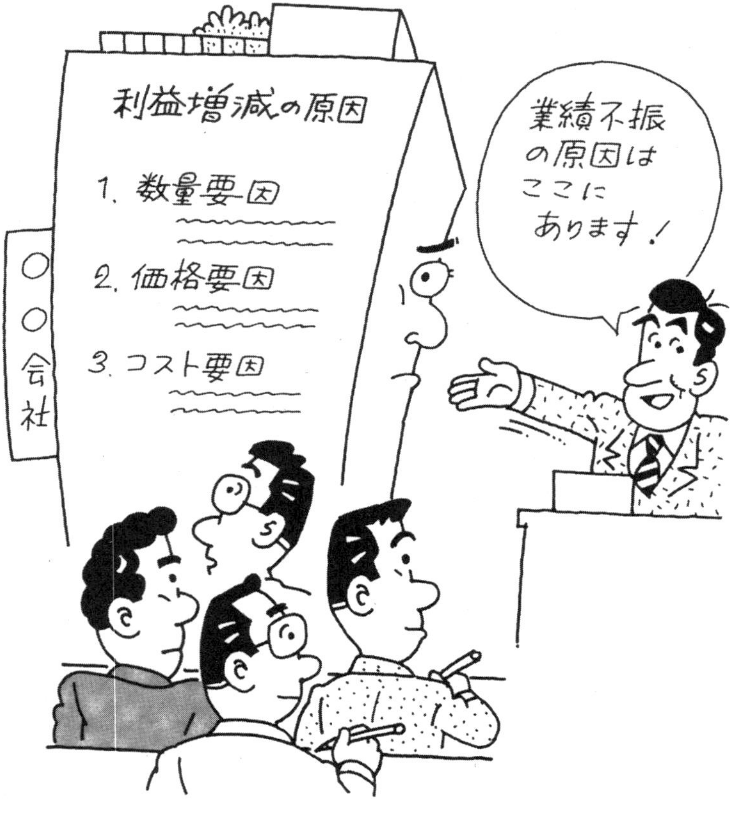
利益増減の原因
1. 数量要因
2. 価格要因
3. コスト要因
○○会社
業績不振の原因はここにあります！

2章

流動性・収支の分析

2 流動性・収支の分析　1 財務構成　1 流動比率

［算式］

$$流動比率（\%）= \frac{流動資産（期末）}{流動負債（期末）} \times 100$$

［算式の意味］

　貸借対照表日（決算日）現在という企業のある一時点において，支払能力をみる場合の基本的な比率です。

　支払能力は，

$$支払能力 = \frac{支払手段}{支払義務}$$

のように，支払手段と支払義務の対比によって求められ評価されます。

　財務分析では支払能力のことを流動性（安全性，健全性ともいう）と称しますが，この流動性には次のように静態的流動性と動態的流動性の二面があります。

$$流動性 \begin{cases} 静態的 = \dfrac{資産}{負債} \xrightarrow{しぼり} \dfrac{流動資産}{流動負債} \\ 動態的 = \dfrac{収入}{支出} \xrightarrow{込み} \dfrac{経常収入}{経常支出} \end{cases}$$

　すなわち静態的流動性においては，資産は支払手段であり，負債は当然支払義務ですが，単純に資産と負債を対比したのでは継続企業としての支払能力はつかみにくいものです。そこで，資産と負債を1年の基準（one year rule）ならびに営業循環基準によって絞り込んで，流動資産を支払手段とし，流動負債を支払義務として対比したのが流動比率です。

　同様に，動態的流動性においてもその期間の収支を経常収支に絞り込んで対比したのが経常収支比率（193頁参照）です。

［評価］

　流動資産は1年以内の支払手段であり，流動負債は1年以内の支払義務であ

るとすると，万一の場合には流動比率はできるだけ高い方が，流動負債の支払能力が高いといえます。

　アメリカではこの流動比率は銀行家比率(banker's ratio)ともいわれ，200％以上が望ましいとされています。この200％という根拠については必ずしも確定的なものとはいえませんが，万一，支払手段たる流動資産の価値が半分に下がっても，流動負債を弁済し得るという銀行家の立場からする貸出金回収の安全性から出ているものと考えられます。

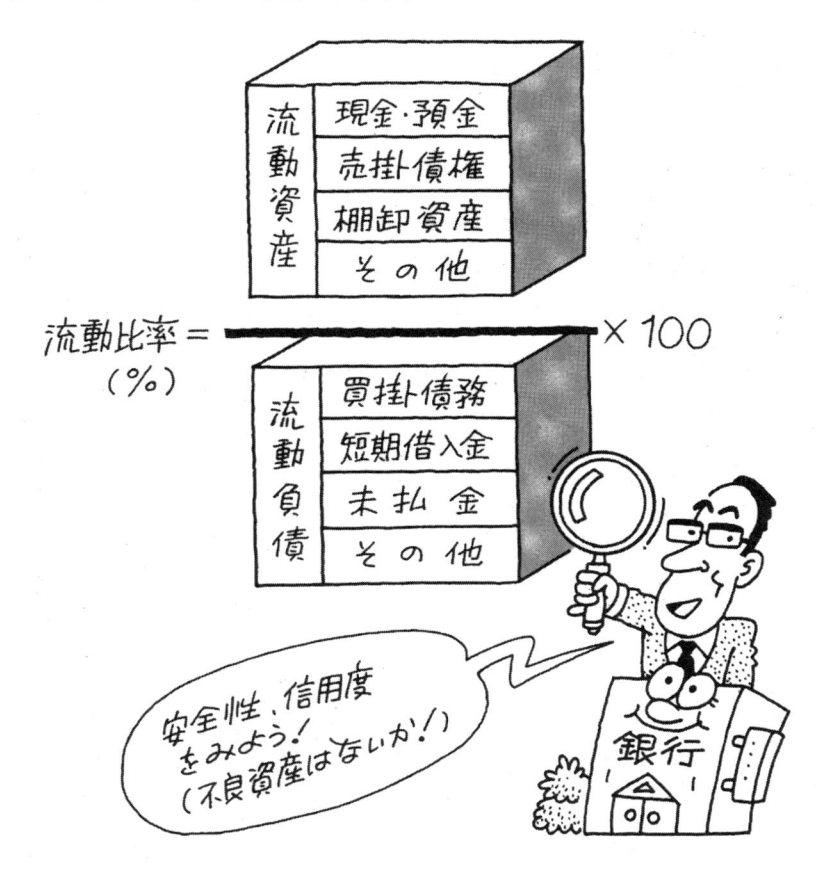

$$流動比率(\%) = \frac{流動資産（現金・預金，売掛債権，棚卸資産，その他）}{流動負債（買掛債務，短期借入金，未払金，その他）} \times 100$$

安全性，信用度をみよう！
（不良資産はないか！）

しかし，わが国では「財務省法人企業統計年報」などでもわかるように，流動比率の平均は大体において120〜150％ぐらいであり，また業種によっては100％以下の企業もあるので，原則として高い方が良いが，業種の特性等から単純に高い方が良いと画一的に判断することは危険です。ちなみに平成24年度の「財務省法人企業統計年報」によると，全産業平均では130.9％，製造業平均では139.4％，また流動比率が100％以下の業種としては医療，福祉業52.5％，宿泊業53.4％，電気業86.2％，陸運業89.3％などがあります。また，流動比率が高い方の業種としては，はん用機械器具製造179.0％，情報通信業157.5％などがあります。

[チェックポイント]
①流動資産の中に過大売掛債権，過大在庫投資などの問題はないか。
②1年以内返済予定の長期借入金，社債等は「1年の基準」により流動負債に計上されているか。

[関連比率]
　当座比率（139頁），現金比率（141頁）を参照。

流動比率　　　　　　　　　　　　　　　　　　　　　　　　（単位：％）

区　分	調査年度				
	平成20年	平成21年	平成22年	平成23年	平成24年
全産業	127.2	127.4	131.5	129.1	130.9
製造業	133.5	143.0	141.5	137.8	139.4
建設業	136.1	142.8	142.9	143.5	144.7
卸売業・小売業	127.0	126.2	122.6	127.5	134.1

出所：財務省法人企業統計年報

2 流動性・収支の分析　1 財務構成　2 当座比率

算式

$$当座比率（\%）= \frac{当座資産（期末）}{流動負債（期末）} \times 100$$

（注）当座資産＝現金預金＋受取手形＋売掛金＋市場性ある一時保有の有価証券
　　　　　　－貸倒引当金（流動資産）

算式の意味

当座比率はまた酸性比率，酸性試験比率などとも呼ばれ，当座資産と流動負債の割合で，流動資産のうちとくに当座資産を支払手段としたもの，支払手段をさらに当座資産に絞り込んだものということができます。その意味では当座比率は流動比率の補助比率であるといえます。

評価

アメリカでは当座比率の標準は100％とされていますが，わが国では流動比率が一般的にアメリカよりも低いこともあって，当座比率は大体において70〜80％です。

もちろん業種によってかなりの差があるので，原則として高い方が良いのは当然ですが，単純に高ければよいと判断することは危険です。

チェックポイント

①当座資産の中の売掛債権や有価証券の評価は適切に行われているか。
②１年内返済予定の長期借入金，社債等は流動負債に計上されているか。

関連比率

流動比率（136頁），現金比率（141頁）を参照。

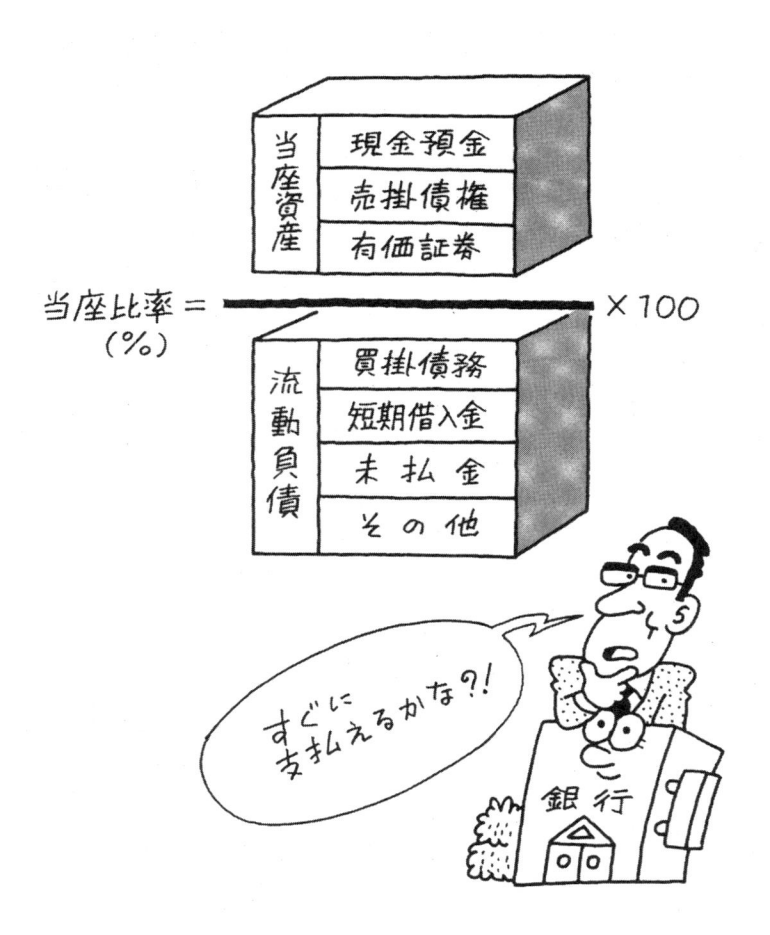

$$当座比率（\%） = \frac{当座資産（現金預金・売掛債権・有価証券）}{流動負債（買掛債務・短期借入金・未払金・その他）} \times 100$$

すぐに支払えるかな？！

銀行

2 流動性・収支の分析　1 財務構成　3 現金比率

[算式]

$$\text{現金比率(I)(\%)} = \frac{\text{現金預金(期末)}}{\text{流動負債(期末)}} \times 100$$

$$\text{現金比率(II)(\%)} = \frac{\text{現金預金(期末)} + \text{有価証券(期末)}}{\text{流動負債(期末)}} \times 100$$

[算式の意味]

　現金比率は，支払手段をさらに絞り込み，現金預金と流動負債の割合をみる比率ですが，上述の（II）のように，現金預金と有価証券の合計と流動負債の割合をみる方法もあります。

　現金預金は即時的支払手段であり，有価証券も換金性の高い資産ですから，現金比率はできるだけ高い方が支払能力は高いと判断されます。

[評価]

　業種により差があることはいうまでもありませんが，大体において20～30%が一つの目途といえるでしょう。

[チェックポイント]

①現金比率（II）の場合，有価証券の評価は適切か。
②1年内長期借入金，社債等は流動負債と計上されているか。

[関連比率]

　流動比率（136頁），当座比率（139頁）を参照。

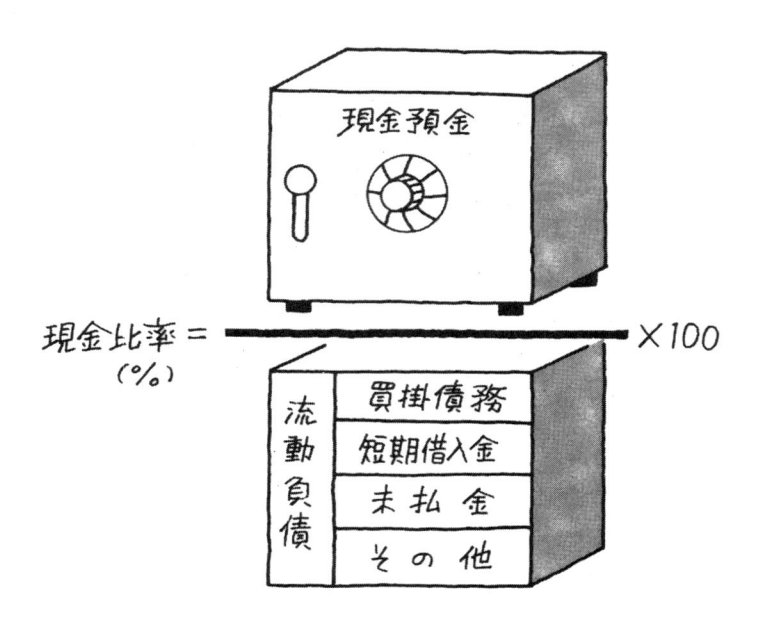

$$現金比率(\%) = \frac{現金預金}{流動負債(買掛債務 + 短期借入金 + 未払金 + その他)} \times 100$$

2 流動性・収支の分析　1 財務構成　4 固定比率

算式

$$固定比率（Ⅰ）（\%） = \frac{固定資産（含繰延資産）（期末）}{純資産合計（期末）} \times 100$$

$$\begin{array}{c}固定比率（Ⅱ）（\%）\\（自己資本固定比率）\end{array} = \frac{純資産合計（期末）}{固定資産（含繰延資産）（期末）} \times 100$$

算式の意味

固定比率の算式は，上記のように2通りあります。

まず，固定比率（Ⅰ）は，自己資本（純資産＊以下同様）のうちから固定資産に何％の資金が投下されているか，つまり資本固定化の程度を表します。固定資産に投下された資金は長期間固定するから，自己資本のように原則として返済期限のない資金によることが必要で，資金（自己資本）の固定化はできるだけ小さいことが望ましいといえます。

　「財務省法人企業統計年報」など一般の経営分析統計ではこの固定比率（Ⅰ）の算式によっています。

　次に，固定比率（Ⅱ）は，（Ⅰ）式の分子，分母を逆にしたもので，自己資本によって固定資産をどの程度カバーしているかという，自己資本による固定資産投資のカバー率を表し，自己資本固定比率と呼ばれます。カバー率ですからできるだけ大きいことが望ましいといえます。

〔評価〕

　固定比率（Ⅰ）は自己資本という資金の固定化率ですから，できるだけ低い方が良いと評価されます。固定資産が自己資本の範囲内であれば，固定資産投資の安全性は高いので，原則として固定比率（Ⅰ）は100％以下が理想とされます。

　固定比率（Ⅱ）は自己資本という資金による固定資産投資のカバー率ですから，上記と同じ理由によって100％以上が理想とされます。

　各種の経営分析統計では，固定比率は（Ⅰ）式が用いられておりますが，実務では（Ⅱ）式が用いられる場合も少なくありません。（Ⅱ）式を用いる理由としては，他の流動性諸比率の評価と同様に，「流動性，安全性はできるだけ高い方が良い」という一元的評価を通すことが便利であることによるものです。

〔チェックポイント〕

①固定比率は（Ⅰ）式と（Ⅱ）式があるので，どちらの式を用いているのかに留意する。

②繰延資産は固定資産に含める。また負債に計上されている特定引当金で実質利益留保の性質をもつ「準備金」等は資本に含める。

2章 流動性・収支の分析

[関連比率]

固定長期適合率（146頁）を参照。

固定比率　　　　　　　　　　　　　　　　　　　　　　　　（単位：％）

区　分	調査年度				
	平成20年	平成21年	平成22年	平成23年	平成24年
全産業	164.8	162.1	158.8	161.8	148.4
製造業	122.9	118.1	115.4	116.4	117.0
建設業	119.8	115.8	115.5	115.4	107.3
卸売業・小売業	137.9	139.4	150.4	138.7	127.6

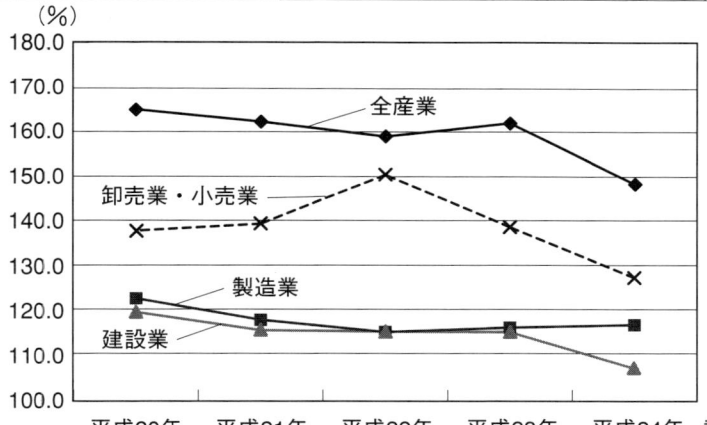

出所：財務省法人企業統計年報

2 流動性・収支の分析　1 財務構成　5 固定長期適合率

算式

$$固定長期適合率（Ⅰ）（\%） = \frac{固定資産（含繰延資産）（期末）}{固定負債（期末）+純資産合計（期末）} \times 100$$

$$\begin{array}{c}固定長期適合率（Ⅱ）（\%）\\（長期資本固定比率）\end{array} = \frac{固定負債（期末）+純資産合計（期末）}{固定資産（含繰延資産）（期末）} \times 100$$

比率の意味

固定長期適合率の算式も，固定比率の算式と同様に2通りあります。

固定長期適合率　　　　　　　　　　　　　　　　　　　　　　　（単位：％）

区　分	調査年度				
	平成18年	平成19年	平成20年	平成21年	平成22年
全産業	75.1	76.5	73.1	74.8	74.6
製造業	72.3	70.8	68.5	69.5	69.2
建設業	56.3	60.9	57.1	59.6	60.3
卸売業	65.8	66.7	58.5	59.3	59.8
小売業	80.5	81.5	78.7	80.1	79.5

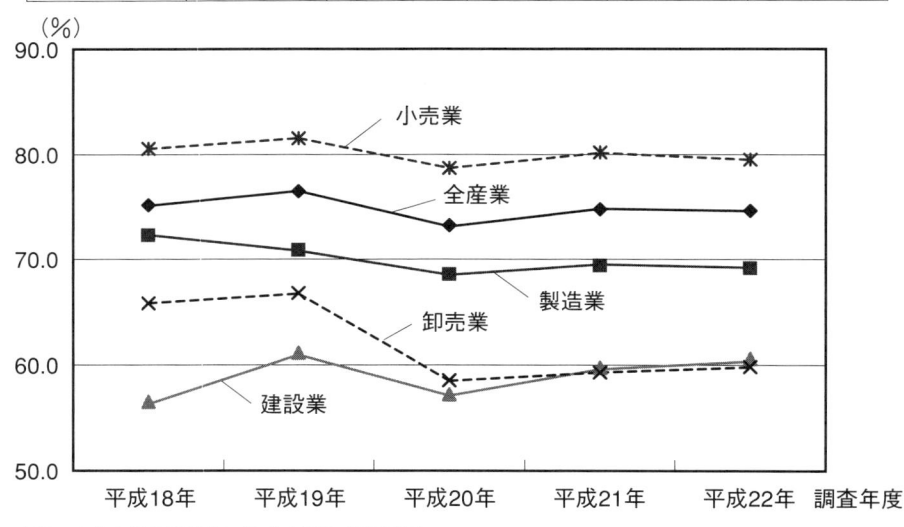

出所：中小企業実態調査に基づく経営・原価指標

企業の投資規模が安全であるかどうかはまず固定比率によって判断されますが、業種によっては巨額の固定資産を必要とするものもあります。また固定資産に充てうる資金としては、長期借入金や社債のような固定負債を充てることは決して不健全ではありません。そこで、自己資本と固定負債の合計つまり長期資本と固定資産のバランスをみることが重要となるわけで、固定長期適合率はこのバランスの程度から固定資産投資の安全性をみようとするものです。

[評価]

　各種の経営分析統計では、固定長期適合率として算式（Ⅰ）が用いられています。この算式（Ⅰ）は長期資本がどの程度固定化しているかという長期資本、長期資金の固定化率を表すのでできるだけ低い方が良く、原則として100％以下でなければなりません。

　これに対して算式（Ⅱ）は、長期資本による固定資産投資のカバー率を表すので、当然そのカバー率は原則として100％以上でなければなりません。算式（Ⅱ）が実務でしばしば用いられる理由は、自己資本固定比率と同様に、流動性・安全性は原則として高い方が良いとする一元的評価が便利であることによるものです。

[チェックポイント]

①どちらの算式によっているかに留意する。
②繰延資産は固定資産に含める。また負債の「引当金の部」に区分掲記されている引当金は長期資本（自己資本＋固定負債）に含める。

[関連比率]

　固定比率（143頁）参照。

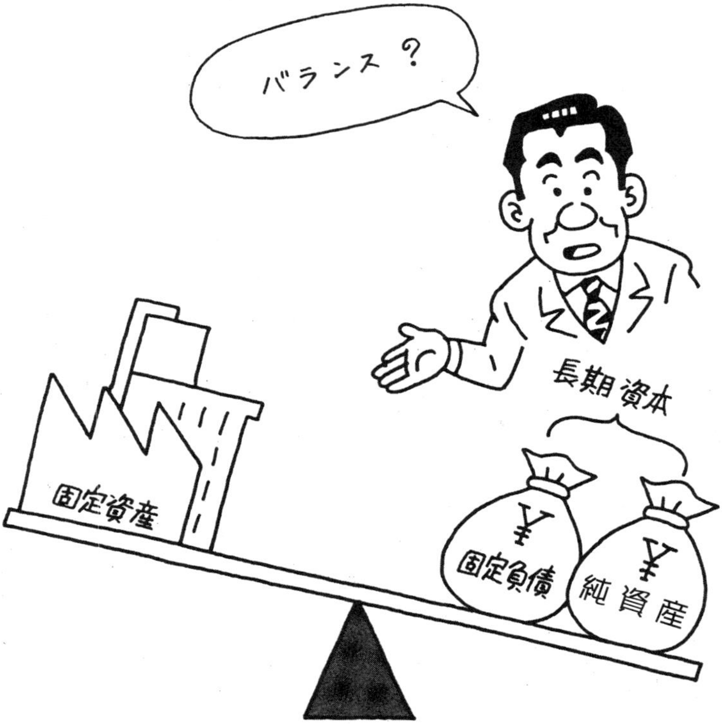
バランス？
長期資本
固定資産
固定負債
純資産

2 流動性・収支の分析　1 財務構成　6 自己資本比率

算式

$$自己資本比率（\%）= \frac{純資産合計（期末）}{負債純資産合計（期末）} \times 100$$

算式の意味

　自己資本は原則として返済期限のない資本です。したがって，安定財源として自己資本の額が大きいほど企業の財務内容は安定します。自己資本に関する

分析方法は，何よりも自己資本と他人資本（負債）との割合を基礎として観察されなければならず，自己資本比率は，企業の総資本（負債資本合計）に対する自己資本の割合を表す指標として重要視されております。

[評価]

自己資本は負債に対する担保という意味があります。したがって，財務構成，資本構成としては自己資本によって負債がカバーされていることが望ましいのです。

換言すれば，

　　自己資本（純資産）≧他人資本（負債）

のような構成となることが望ましいので，その意味では自己資本比率は原則的に50％以上，かつできるだけ高い方が望ましいと考えられます。

しかし，一般的にいって50％以上の自己資本比率を持つ企業は稀であり，大半は25％～35％内外です。この点をどう考えるかが問題ですが，貸借対照表から分析される自己資本比率はいわゆる簿価ベースですから，土地や投資有価証券等に含み益がある場合には，この含み益を実質自己資本(いわゆる秘密積立金)としてカウントしてみることも必要となります。したがって，自己資本比率による資本構成の安全性，健全性は表面的にのみ判断し得ないことのある点に留意することが必要です。

[チェックポイント]

①貸借対照表では土地や投資有価証券等の含み益は表現されていないので，場合によっては「時価バランスシート」を作成し，修正自己資本比率をみることも必要となる。

②一口に自己資本（純資産）といっても，その内容は資本金，利益準備金，剰余金等から構成される。自己資本比率が一定の場合には，自己資本のうち剰余金等内部留保の構成率が高いほど，資本構成の安全性，健全性は高いので，自己資本の構成内容に留意する。

③負債に計上されている特定引当金で実質利益留保の性質をもつ「準備金」等は資本に含める。

2章 流動性・収支の分析

関連比率

負債比率（156頁）を参照。

自己資本比率　　　　　　　　　　　　　　　　　　　　　　（単位：％）

区　分	調査年度				
	平成20年	平成21年	平成22年	平成23年	平成24年
全産業	33.9	34.5	35.6	34.9	37.4
製造業	42.3	43.7	44.3	43.2	43.9
建設業	29.0	30.6	30.0	29.6	32.9
卸売業・小売業	28.9	28.9	27.7	28.8	31.5

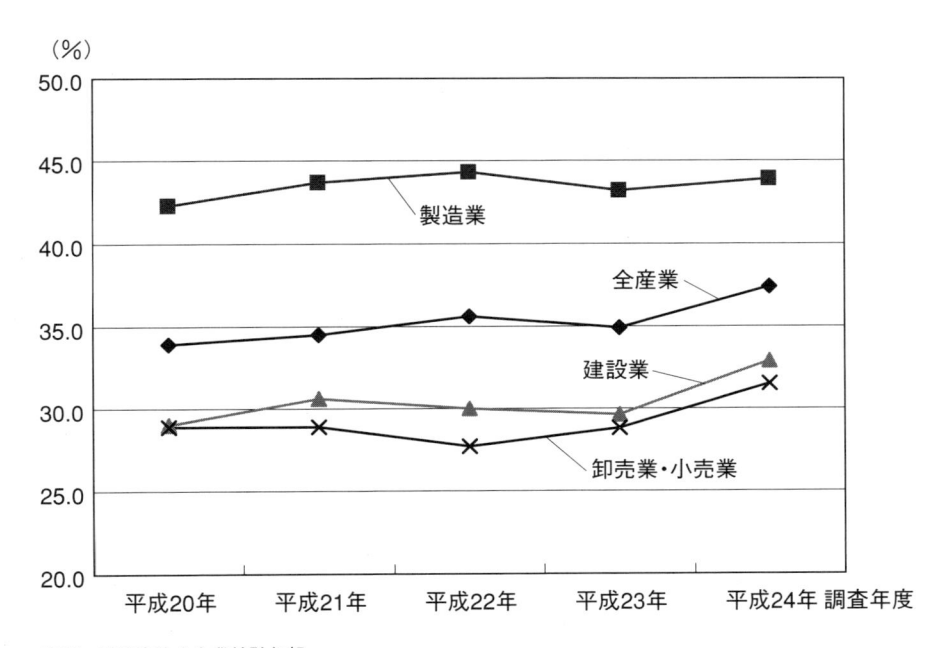

出所：財務省法人企業統計年報

自己資本比率　　　　　　　　　　　　　　　　　　　　　　　　（単位：％）

区　分	調査年度				
	平成19年	平成20年	平成21年	平成22年	平成23年
全産業	—	28.9	31.0	32.0	32.9
建設業	—	31.1	34.5	36.1	32.2
製造業	—	36.4	37.2	38.0	38.5
卸売業	—	31.3	30.8	33.7	31.2
小売業	—	24.0	24.0	25.7	25.0

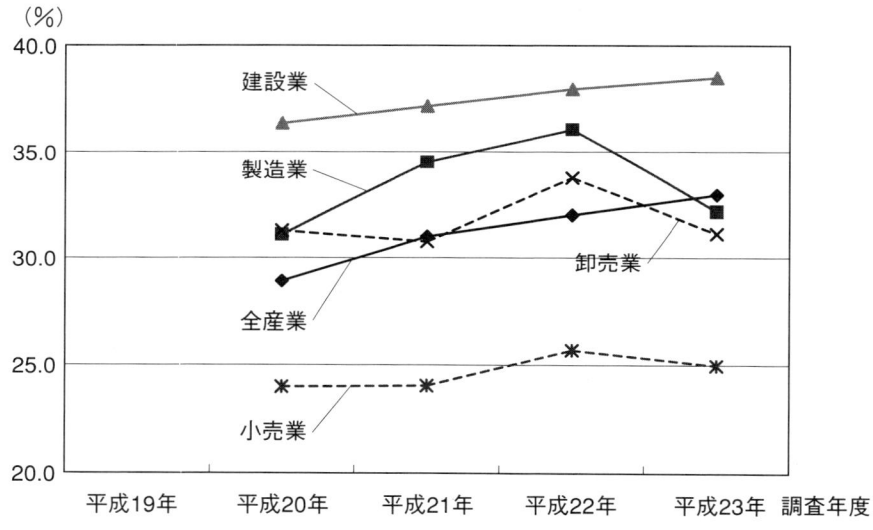

出所：中小企業実態基本調査

2 流動性・収支の分析　1 財務構成　7 内部留保率

算式

$$内部留保率（\%） = \frac{当期純利益 - 配当（含中間）}{当期純利益} \times 100$$

算式の意味

当期純利益のうち，どの程度内部留保に配分したかを表し，配当性向とはほぼ表裏の関係にあります。すなわち，配当性向が高ければ内部留保率が低く，逆に配当性向が低ければ内部留保率は高くなります。

評価

企業経営の立場からは内部留保率はできるだけ高い方が財務の安定性を増すものとして評価されます。基本的な考え方としては，内部留保率は少なくとも50％以上が一つの目途となるでしょう。

チェックポイント

○配当政策に留意する。

関連比率

配当性向（154頁）を参照。

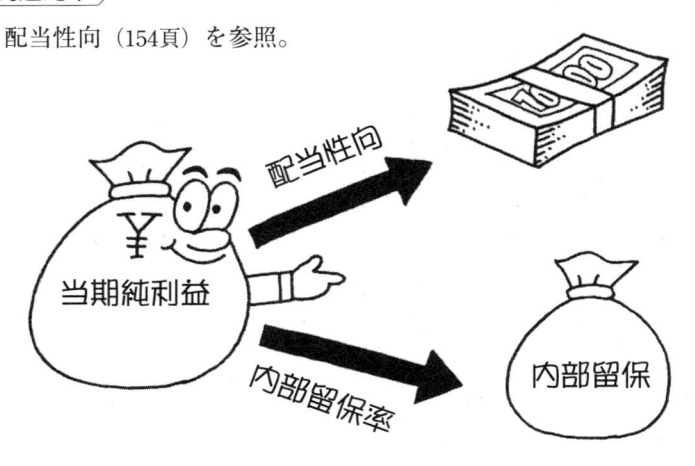

2 流動性・収支の分析　1 財務構成　8 配当性向

算式

$$配当性向（\%）= \frac{配当（含中間）}{当期純利益} \times 100$$

算式の意味

配当可能利益である当期純利益のうち，配当金（含中間配当）にどの程度配分したかを表します。1株当り配当金は大であっても，分母の当期純利益が大きい場合にはこの配当性向は相対的に低く表され，逆に1株当り配当金が小であっても分母の当期純利益が小さい場合には配当性向は高くなります。

したがってこの配当性向は，利益配当にどの程度の余裕があるかを表すものといえます。

評価

株主，出資者の側からすれば配当性向は高い方が良いとされますが，企業経営の立場からすれば，配当性向は低い方が，自己資本の安定性を増加するうえで望ましいこととされます。わが国企業の場合，一般的に株主配当においては1株当り配当金をできるだけ一定幅にするという安定配当政策がとられます。このため好況時には配当性向が低く，不況時には高くなります。

チェックポイント

○企業経営においていかなる配当政策がとられているかに留意する。

関連比率

内部留保率（153頁）を参照。

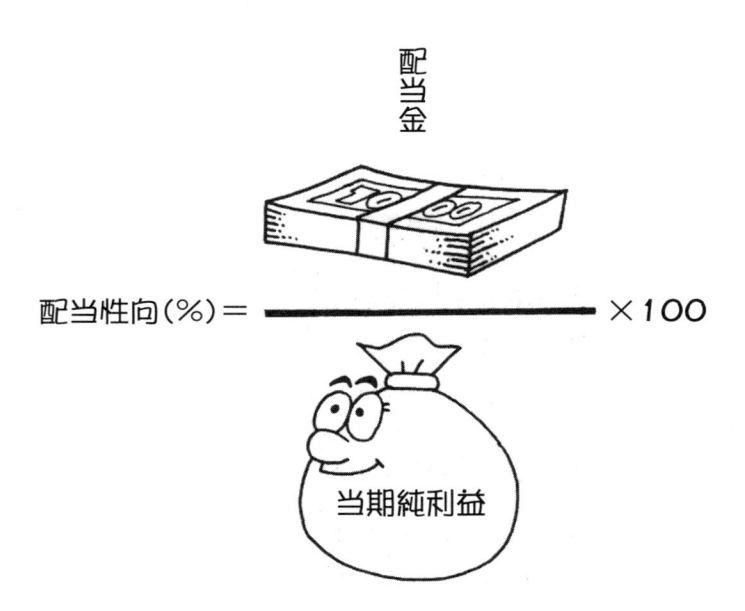

2章 流動性・収支の分析

$$配当性向(\%) = \frac{配当金}{当期純利益} \times 100$$

2 流動性・収支の分析　1 財務構成　9 負債比率

算式

$$負債比率（\%） = \frac{負債合計（期末）}{純資産合計（期末）} \times 100$$

算式の意味

負債比率とは自己資本に対する負債の大きさを表します。他人資本である負債は返済期限，支払期限があり，とくに借入金などには確定利子を支払わなければなりません。このため負債比率は低いほど良く，これが高い場合には企業の財務内容が不安定になることは否めません。

評価

負債比率は低いほど良く，100％以下が理想であり目標です。しかしながら，自己資本は一方において負債に対する担保という意味もあるので，負債比率が高いということは担保である自己資本の活用度合が高く，他人資本(負債)調達の度合，利用の度合が高いという評価にもなります。しかし，高すぎることは

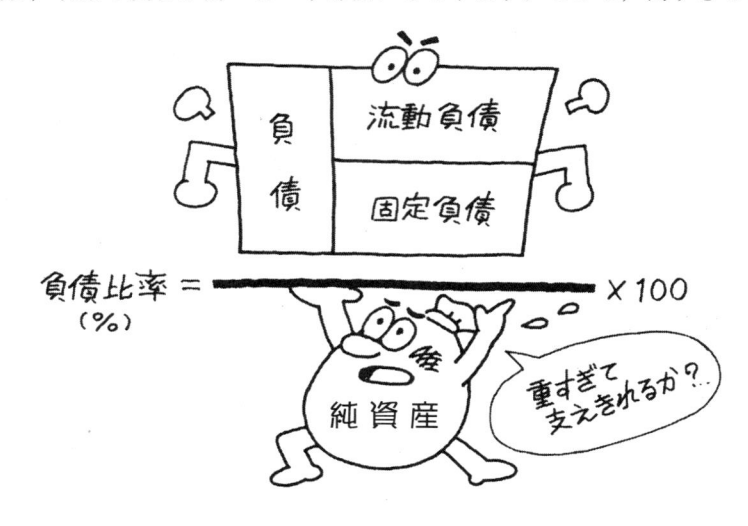

2章 流動性・収支の分析

財務内容が不安定となり，決して積極的に評価することはできないと考えられます。

[チェックポイント]

①自己資本比率と同様，場合によっては，「時価バランスシート」によって，修正負債比率もみることも必要となる。
②負債に計上されている特定引当金で実質利益留保の性質をもつ「準備金」等は資本に含める。

[関連比率]

自己資本比率（149頁）を参照。

負債比率

(単位：％)

区　分	調査年度			
	平成19年	平成20年	平成21年	平成22年	平成23年
全産業		246.3	222.4	212.4	203.7
製造業		221.6	190.0	177.1	210.9
建設業		175.0	169.0	163.4	159.6
卸売業		219.7	225.1	196.4	220.9
小売業		317.0	316.1	289.6	300.6

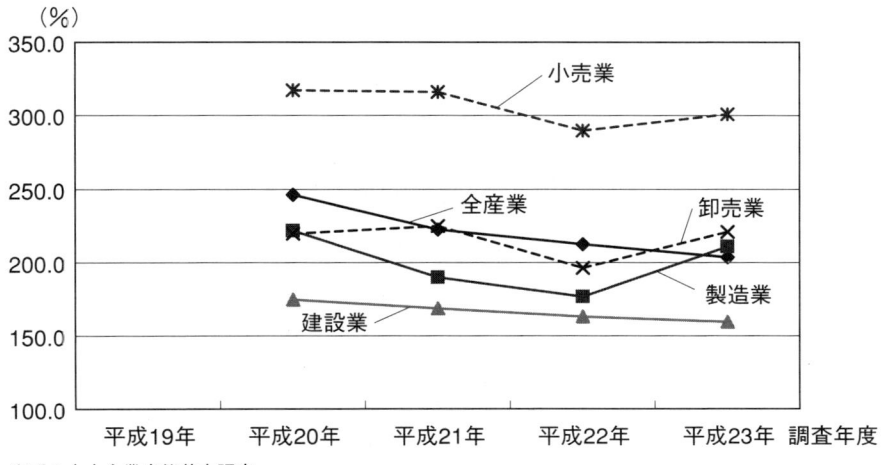

出所：中小企業実態基本調査

2 流動性・収支の分析　1 財務構成　10 金融債務比率

算式

$$金融債務比率(\%) = \frac{金融債務（期末）}{負債純資産合計（含割引手形・裏書譲渡手形）（期末）} \times 100$$

(注) 1. 金融債務＝社債＋長期借入金＋短期借入金＋割引手形
  2. 負債資本合計は割引手形・裏書譲渡手形を含む広義の総資本とする

算式の意味

金融債務比率とは，総資本に対する金融債務の割合で，金融債務が過大であるか否かを示す比率です。金融債務が過大であると財務構成が不安定になるだけでなく，金利負担が大となり収益性にも影響を与えます。

評価

金融債務比率はできるだけ低い方が，財務の健全性から望ましいことはいうまでもありません。しかし，借入金等の金融債務は経営活動を維持するためにはある程度は不可欠です。

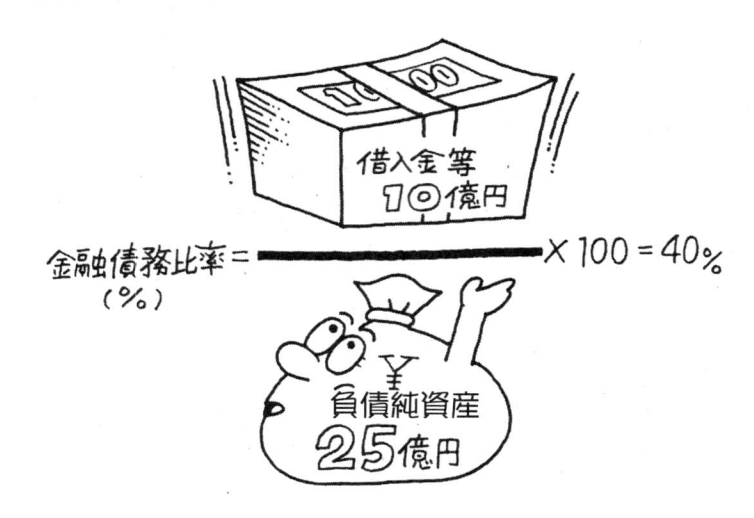

$$金融債務比率(\%) = \frac{借入金等\ 10億円}{負債純資産\ 25億円} \times 100 = 40\%$$

したがってそれが適切な残高であれば，企業の資金調達能力はとくに問題はないと判断されます。金融債務比率のレベルは業種によりかなり差がありますが，各種の経営分析統計によると，おおむね30〜50％ぐらいが普通とされるので，これを超えると借入依存度が高いということになるでしょう。

チェックポイント
○ 金融債務が月商の何カ月あるかにも留意する。一般にこれが6カ月を超えると危険であるといわれる。

関連比率
金融債務回転期間（188頁）を参照。

2 流動性・収支の分析　1 財務構成　11 売掛債権対買掛債務比率

算式

$$売掛債権対買掛債務比率（\%）= \frac{売掛債権（期末）}{買掛債務（期末）} \times 100$$

(注) 1. 売掛債権＝受取手形(含割引手形・裏書譲渡手形)＋売掛金－前受金－貸倒引当金(流動負債)

2. 買掛債務＝支払手形(除設備)＋裏書譲渡手形(除設備)＋買掛金－前渡金

算式の意味

売掛債権対買掛債務比率は，売掛債権と買掛債務のバランス，企業間信用のバランスをみるものですが，また企業資金のうち売掛債権という支払手段が，買掛債務という支払義務をどの程度カバーしているかというカバー率をみようとするものです。

なお，財務省法人企業統計年報では，この算式を「信用供与率」といいます。

評価

売掛債権対買掛債務比率は，どの程度が適正かは一概にいえませんが，財務省統計等では100～150％が平均的レベルです。しかし，有利な販売によって売掛債権の回収が速く，また有利な仕入によって買掛債務の支払がかなり伸ばせるケースでは，この比率は100％以下になることもあるので，評価に当っては個別に取引内容を検討することが必要です。

チェックポイント

○売掛債権回転期間と買掛債務回転期間を検討する。

関連比率

企業間信用比率(163頁)，売掛債権回転期間(168頁)，買掛債務回転期間(186頁)を参照。

2章　流動性・収支の分析

信用供与率　　　　　　　　　　　　　　　　　　　（単位：％）

区　分	調査年度				
	平成20年	平成21年	平成22年	平成23年	平成24年
全産業	136.1	133.9	131.8	132.1	133.2
製造業	141.2	142.7	138.5	140.5	144.0
建設業	117.4	130.6	127.6	124.5	121.0
卸売・小売業	113.6	106.6	104.7	106.0	107.8

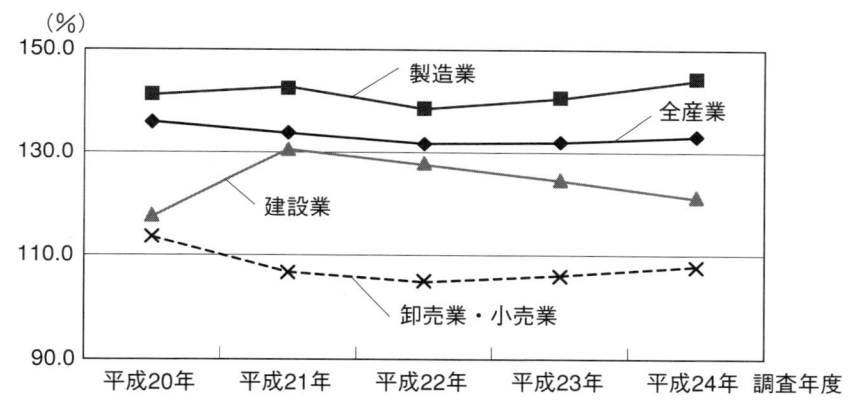

出所：財務省法人企業統計年報

2 流動性・収支の分析 1 財務構成 12 手元流動性比率

[算式]

$$\text{手元流動性比率（I）（月）} = \frac{\text{現金預金（期末）}}{\text{売上高（月平均）}}$$

$$\text{手元流動性比率（II）（月）} = \frac{\text{現金預金・有価証券（期末）}}{\text{売上高（月平均）}}$$

[算式の意味]

手元流動性とは現金預金等の支払準備をどの程度持っているかということです。

算式（I）は，手元流動性を現金預金に絞ってみたものであり，算式の（II）は，現金預金のほかに市場性ある一時保有の有価証券を加えてみたものです。

[評価]

手元流動性が高いことは支払準備率の高いことを表します。しかし，投資利回りという点からすると預金の利率はそれほど高くないから，手元流動性が高すぎることは収益性，資金効率のうえから問題です。

なお，手元流動性は後述の現金預金回転期間，現金預金有価証券回転期間と実質的に同じですから，評価の詳細はこれらの回転期間を参照してください。

[チェックポイント]

○評価に同じ。

[関連比率]

現金預金回転期間（164頁），現金預金有価証券回転期間（166頁）を参照。

2 流動性・収支の分析　1 財務構成　13 企業間信用比率

算式

$$企業間信用比率（Ⅰ）（月） = \frac{売掛債権（期末）}{売上高（月平均）}$$

$$企業間信用比率（Ⅱ）（月） = \frac{買掛債務（期末）}{売上高（月平均）}$$

算式の意味

　企業間信用比率は，売掛債権，買掛債務などの企業間信用が売上高の何カ月分保有しているかをみるものです。算式の（Ⅰ）は，販売に対する与信期間であって，売掛債権回転期間と同じです。

　算式の（Ⅱ）は仕入先からどれくらいの企業間信用を与えられているか，それは売上高の何カ月分の資金に相当するかを表します。この算式（Ⅱ）は実際の買掛債務回転期間（支払期間）とは次のような関係にあります。

$$\frac{買掛債務}{売上高（月）} = \underbrace{\frac{買掛債務}{仕入高（月）}}_{（実際の回転期間）} \times \underbrace{\frac{仕入高（月）}{売上高（月）}}_{（仕入率，仕入原価率）}$$

　いま仮に，商品仕入による実際の買掛債務回転期間が4カ月で，売上高に対する商品仕入原価率が75％である場合には，

　　企業間信用比率（月）＝ 4月×75％＝ 3月

と表されます。

評価

　売掛債権回転期間，買掛債務回転期間を参照してください。

チェックポイント

○評価に同じ。

関連比率

　同上。

2 流動性・収支の分析　2 回転期間　1 現金預金回転期間

[算式]

$$現金預金回転期間（月）＝\frac{現金預金（平均）}{売上高（月平均）}$$

（注）分母の平均は「(前期末＋当期末)÷2」による

[算式の意味]

現金預金は売上高の何ヵ月分持っているかという現金預金の手持期間を表します。現金預金の有高には即時的支払手段である現金，当座預金，普通預金のほか，通知預金や定期預金さらには特定金銭信託等が含まれます。

[評価]

現金預金の有高は事業場や支店等が多いとどうしても多くなりますが，事業場には小払資金だけを残し，主たる支払は本店に集中する，いわゆる資金の本店集中主義をとると効率化がはかられ，現金預金回転期間を短くすることができます。

また，現金預金の有高は短期金融債務の有高と相関が高いので，余裕があって回転期間が長いのか，それとも短期金融債務が過大でやむなく債務者預金（定期預金等）が多く，そのために回転期間が長いのか，などの判断が重要です。

[チェックポイント]

①資金管理は本店集中主義か，現地分権主義か。
②短期金融債務回転期間との相関はどうか。

[関連比率]

現金比率（141頁），短期金融債務回転期間（189頁）を参照。

2章　流動性・収支の分析

2 流動性・収支の分析　2 回転期間　2 現金預金有価証券回転期間

算式

$$現金預金有価証券回転期間（月） = \frac{現金預金・有価証券（平均）}{売上高（月平均）}$$

（注）分母の平均は「（前期末＋当期末）÷2」による

算式の意味

　現金預金に市場性ある一時保有の有価証券を加えた支払資金が売上高の何カ月分保有されているかという支払資金の手持期間を表し,「手元流動性比率」ともいわれます。

　最近は財テクも一段落しましたが,一時的に余裕資金が出た場合,資金の効率的運用として有価証券の一時保有は決して不健全とはいえません。したがって,ここではこのような有価証券も広義の現金預金とみて,その手持期間の妥当性をみようというものです。

評価

　この広義の「現金預金回転期間」は,一般に手元流動性比率といわれるように,回転期間が長いほど支払準備率が高いと評価されます。しかし,この回転期間が長すぎることは,企業の資金運用の姿勢が保守的であるなど,長期的な成長性の視点から問題になるケースもあり,適切な手持期間,回転期間が望まれます。

チェックポイント

①有価証券の中に含み損はどれくらいあるか,評価を訂正する必要はないか。
②短期金融債務回転期間との相関はどうか。

関連比率

　当座比率（139頁）,短期金融債務回転期間（189頁）を参照。

2章 流動性・収支の分析

手元流動性　　　　　　　　　　　　　　　　　　　　　　（単位：％）

区　分	調査年度				
	平成20年	平成21年	平成22年	平成23年	平成24年
全産業	11.1	12.9	13.3	13.4	13.6
製造業	10.3	14.1	13.5	13.0	13.1
建設業	13.9	16.0	16.8	17.0	16.2
卸売・小売業	6.9	7.8	7.6	8.1	9.0

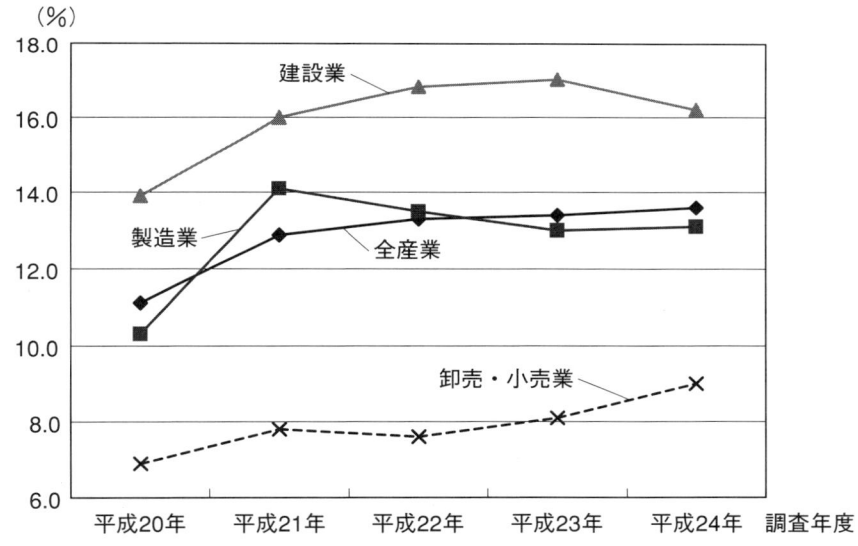

出所：財務省法人企業統計年報

手元流動性は業種によってもかなり差があります！

2 流動性・収支の分析　2 回転期間　3 売掛債権回転期間

算式

$$売掛債権回転期間（Ⅰ）（月）= \frac{売掛債権（平均）}{回収額（月平均）}$$

(注) 1. 分子の平均は「(前期末+当期末)÷2」による

　　　　ただし売掛債権＝受取手形（含割引手形・裏書譲渡手形）＋売掛金－前受金－貸倒引当金（流動資産）

　　2. 回収額＝前期末売掛債権＋売上高－当期末売掛債権

$$売掛債権回転期間（Ⅱ）（月）= \frac{売掛債権（期末）}{売上高（月平均）}$$

算式の意味

　売掛債権はその回収に何カ月かかっているかという売掛債権の回収期間，手持期間を表します。原則的な回転期間は算式（Ⅰ）のように平均の売掛債権を1月当り回収額で割って求めますが，売掛債権はまた製品商品の販売によって発生するので，当期に発生した売上高のうち，期末には何カ月分が未収となっているかという算式（Ⅱ）の方法によっても求められます。売掛債権は通常古いものから順次回収され，新しいものが残っているのが普通なので，算式（Ⅱ）の方が簡便でより実務的といえるでしょう。なお，前受金を売掛債権から差し引いているのは，前受金はマイナスの売掛債権と考えるためです。

　また，貸倒引当金は，それが少額で金額的重要性が低ければ計算から省略してもよいでしょう。

評価

　売掛債権の回収は速いに越したことはありませんから，回転期間はできるだけ短い方が良いことは当然ですが，業種特有の商慣習もあるので，これらを勘案しながら回収期間の適否を判断することが必要となります。

　また，企業は一般に多種の製品を多くの顧客に製造販売しているので，売掛

債権の回転期間も製品別（事業別）あるいは顧客層別に細分してみることも必要です。

いまある企業で売掛債権について顧客層別に分析しました。この企業は貸売とともに現金売を行っていますが、貸売については顧客層Aは3月払い、Bは2月払い、Cは1月払いです。

その期間の売上割合は現金売10％，貸売90％で，うち顧客層Aは40％，Bは30％，Cは20％でした。この場合，全体の売掛債権回転期間は次のように2カ月となります。

	個々の回転期間		売上割合		全体の回転期間
貸売A	3月	×	40%	=	1.2月
〃 B	2月	×	30%	=	0.6月
〃 C	1月	×	20%	=	0.2月
現金売	0月	×	10%	=	0月
計			100%		2.0月

仮に、この企業で売上高が1月当り1,000万円であるとすると、個々の売掛債権の有高と全体の売掛債権の関係は次のようになります。

	個々の回転期間		個々の売上高		全体の有高
貸売A	3月	×	400万円（1,000万円×40%）	=	1,200万円
B	2月	×	300万円（1,000万円×30%）	=	600万円
C	1月	×	200万円（1,000万円×20%）	=	200万円
現金売	0月	×	100万円（1,000万円×10%）	=	0万円
計			1,000万円		2,000万円

このように売掛債権全体の回転期間は、個々の顧客層別あるいは製品別（事業別）に掘り下げてみないとなぜ長いのか、短いのかという原因が明らかになりません。

【チェックポイント】
①業界一般の商慣習、当該企業の製品の特徴等に留意する。
②顧客層別あるいは製品別（事業別）にできるだけ掘り下げて検討する。

[関連比率]

　売掛債権対買掛債務比率（160頁），企業間信用比率（163頁），運転資金回転期間（191頁），経常収支比率（193頁）を参照。

売掛債権回転期間

$$売掛金回転期間（月）＝\frac{売掛金}{売上高（月）}$$

$$受取手形回転期間（月）＝\frac{受取手形（含割手譲手）}{売上高（月）}$$

何ヵ月で回収しているか？

2 流動性・収支の分析　2 回転期間　4 製品商品回転期間

[算式]

$$製品商品回転期間（月）＝\frac{製品商品（平均）}{製品商品売上原価（月平均）}$$

（注）分母の平均は「（前期末＋当期末）÷2」による

[算式の意味]

　製品商品が生産等により製品（商品）倉庫に入庫してから販売のために出庫するまで，何カ月手持ちしているかという製品商品の在庫期間，手持期間を表します。そのために算式の分母は製品商品の出庫額である売上原価とします。これを売上高としたのでは，本当の製品商品の在庫期間，手持期間がつかめないからです。

[評価]

　製品商品回転期間は，これが長い場合には売れ行き不振あるいは滞留在庫等の懸念が生じます。逆に，短過ぎると常に品切れを起こして売上の機会を逸します。また，多品種になればなるほど品揃えの関係から回転期間，在庫期間は長くなる傾向にあります。

　したがって，製品商品回転期間はどのくらいが妥当かは一概にいえませんが，見込生産品の取扱業種では約1カ月内外といったところが平均的なレベルです。

　製品商品回転期間もこれを品種別に掘り下げてみることが必要です。

　いまある企業で見込生産とともに受注生産を行います。見込生産品のA，B，Cについては，在庫期間はそれぞれ0.5月，1月，1.5月です。注文生産品については完成と同時に販売されるので原則として製品の回転期間は0月です。当期における売上の割合は見込生産品70％，うちAは20％，Bは10％，Cは40％，注文生産品が30％であるとすると，製品全体の回転期間，在庫期間は0.8月となります。

	個々の回転期間		売上割合		全体の回転期間
見込生産A	0.5月	×	20%	=	0.1月
〃　B	1.0月	×	10%	=	0.1月
〃　C	1.5月	×	40%	=	0.6月
注文生産	0月	×	30%	=	0月
計			100%		0.8月

[チェックポイント]

①見込生産業種か受注生産業種か，当該事業の特性に留意する。

②品目別あるいは事業別に掘り下げて検討する。

[関連比率]

　運転資金回転期間（191頁），経常収支比率（193頁）を参照。

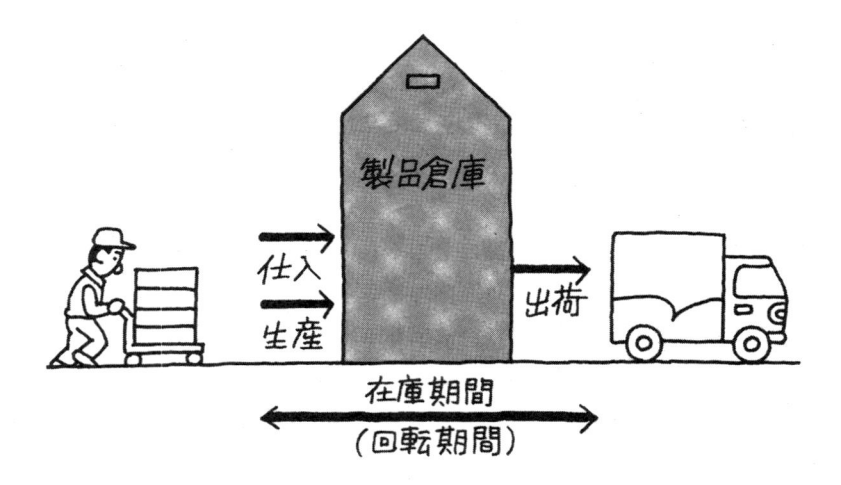

2 流動性・収支の分析　2 回転期間　5 原材料貯蔵品回転期間

算式

$$原材料貯蔵品回転期間（月）＝\frac{原材料貯蔵品（平均）}{原材料費（月平均）}$$

（注）分母の平均は「（前期末＋当期末）÷2」による

算式の意味

原材料貯蔵品が仕入により材料倉庫に入庫されてから生産のために払い出されるまで，何カ月手持しているかという原材料貯蔵品の在庫期間，手持期間を表します。そのために，算式の分母は原材料貯蔵品の出庫額である原材料費とします。

評価

備蓄を要する原材料等を扱っている場合には，原材料貯蔵品回転期間はどうしても長くなりますし，注文すればすぐに入庫する原材料等であれば在庫期間は短くてすみます。このように原材料貯蔵品回転期間は業種により，また当該企業の製品特性によりかなり相違しますが，原則的には長いより短い方が良いといえます。原材料貯蔵品回転期間についても，これを品種別に掘り下げてみることが必要です。

いまある企業でA，B，C3種の原材料を使用するとします。それぞれの手持期間はAは1月，Bは2月，Cは3月です。また材料使用の割合はA70%，B20%，C10%であるとすると，原材料全体の回転期間は次のように1.4月となります。

	個々の回転期間		売上割合		全体の回転期間
A	1月	×	70%	=	0.7月
B	2月	×	20%	=	0.4月
C	3月	×	10%	=	0.3月
計			100%		1.4月

[チェックポイント]
①業種特性，当該企業の製品特性に留意する。
②品目別に掘り下げて検討する。

[関連比率]

運転資金回転期間（191頁），経常収支比率（193頁）を参照。

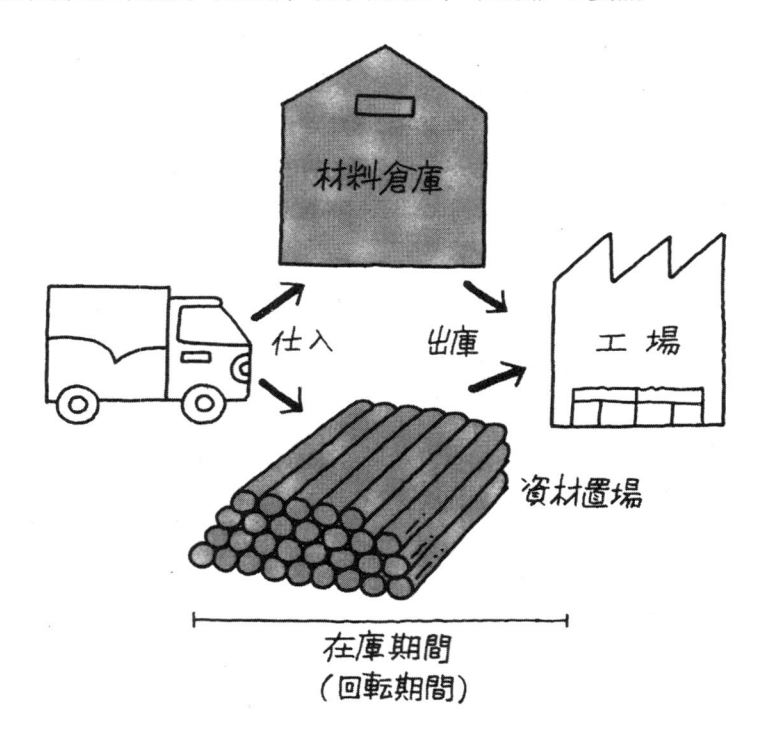

2 流動性・収支の分析　2 回転期間　6 仕掛品回転期間

[算式]

$$仕掛品回転期間（月）＝\frac{仕掛品（平均）}{\left(\frac{原材料費＋製造原価}{2}\right)（月平均）}$$

（注）分子の平均は「（前期末＋当期末）÷2」による

[算式の意味]

　原材料を生産工程に投入してから製品として完成されるまで何カ月かかるかという，製品の製造期間，加工期間を表すのが仕掛品回転期間です。

　たとえば仕掛品の平均有高1,100万円，1月当り原材料費800万円，1月当り製造原価1,400万円とすると，

$$\frac{仕掛品}{回転期間}＝\frac{仕掛品1,100万円}{1月当り（原材料費800万円＋製造原価1,400万円）÷2}＝1月$$

となり，原材料を投入してから製品完成までの加工に1月かかることを意味します。

　仕掛品回転期間はこれを図解するとよくわかるようになります。

　グラフ用紙の縦軸に費消額（月），横軸に回転期間を目盛ると，有高は費消額（月額）×回転期間（月）により面積で表されます。前述の原材料貯蔵品回転期間では，次のように有高は四角形で表されます。

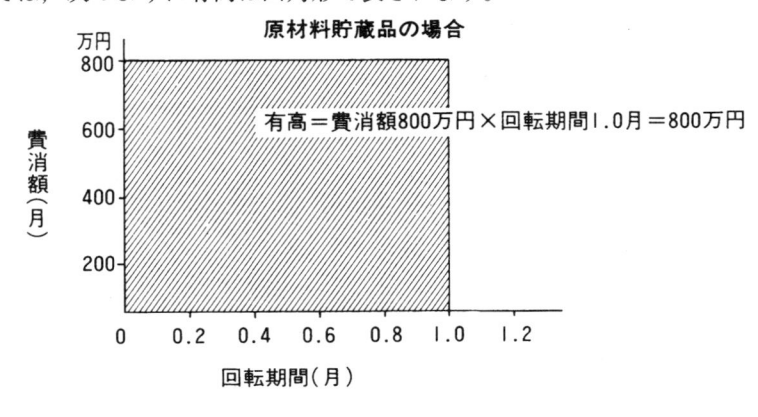

原材料貯蔵品の場合

有高＝費消額800万円×回転期間1.0月＝800万円

これに対して仕掛品の場合の有高は次のように梯形になります。

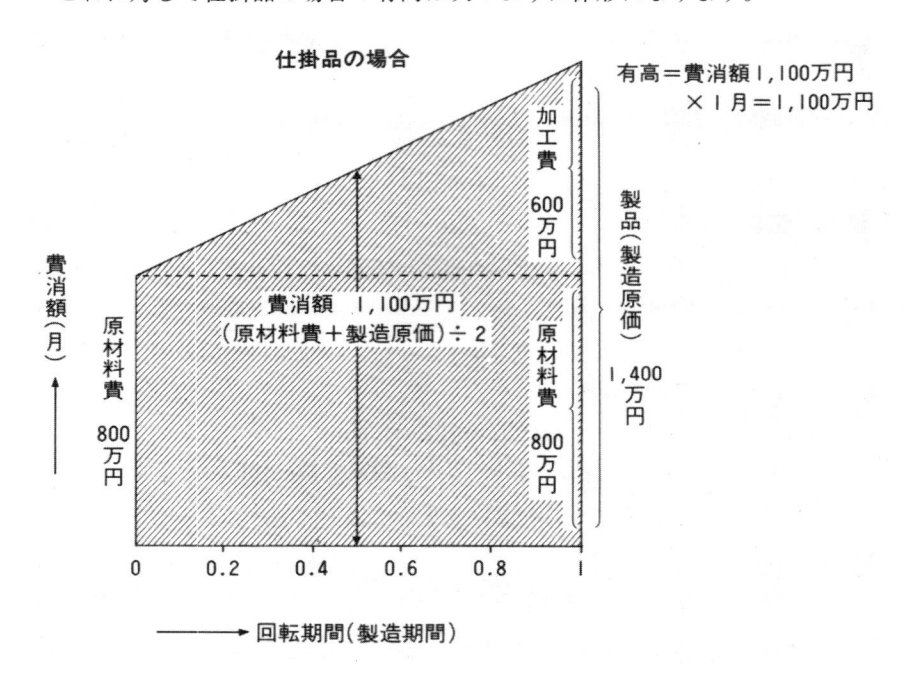

仕掛品の場合

図中：
- 費消額（月）→
- 加工費 600万円
- 原材料費 800万円
- 費消額 1,100万円（原材料費＋製造原価）÷2
- 製品（製造原価）1,400万円
- 有高＝費消額1,100万円×1月＝1,100万円
- 回転期間（製造期間）0〜1

　この梯形の面積は「底辺×真中の高さ」ですから，したがって仕掛品の費消額は真中の高さつまり，1,100万円です。有高（面積）がわかっていて底辺の回転期間が未知数 x ですから，

　　x ＝有高1,100万円÷費消額（真中の高さ）1,100万円＝1月

となるわけです。

〔評価〕

　仕掛品回転期間も短い方が生産の効率が高いことを意味しますが，やはり業種特性を勘案しなくてはなりません。

　仕掛品についても品種別に掘り下げることが必要です。

　いまある企業でA，B，C3種の製品を製造するとします。その製造期間はA3月，B2月，C1月で生産の割合（生産高あるいは売上高の割合）は，A

50%，B 30%，C 20%とすると，仕掛品全体の回転期間，つまりその企業の製品製造期間は全体として次のように2.3月になります。

	個々の回転期間		生産割合		全体の回転期間
A	3月	×	50%	=	1.5月
B	2月	×	30%	=	0.6月
C	1月	×	20%	=	0.2月
計			100%		2.3月

[チェックポイント]

①業種特性，当該企業の製品特性に留意する。
②品種別に掘り下げて検討する。

[関連比率]

運転資金回転期間（191頁），経常収支比率（193頁）を参照。

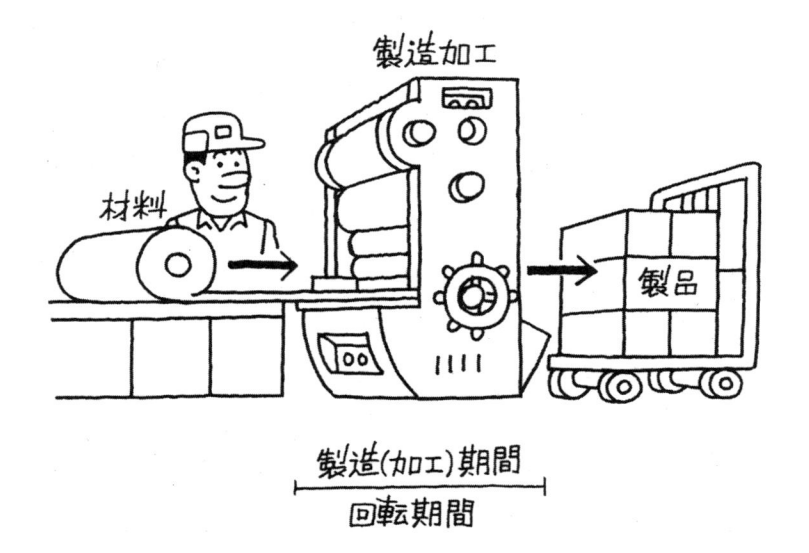

2 流動性・収支の分析 / 2 回転期間 / 7 未成工事支出金回転期間（建設業）

【算式】

$$\text{未成工事支出金回転期間（月）} = \frac{\text{未成工事支出金（平均）}}{\text{（完成工事原価 ÷ 2）（月平均）}}$$

（注）分子の平均は「（前期末＋当期末）÷2」による

【算式の意味】

建設業の場合，製造業の仕掛品回転期間に相当するのが未成工事支出金回転期間です。したがって，未成工事支出金回転期間は建設業における「工事期間」を表すことになります。

建設業では多くの場合，当初の材料投入は比較的少額であり，材料の投入と加工（工事）がほぼ並行的に行われます。未成工事支出金の算出は製造業の仕掛品回転期間と同じく，

$$\text{未成工事支出金回転期間} = \frac{\text{未成工事支出金（平均）}}{\text{1月当り（材料費＋完成工事原価）÷2}}$$

ですが，この材料費を当初投入の材料費とするか，あるいはこれを少額につき省略して当初投入の材料費をゼロとして計算します。したがって，未成工事支出金回転期間の算式は上式のようにすることができるのです。

【評価】

仕掛工事の期間ですからある程度長いのはやむを得ませんが，建設業にもいろいろあるので，それぞれの業種特性を考慮する必要があります。

具体的な計算としては，いま仮に未成工事支出金の平均有高が3,000万円，1月当り完成工事原価が1,500万円とすると，未成工事支出金回転期間は次のように4月となります。これは工事の着工から完成まで4カ月，工事期間が4カ月ということを意味します。

$$\text{未成工事支出金回転期間（月）} = \frac{\text{未成工事支出金3,000万円}}{\text{1月当り完成工事原価1,500万円 ÷ 2}} = 4 \text{月}$$

なお，未成工事支出金の有高，費消額，回転期間の関係を図示すると次のようになります。

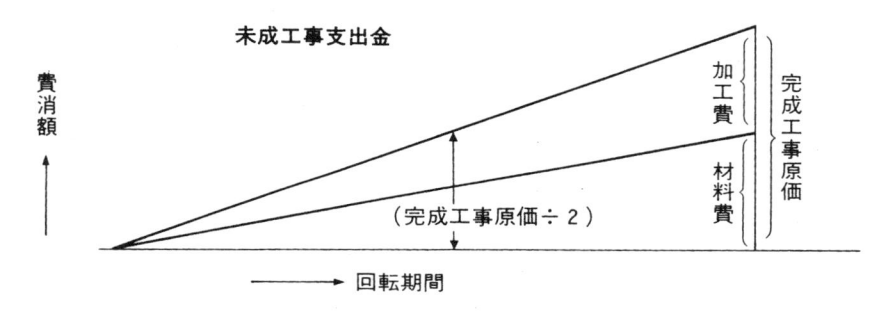

未成工事支出金

費消額 ↑

（完成工事原価÷2）

加工費 ┐
　　　　├ 完成工事原価
材料費 ┘

→ 回転期間

[チェックポイント]

①業種特性，当該企業の特性に留意する。
②工事別に掘り下げてみることも場合によっては必要。

[関連比率]

　運転資金回転期間（191頁），経常収支比率（193頁）を参照。

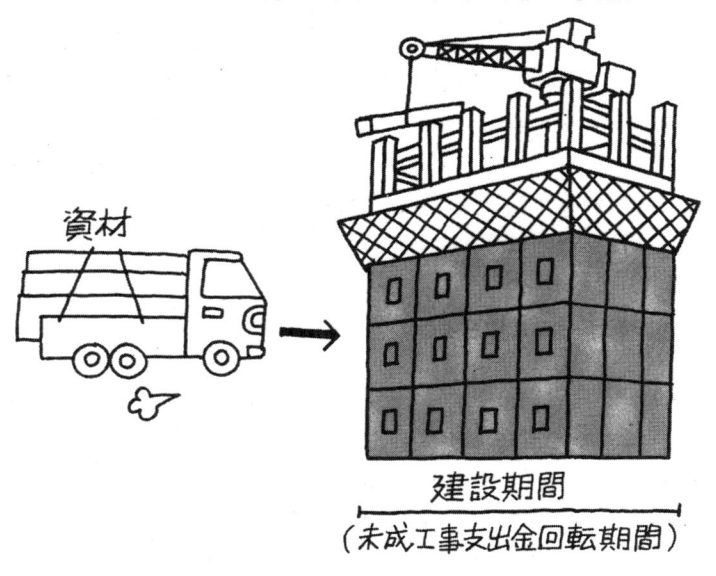

資材 →

建設期間
（未成工事支出金回転期間）

2 流動性・収支の分析　2 回転期間　8 固定資産回転期間

【算式】

$$固定資産回転期間（月） = \frac{固定資産（含繰延資産）（平均）}{売上高（月平均）}$$

（注）分子の平均は「（前期末＋当期末）÷2」による

【算式の意味】

投資等を含む固定資産投資に売上高の何カ月分の資金が投入されているかを表し，固定資産が売上高という収益によって何カ月で回収されるかという，固定資産投資の回収期間を表します。

【評価】

固定資産回転期間はできるだけ短い方が資金の固定化を避けるために好ましいと考えられます。固定資産回転期間が長いということは，設備投資や関係会社投資等が過大であり，固定資産投資が非効率であることを意味します。

しかし，単純に短ければ良いということではなく，たとえば素材産業，装置産業では業種の特性として一般的に長くなることから，業種の特性を考慮して判断することが必要です。

【チェックポイント】

①経営分析，財務分析では，固定資産には繰延資産を含めることに留意する。
②業種の特性を考慮して判断する。

【関連比率】

固定資産回転率（84頁）を参照。

2章 流動性・収支の分析

2 流動性・収支の分析　2 回転期間　9 有形固定資産回転期間

算式

$$\text{有形固定資産回転期間（月）} = \frac{\text{有形固定資産（除建設仮勘定）（平均）}}{\text{売上高（月平均）}}$$

(注) 分子の平均は「(前期末＋当期末)÷2」による

算式の意味

現在稼働中の有形固定資産に売上高の何カ月分の資金が投入されているか，有形固定資産が売上高という収益によって何カ月で回収されるかという，設備投資の回収期間で表します。

評価

有形固定資産は減価償却によって，その投資が回収されるので，本来の有形固定資産回転期間は，

$$\text{有形固定資産回転期間（年）} = \frac{\text{有形固定資産（除建設仮勘定）（平均）}}{\text{減価償却費（年）}}$$

とするのが正しいと考えられます。

しかし，この計算では設備投資が減価償却によって何年で回収されるかという回収期間，使用期間はわかりますが，設備投資が営業の規模，売上の規模に比べて，過大であるかどうかはわかりません。そこで，売上高を分母としてみることにより，それが過大であるかどうかがつかめることになります。

チェックポイント

①原則として建設仮勘定や遊休資産，貸与資産等は除く。
②業種の特性を考慮して判断する。

関連比率

有形固定資産回転率（90頁）を参照。

有形固定資産

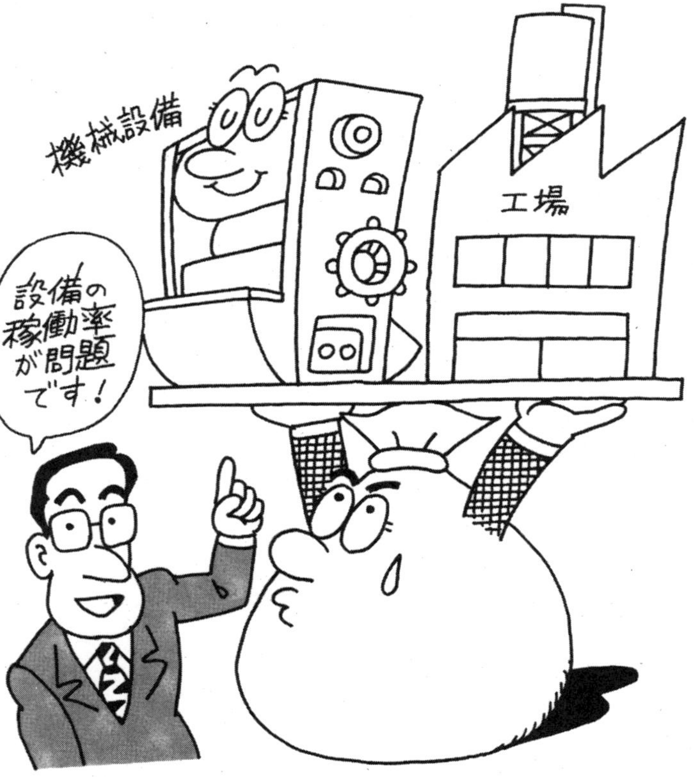

2 流動性・収支の分析　2 回転期間　10 投資その他の資産回転期間

算式

$$\text{投資その他の資産回転期間（月）} = \frac{\text{投資その他の資産（平均）}}{\text{売上高（月平均）}}$$

(注) 分子の平均は「(前期末＋当期末)÷2」による

算式の意味

固定資産のうち，投資その他の資産の資産に売上高の何カ月分の資金が投入されているか，投資その他の資産が売上高という収益によって何カ月で回収されるかという，回収期間を表します。

評価

投資その他の資産回転期間はできるだけ短い方が資金の固定化を避けるためには好ましいと考えられます。しかし，近年，経営の国際化，多角化から，どうしても投資その他の資産が増大する傾向もみられます。

要は，投資その他の資産が企業経営の効率化に貢献していればよいので，単純には回転期間が短ければよい，長ければ悪いと速断できない面もあります。したがって，当該会社の投資戦略をも考慮のうえ，評価することが必要ですが，基本的には長すぎる回転期間は好ましいものではありません。

チェックポイント

①当該企業の投資戦略を考慮する。
②長期貸付金に対する貸倒引当金，投資等に対する投資損失引当金の有無に留意する。

関連比率

固定資産回転期間（180頁）を参照。

2章 流動性・収支の分析

2 流動性・収支の分析　2 回転期間　11 買掛債務回転期間

算式

$$買掛債務回転期間（Ⅰ）（月）=\frac{買掛債務（平均）}{支払額（月平均）}$$

(注) 1. 分子の平均は「(前期末＋当期末)÷2」による
ただし買掛債務＝支払手形（除設備）＋裏書譲渡手形（除設備）＋買掛金－前渡金
2. 支払額＝前期末買掛債務＋仕入高－当期末買掛債務

$$買掛債務回転期間（Ⅱ）（月）=\frac{買掛債務（期末）}{仕入高（月平均）}$$

算式の意味

買掛債務はその支払に何カ月かかっているかという買掛債務の支払期間，手持期間を表します。原則的な回転期間は算式（Ⅰ）のように平均の買掛債務を1月当り支払額で割って求めますが，買掛債務はまた原材料や商品の仕入によって発生するので，当期に発生した仕入高のうち期末に何カ月が未払になっているかという算式（Ⅱ）の方法によっても求められます。買掛債務は通常古いものから順次支払われ，新しいものが残っているのが普通なので，算式（Ⅱ）の方が簡便でより実務的といえるでしょう。なお前渡金を買掛債務から差引いているのは，前渡金はマイナスの買掛債務と考えるためです。

評価

買掛債務回転期間には業種特有の商慣習もあるので，これを勘案しながら支払期間の適否を判断することが必要となりますが，一般にこれが6カ月を超えるようだと支払の状態はかなり悪いと判断されます。

また，買掛債務回転期間は仕入別に細分してみることも必要です。

いまある企業で，A材料は現金仕入，B材料は2月払い，C材料は3月払いです。また，その期間の仕入割合はA材料10％，B材料20％，C材料70％であ

るとすると，買掛債務全体の回転期間は次のように2.5月になります。

　このように買掛債務全体の回転期間は，仕入別に掘り下げてみないとなぜ長いのか，短いのかという原因が明らかになりません。

	個々の回転期間		仕入割合		全体の回転期間
A材料	0月	×	10%	=	0月
B材料	2月	×	20%	=	0.4月
C材料	3月	×	70%	=	2.1月
計			100%		2.5月

[チェックポイント]
①業界一般の商慣習，当該企業の取引条件に留意する。
②仕入別にできるだけ掘り下げて検討する。

[関連比率]
　売掛債権対買掛債務比率（160頁），企業間信用比率（163頁），運転資金回転期間（191頁），経常収支比率（193頁）を参照。

買掛債務回転期間

$$買掛金回転期間(月) = \frac{買掛金}{仕入高（月）}$$

$$支払手形回転期間(月) = \frac{支払手形}{仕入高（月）}$$

無理な支払をしていないか有利な仕入れをしているかをみよう

2 流動性・収支の分析　2 回転期間　12 金融債務回転期間

算式

$$金融債務回転期間（月） = \frac{金融債務（平均）}{売上高（月平均）}$$

（注）1．分子の平均は「（前期末＋当期末）÷２」による
　　　2．金融債務＝社債＋長期借入金＋短期借入金＋割引手形

算式の意味

金融債務総額は売上高の何カ月分持っているかという金融債務の手持期間を表し，業容に比較して金融債務が過大であるかどうかをみることができます。

評価

金融債務が過大になると財務構成が悪くなるだけでなく，金利の増大によって収益性も圧迫するので，金融債務回転期間はできるだけ短い方が健全であることは当然です。

しかし，金融債務が少なすぎることは，場合によっては企業に対する金融機関の信用がないというケースもあるので，資本構成，財務構成等を勘案してトータルでみることも必要となります。

チェックポイント

①長期資金と短期資金調達のバランスは適切か。
②自己資本と金融債務のバランスは適切か。

関連比率

自己資本比率（149頁），金融債務比率（158頁），を参照。

2 流動性・収支の分析　2 回転期間　13 短期金融債務回転期間

算式

$$短期金融債務回転期間（月） = \frac{短期金融債務（平均）}{売上高（月平均）}$$

（注）1．分子の平均は「(前期末＋当期末)÷2」による
　　　2．短期金融債務＝短期借入金＋割引手形
　　　　ただし，1年内返済予定の長期借入金は含めない

算式の意味

金融債務のうち短期金融債務は売上高の何カ月分持っているかという短期金融債務の手持期間を表し，業容に比較して短期金融債務が過大であるかどうかをみることができます。

評価

短期金融債務回転期間もできるだけ短い方が良いことは当然です。また，短期金融債務のうち短期借入金は場合によっては，いわゆる「ころがし」と称して，借換えの連続（実質的には長期借入金）となることも多いので，資本構成，財務構成をトータルでみることも必要となります。

チェックポイント

①長期資金と短期資金調達のバランスは適切か，短期資金に片寄り過ぎることはないか。
②流動比率，当座比率など財務構成は健全か。

関連比率

流動比率（136頁），当座比率（139頁），自己資本比率（149頁）を参照。

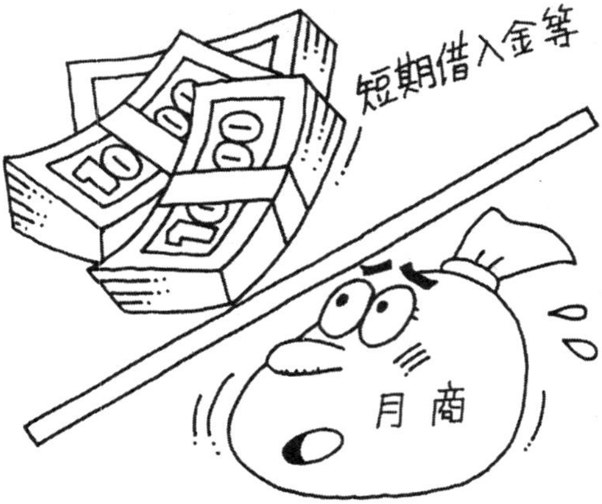
短期借入金等
月商

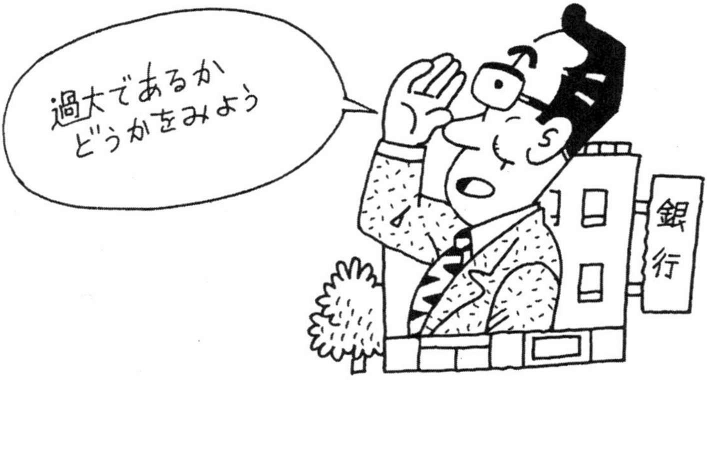
過大であるか
どうかをみよう
銀行

2 流動性・収支の分析　2 回転期間　14 運転資金回転期間

算式

$$運転資金回転期間（月）=\frac{運転資金（平均）}{売上高（月平均）}$$

(注) 1．分子の平均は「(前期末＋当期末)÷2」による
　　 2．運転資金＝売掛債務＋棚卸資産＋前払費用－買掛債務－未払費用

算式の意味

ここでいう運転資金とは，いわゆる営業運転資金，経常運転資金の意味で，生産販売等企業の営業によって期末などある一時点において発生する運転資金をいいます。

運転資金回転期間は，このような営業運転資金，経常運転資金が売上高の何カ月分必要かという運転資金の手持期間を表します。なお，運転資金は端的に，

　　運転資金＝売掛債権＋棚卸資産－買掛債務

としても良いと考えられます。

評価

運転資金回転期間はできるだけ短い方が生産販売の効率が良いことは当然ですが，これは業種によってかなりの差があるので，業種特性等からどの程度の長さが妥当かを勘案して評価することが必要です。

チェックポイント

①運転資金を構成する項目，すなわち売掛債権，棚卸資産，買掛債務等の回転期間に留意する。
②業種特性や当該企業の特性に注目する。

関連比率

経常収支比率（193頁），損益と収支（200頁）を参照。

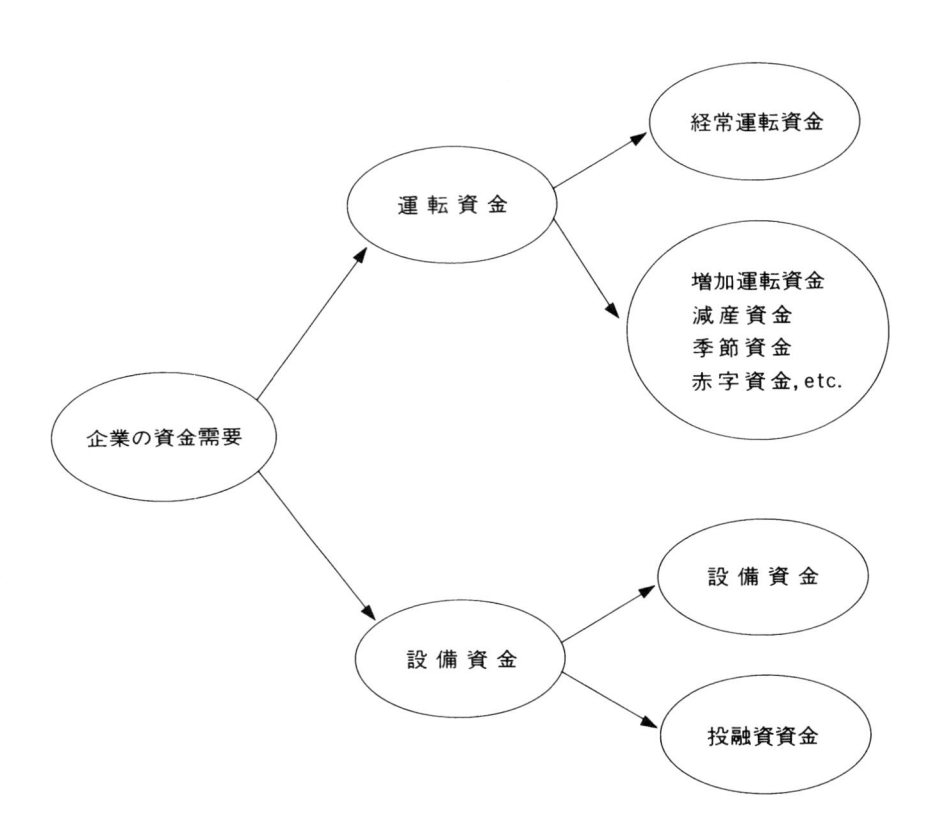

```
企業の資金需要 ─┬─→ 運転資金 ─┬─→ 経常運転資金
                │              │
                │              └─→ 増加運転資金
                │                  減産資金
                │                  季節資金
                │                  赤字資金, etc.
                │
                └─→ 設備資金 ─┬─→ 設備資金
                              │
                              └─→ 投融資資金
```

2 流動性・収支の分析　3 資金収支　1 経常収支比率

算式

$$経常収支比率（\%） = \frac{経常収入}{経常支出} \times 100$$

算式の意味

　企業の資金収支のうち，最も基本的な収支である経常収支のバランスをみるもので，動態的流動性を代表する比率です。
　財務分析では支払能力のことを流動性といいますが，支払能力は次のように支払手段と支払義務の対比によって判断できます。

$$支払能力 = \frac{支払手段}{支払義務}$$

　この支払能力すなわち流動性は次式のように静態的流動性と動態的流動性に大別され，またこの2つは分けて考えなければなりません。

$$流動性 \begin{cases} 静態的 = \dfrac{資産}{負債} \xrightarrow{しぼり} \dfrac{流動資産}{流動負債} \\[2ex] 動態的 = \dfrac{収入}{支出} \xrightarrow{込み} \boxed{\dfrac{経常収入}{経常支出}} \end{cases}$$

　つまり，静態的流動性は財務構成というストックの面からみた支払能力であるのに対して，動態的流動性は収支という資金のフローからみた支払能力であると考えられます。

評価

　経常収支比率は原則として100％以上でなければなりませんが，経常収支のバランスのさせ方が重要で，たとえば支払を無理に引き延ばせばその期間の経常収支はバランスし100％以上を示しますが，問題が翌期に先送りされたことになるので単純に100％以上あれば良いとは判断できません。

このように経常収支比率をみる場合には，経常収支のバランスのさせ方に注意し，具体的には売掛債権，製品商品，仕掛品，原材料貯蔵品，買掛債務等々の回転期間を分析し，総合的に判断することが肝要です。

$$経常収支比率 = \frac{経常収入\ 800}{経常支出\ 1000} = 80\%$$

経常収入は月給
経常支出は生活費です
これでは月給でメシが
食えない！

[チェックポイント]

○売掛債権等の回転期間からみて生産・販売・仕入の状態に異常はないか。

[関連比率]

　売掛債権回転期間(168頁)，製品商品回転期間(171頁)，原材料貯蔵品回転期間(173頁)，仕掛品回転期間(175頁)，買掛債務回転期間(186頁) を参照。

2 流動性・収支の分析　3 資金収支　2 経常収支

算式

経常収支＝経常収入－経常支出

　経常収入＝売上収入＋営業外収入

　　売上収入＝売上高－売掛債権増加

　　営業外収入＝営業外収益－未収収益増加＋前受収益増加

　経常支出＝費用支払

　　費用支払＝費用－支払の生じない費用

　　　　　　　＋棚卸資産増加＋前払費用増加

　　　　　　　－買掛債務増加－未払費用増加

　　　　　　　＋負債性引当金目的支出

算式の意味

企業の資金収支は，損益とくに経常損益を基準にすると経常収支と経常外収支の２つに大別されます。

経常収支は経常損益に直接関係のある収支で，資金繰実績表によっても計算できますが，B／S，P／Lの分析によって求めると上式のようになります。

B／S　　　　　　　　　　　　（万円）

資　産	前　期	当　期	負債純資産	前　期	当　期
現　金　預　金	2,400	3,280	買　掛　債　務	2,520	3,800
売　掛　債　権	3,300	6,300	短　期　借　入　金	3,700	3,500
棚　卸　資　産	1,400	1,400	未　払　費　用	250	400
前　払　費　用	120	200	前　受　収　益	50	70
未　収　収　益	100	120	その他流動負債	300	330
固　定　資　産	3,200	3,400	長　期　借　入　金	1,400	3,100
			退職給付引当金	300	400
			純　資　産	2,000	3,100
合　　計	10,520	14,700	合　　計	10,520	14,700

〈設例〉
　G社のB／S，P／Lのうち経常収支に関連する項目と金額は次のとおりです。

P／L	（万円）
売　上　高	12,600
営業費用	11,700
営業利益	900
営業外収益	300
営業外費用	700
経常利益	500

（注）1　減価償却費　　　　　　　　　300万円
　　　2　退職給付引当金繰入　　　　　150万円

① 経常収入
　　売上収入＝売上高12,600万円－売掛債権増加3,000万円＝9,600万円
　　営業外収入＝営業外収益300万円－未収収益増加20万円＋前受収益増加20万円
　　　　　　　＝300万円
　　ゆえに，経常収入＝売上収入9,600万円＋営業外収入30万円＝9,900万円
② 経常支出＝費用支払
　　　　　　＝費用12,400万円（営業費用11,700万円＋営業外費用700万円）－支払の生じない費用（P／L（注）1，2）450万円＋棚卸資産増加0＋前払費用増加80万円－買掛債務増加1,280万円－未払費用増加150万円＋退職給付引当金支出50万円（前期末300万円＋当期繰入150万円－当期末400万円）＝10,650万円
③ 経常収支差額＝経常収入9,900万円－経常支出10,650万円＝△750万円

2章 流動性・収支の分析

〔チェックポイント〕

①経常収支の計算は適切に行われているか，とくに営業以外の未収入金，預り金，仮受金等の経常外収支にかかる有高増減を混入していないか。

②退職給付引当金目的支出は，通常の場合は退職金という人件費の支払であり，経常支出となることに留意する。

〔関連比率〕

経常収支比率（193頁）を参照。

★企業の資金収支は②つに区別されます

① 経常収支（損益に直接関係のある収支）
　収 入 ＝ 収益の収入，したがって売上収入ないし営業収入と営業外の収入。
　支 出 ＝ 費用の支払，したがって材料代支払，人件費支払，その他諸費用の支払など。

② 経常外収支（損益と直接関係のない収支）
　収 入 ＝ 収益の収入以外の一切の収入
　　したがって，借入，増資による収入（財務収入），固定資産の売却収入など。
　支 出 ＝ 費用の支払以外の一切の支出
　　したがって法人税等配当，役員賞与の支払（決算支出），借入金返済（財務支出），設備代支払など。

2 流動性・収支の分析　3 資金収支　3 経常外収支

【算式】

経常外収支＝経常外収入－経常外支出

　　経常外収入＝借入・増資等財務収入＋固定資産売却収入等

　　経常外支出＝借入・社債償還等財務支出＋法人税・配当等決算支出＋設備投資等支出

【算式の意味】

損益とくに経常損益に直接関係のない収支が経常外収支です。

経常外収支のうち，借入・増資等財務収入と借入・社債償還等の財務支出は「狭義の財務」といわれるもので，企業資金の調達と返済ないし償還を表します。したがって，経常外収支はさらに次のように区分することができます。

経常外収支 ┤ 設備などの収支（決算支出を含む）
　　　　　 └ 財務収支

【評価】

評価は経常収支との関連において総合的に行うことが必要です。すなわち，

①経常収支でいくらの過不足が生じたか，

②設備などの収支ではいくらの過不足（大規模な資産売却を行わない限り通常は不足が生じる）が生じたか，

③その結果，財務収支はどのように行われたか，

を検討し，とくに財務収支の巧拙，妥当性を判断することが必要です。

【チェックポイント】

①決算支出，長期借入金の規則的返済は経常収支の収入超過でカバーできるか。

②資金調達は妥当か，無理な借入をしていないか。

2章 流動性・収支の分析

経常収支の収入超過でカバーすべき経常外支出

① 法人税・配当などの決算支出

② 長期借入金の規則的返済

この二つの支出は広義の経常支出ということもできます。

2 流動性・収支の分析　3 資金収支　4 損益と収支

算式

　　経常収支＝経常収入－経常支出
　　　　　　＝経常利益＋支払の生じない費用
　　　　　　　－（期末運転資金－期首運転資金）
　　　　　　　－負債性引当金目的支出
　　（注）運転資金＝売掛債権＋棚卸資産＋前払費用－買掛債務－未払費用

算式の意味

　よく「勘定合って銭足らず」ということがいわれます。この計算式は，なぜ勘定合って銭足らずになるのか，経常利益と経常収支はどのような関係にあるのかを示す重要な算式です。ここで運転資金とはいわゆる営業運転資金，経常運転資金で，無理な販売をしたり，過剰在庫をかかえたりすると，売掛債権や棚卸資産が急激に増加し，運転資金の増大を招きます。つまり経常収支は①経常利益ないし償却前利益と，②運転資金の状態によって過不足が生ずるのです。

〈設例〉

　F社では当期売上高1,200万円，経常利益100万円，費用のうち減価償却費70万円です。売掛債権などは次のようです。

運転資金	前期末	当期末
売掛債権	200万円	350万円
棚卸資産	150	270
買掛債務	（－）150	（－）200
差引計	200	420

　まず，経常収入では「売上高－売掛債権増加」によって，経常収入＝1,200万円－150万円＝1,050万円，また経常支出は「費用－支払の生じない費用＋棚卸資産増加－買掛債務増加」により，経常支出＝1,100万円－70万円＋120万

円－50万円＝1,100万円で，経常収支差は1,050万円－1,100万円＝50万円のマイナスです。

これを上式にあてはめてみると，

経常収支△50万円＝経常収入1,050万円－経常支出1,100万円
　　　　　　　　＝経常利益100万円＋減価償却費70万円
　　　　　　　　　－（期末運転資金420万円－期首運転資金200万円）

となり，損益と収支の関係が示されます。

[関連比率]

運転資金回転期間（191頁），経常収支比率（193頁）を参照。

2 流動性・収支の分析　3 資金収支　5 運転資金増減分析

[意味]

　今期末の経常運転資金（営業運転資金）は前期末と比較してなぜ増減しているのか。この増減原因を分析して，今期の運転資金の管理，具体的には売掛債権管理，棚卸資産管理，買掛債務管理など，「資金」からみた仕入，生産，販売のあり方を検討しようとするのが，この運転資金増減分析のネライです。

[分析のプロセス]

　運転資金を構成する各項目の回転期間をベースとします。つまり，仮に回転期間が前期と同じであれば今期の有高はどうなったであろうか，という回転期間に変化なき場合の今期有高を割り出して，これと実際の今期有高を比較します。

　たとえば売掛金の前期有高1,000万円（月平均売上高は1,000万円），今期有高1,440万円（月平均売上高1,200万円）とすると，売掛金回転期間は前期1月，今期1.2月です。いま仮に今期売掛金回転期間が前期並の1月であったとすれば，この場合の今期売掛金有高は，

　　　今期月平均売上高1,200万円×1月＝1,200万円

となります。したがって，実際の有高との差額240万円（1,440万円－1,200万円）は回収期間の長期化による好ましからざる有高の増加であることがわかります。

[分析方法]

　簡単な設例を使って具体的に説明しましょう。

〈設例〉

　製造業Y社では償却前利益600万円を上げ，減価償却費400万円を差引き200万円の経常利益を出し黒字経営に転じましたが，資金繰りは苦しいといいます。

　Y社の売掛債権などの有高と，各項目の回転期間は次のようでした。

① 運転資金

		前期	今期
	売掛債権	3,000万円	3,900万円
	商　　品	1,380	1,980

2章 流動性・収支の分析

	買掛債務	△2,250	△2,660
	計	2,130	3,220

② 費消額
（または発生額）　　　　前期　　　　今期
　　　　売上高　　　　12,000万円　　14,400万円
　　　　売上原価　　　　9,000　　　　10,800
　　　　商品仕入高　　　9,000　　　　11,400

③ 回転期間
　　　　売掛債権　　　　3.0月　　　　3.25月
　　　　　　　　　　$\left(\frac{3,000}{12,000 \div 12}\right)$ 　$\left(\frac{3,900}{14,400 \div 12}\right)$
　　　　商　　品　　　　1.84月　　　2.2月
　　　　　　　　　　$\left(\frac{1,380}{9,000 \div 12}\right)$ 　$\left(\frac{1,900}{10,800 \div 12}\right)$
　　　　買掛債務　　　　3.0月　　　　2.8月
　　　　　　　　　　$\left(\frac{2,250}{9,000 \div 12}\right)$ 　$\left(\frac{2,660}{11,400 \div 12}\right)$

以上の分析をもとに運転資金増減分析表を作成します。

Ｙ社運転資金増減分析表　　　　（単位：万円）

〈売掛債権増加〉			
①回転期間の変化による増加			
今期有高	3,900		
今期売上高×前期回転期間	3,600	300	
$\left(14,400 \times \frac{3}{12}\right)$			
②売上高の増加による増加			
今期売上高×前期回転期間	3,600		
前期有高	3,000	600	900
〈商品増加〉			
①回転期間の変化による増加			
今期有高	1,980		
今期売上原価×前期回転期間	1,656	324	
$\left(10,800 \times \frac{1.84}{12}\right)$			

②販売の増加による増加				
今期売上原価×前期回転期間		1,656		
前期有高		1,380	276	600
〈買掛債務増加〉				
①回転期間の変化による増加				
今期有高		2,660		
今期仕入高×前期回転期間		2,850	△190	
（11,400×$\frac{3}{12}$）				
②仕入の増加による増加				
今期仕入高×前期回転期間		2,850		
前期有高		2,250	600	△410
運転資金増加合計				1,090
内訳 ｛回転期間の変化による増加				814
販売の増加による増加				276
〈回転期間の変化による運転資金増加〉				
回収の長期化による売掛債権増加		300万円		
在庫期間の長期化による商品増加		324		
支払期間の短縮による買掛債務減少		190		
合計		814		
〈販売の増加による運転資金増加〉				
売掛債権増加		600万円		
商品増加		276		
買掛債務増加		△600		
合計		276		

　このように運転資金増加1,090万円のうち，回転期間の変化による増加は814万円，販売の増加に比例した増加分は276万円です。回転期間の変化による増加分はいずれも好ましからざる要因によるもので問題であり，早急な改善が望まれます。
　また，今期の経常収支は，
　　経常収支＝償却前利益600万円－運転資金増加1,090万円
　　　　　　＝△490万円
となります。もし，運転資金増加が販売の増加によるものだけであれば上述の

ように276万円ですから，この場合の経常収支は，

　　経常収支＝償却前利益600万円－「販売」による運転資金増加276万円
　　　　　　＝324万円

の黒字となったはずです。この例では回転期間の変化による「資金」への影響の大きさがよくわかると思います。

チェックポイント

①回転期間に変化なき場合の今期有高を算出し，これをベースとして比較する。
②運転資金増加のうち正常な部分と好ましからざる部分とに分けて検討する。

関連比率

　経常収支比率（193頁），損益と収支（200頁）を参照。

2 流動性・収支の分析　3 資金収支　6 資金表

[種類]

① 資金繰表　　　直接法　　総額法
② 資金運用表　　間接法　　純額法
③ 資金移動表　　間接法　　総額法

　資金の収入，支出あるいは調達，運用など資金の動きを示す表は大別して資金繰表，資金運用表，資金移動表の3種に分けられます。

　これらの資金表は①直接法と間接法，②総額法と純額法，という2つの基準によって区分すると，それぞれの特徴がはっきりします。

[特徴]

① 直接法と間接法

　直接法というのは資金表を，会計帳簿あるいは会計伝票から収入支出を直接集計して作成する方法です。これに対して間接法というのは財務諸表を分析して間接的に収入支出を割り出す方法です。

　通常，資金繰表（資金繰実績表）は直接法により月次集計され，資金運用表，資金移動表は間接法で年次で作成されます。

② 総額法と純額法

　総額法というのは，収入支出を総額で示す方法で，借入金の例をとると，ある企業で今期新たに借入金1,000万円を調達し，これまでの借入金600万円を返済したとすると，総額法では，借入金調達収入1,000万円，借入金返済支出600万円と表示されます。

　純額法というのは収入支出を絞り込んで，その増減差額を示す方法で，上記借入金の例では，今期中の借入純増は1,000万円－600万円＝400万円ですから，これを資金の源泉400万円として表示します（減少の場合は資金の運用とします）。

　以上により，

① 資金繰表は直接法かつ総額法による資金表

② 資金運用表は間接法かつ純額法による資金表
③ 資金移動表は間接法ではあるが総額法による資金表
ということになります。

2 流動性・収支の分析　3 資金収支　7 資金繰表

[意味]

資金繰表というのは，項目別に月々の収入と支出を対比して当期の収支を示すようにしたもので，直接法かつ総額表示の資金表です。

資金繰表はまた資金繰実績表とも呼ばれ，これによりその期間の収支の状態がわかります。また，月次の資金計画表も資金繰表の一種で，金融機関に対する借入申込みの際，資金繰表は広く使われています。

[見方]

ある企業の最近3カ月間の資金繰実績は次のようでした。

資金繰実績表（I）　　　（単位：万円）

項　目	4月	5月	6月
前月繰越高	1,700	2,600	1,600
（収入）売掛金回収	1,000	1,200	900
受取手形割引	800	800	400
受取手形取立	300	400	300
借　入　金	—	—	1,200
そ　の　他	100	100	100
合　　　計	2,200	2,500	2,900
（支出）原　材　料　費	200	1,800	1,000
設　備　費	100	300	300
人　件　費	300	300	700
経　　費	200	400	400
借　入　金	400	400	400
そ　の　他	100	300	200
合　　　計	1,300	3,500	3,000
次月繰越高	2,600	1,600	1,500

この表では月々の資金の動きはわかりますが，月々の収支のバランスが良いか悪いかはわかりません。すでに経常収支比率（193頁参照）において説明したように，企業の収支は損益を基準とすると①損益に直接関係のある収支，つま

り経常収支と，②損益に直接関係のない収支，つまり経常外収支に分けられます。したがってこのケースでも，上記の資金繰実績を次のようにして経常収支と経常外収支に区分してみると資金繰りの状況がよくわかるようになります。

資金繰実績表（Ⅱ） （単位：万円）

項　　　目	4月	5月	6月
経常収支　（収入）売掛金回収	1,000	1,200	900
受取手形割引	800	800	400
受取手形取立	300	400	300
計	2,100	2,400	1,600
（支出）原材料費	200	1,800	1,000
人件費	300	300	700
経費	200	400	400
計	700	2,500	2,100
差引過不足（A）	1,400	△100	△500
経常外収支（収入）借入金	－	－	1,200
その他	100	100	100
計	100	100	1,300
（支出）設備費	100	300	300
借入金	400	400	400
その他	100	300	200
計	600	1,000	900
差引過不足（B）	△500	△900	400
現金預金増減（A＋B）	900	△1,000	△100
前月繰越	1,700	2,600	1,600
次月繰越	2,600	1,600	1,500

しかし，この表（Ⅱ）でもまだ経常収支は正確ではありません。ここでは受取手形割引を直ちに経常収入としていますが，割引手形は実質金融債務ですから，この割引手形が期日に決済されてはじめて回収され，同時に割引手形という金融債務が返済されるのです。そこで，この会社の割引手形期日落を調べたところ，4月500万円，5月600万円，7月500万円となっていました。よって割引手形を金融債務とした場合の資金繰り状況は次のようになります。

資金繰実績表（Ⅲ）　　　　　　（単位：万円）

項　目		4月	5月	6月
経常収支	（収入）売掛金回収	1,000	1,200	900
	割引手形期日回収	500	600	500
	受取手形取立	300	400	300
	計	1,800	2,200	1,700
	（支出）原材料費	200	1,800	1,000
	人件費	300	300	700
	経費	200	400	400
	計	700	2,500	2,100
	差引過不足（A）	1,000	△300	△400
経常外収支	（収入）借入金	－	－	1,200
	割引手形	800	800	400
	その他	100	100	100
	計	900	900	1,700
	（支出）設備費	100	300	300
	借入金	400	400	400
	割引手形期日	500	600	500
	その他	100	300	200
	計	1,000	1,600	1,400
	差引過不足（B）	△200	△700	300
現金預金増減（A＋B）		900	△1,000	△100
前月繰越		1,700	2,600	1,600
次月繰越		2,600	1,600	1,500

　この資金繰実績表（Ⅲ）によると経常収支差額は4月は収入超過1,100万円，5月は支払超過300万円，6月は支払超過400万円で，4月〜6月累計で400万円の黒字であり，経常収支は積極的にバランスがとれていることがわかります。

[チェックポイント]

○資金繰表は収入，支出という資金のフローのみをみているので，売掛債権，棚卸資産，買掛債務，借入金等，各項目の月次残高の推移はどうなっているかに留意する。

[関連比率]

経常収支比率（193頁）を参照。

2 流動性・収支の分析　3 資金収支　8 資金運用表（基本）

意味

前期と今期の貸借対照表を比較すると，各項目の有高は増えたり減ったりしています。この各項目の有高増減を，資金の収得を意味するもの（資金の源泉）と，資金の支出を意味するもの（資金の運用）に分類整理すると，資金収支の状況と支払能力をみるのに便利な資金表ができます。このように比較貸借対照表から間接的に，有高増減差額（純額）で作成される資金表を資金運用表といいます。

資金の源泉と運用

企業の貸借対照表は，基本的に資金の源泉と運用の状態を表します。すなわち，貸借対照表はまたBalance sheetというように，右側には負債（他人資本），資本など資金の調達源泉を示し，左側はこれらの調達資金を具体的にどんな資産に投下運用しているかという，一時点における資金調達と資金運用のバランスを表しているからです。

```
        （借方）        貸借対照表         （貸方）
        ─────────────────────────────────────
         資産   ×××    負債    ×××
                       資本    ×××
              投下運用 ← 資金 → 調達源泉
```

このことから，資金運用表でいう資金の源泉項目と資金の運用項目を示すと次のようになります。

科　　　目	資金の運用（借方）	資金の源泉（貸方）
資　　　産	増　　加	減　　少
負　　　債	減　　少	増　　加
資　　　本	減　　少	増　　加

貸借対照表からわかるように源泉は右側，運用は左側です。したがって，比

較貸借対照表の各項目の有高増減は，①資産の増加は資金の投下運用を意味するので「運用」，これに対して資産の減少は投下運用した資金の回収を意味するので「源泉」，②負債・資本の増加は資金の調達であるから「源泉」，反対に負債・資本の減少（借入金返済，配当支払など）は資金の支出を意味するので「運用」となります。

作り方

最も簡単な資金運用表の作り方を説明しましょう。

いま製造業G社では，前期と今期の比較貸借対照表は次のようであったとします。

G社比較貸借対照表　　　　　　　（万円）

資産の部	前期	今期	負債純資産の部	前期	今期
流動資産			流動負債		
現金預金	2,400	3,280	買掛債務	2,520	3,800
売掛債権	3,300	6,300	短期借入金	3,700	3,500
棚卸資産	1,400	1,400	未払費用	250	400
前払費用	120	200	前受収益	50	70
未収収益	100	120	未払法人税等	100	100
			預り金	200	230
計	7,320	11,300	計	6,820	8,100
固定資産			固定負債		
有形固定資産	2,430	2,500	長期借入金	1,400	3,100
投資その他の資産	670	800	退職給付引当金	300	400
計	3,100	3,300	計	1,700	3,500
繰延資産	100	100	純資産		
			資本金	1,000	2,000
			利益準備金	250	300
			その他利益剰余金	750	800
			計	2,000	3,100
資産合計	10,520	14,700	負債純資産合計	10,520	14,700

この比較貸借対照表から各項目の有高増減を示すと次のようになります。

2章　流動性・収支の分析

比較貸借対照表　　　　　　　（単位：万円）

科目		前期	今期	(借)増　減(貸)	
				資金の運用	資金の源泉
資産	現金預金	2,400	3,280	880	
	売掛債権	3,300	6,300	3,000	
	棚卸資産	1,400	1,400		
	前払費用	120	200	80	
	未収収益	100	120	20	
	有形固定資産	2,430	2,500	70	
	投資その他の資産	670	800	130	
	繰延資産	100	100		
（合　計）		(10,520)	(14,700)		
負債・純資産	買掛債務	2,520	3,800		1,280
	短期借入金	3,700	3,500	200	
	未払費用	250	400		150
	前受収益	50	70		20
	未払法人税等	100	100		
	預り金	200	230		30
	長期借入金	1,400	3,100		1,700
	退職給付引当金	300	400		100
	資本金	1,000	2,000		1,000
	利益準備金	250	300		50
	その他利益剰余金	750	800		50
（合　計）		(10,520)	(14,700)		
増減合計				4,380	4,380

見方

　この表の増減欄をみると，今期においては買掛債務の増加をはじめ長期借入金増加，資本金増加など合計4,380万円の資金の源泉がある一方，売掛債権増加，現金増加，短期借入金減少など合計4,380万円の資金の運用があったことが示されております。この増減欄が最も基本的な資金運用表です。

　この資金の動きを短期資金と長期資金に分けてみると次のようになります。

資金運用表　　　　　　　　　　　　（単位：万円）

1. 短期資金

（運用）		（源泉）	
現金預金増加	800	買掛債務増加	1,280
売掛債権増加	3,000	未払費用増加	150
前払費用増加	80	前受収益増加	20
未収収益増加	20	預り金増加	30
短期借入金減少	200		
合　　計	4,180	合　　計	1,480
		差引運用超過	2,700

2. 長期資金

（運用）		（源泉）	
有形固定資産増加	70	長期借入金増加	1,700
投資その他の資産増加	130	退職給付引当金増加	100
		資本金増加	1,000
		利益準備金増加	50
		当期未処分利益増加	50
合　　計	200	合　　計	2,900
差引源泉超過	2,700		

評価

　このように短期資金と長期資金に分けてみると，G社の今期の資金繰りは短期資金のバランスが悪く2,700万円という多額の運用超過を生じたものの，長期資金においてとくに長期借入金増加1,700万円，増資1,000万円等があったため，長期資金に大幅な源泉超過が生じて，これが短期資金の不足に充当されていることがわかります。

2 流動性・収支の分析　3 資金収支　9 資金運用表（精算表）

意味

　前述の基本的な資金運用表では，各項目の有高増減を単純に借方＝資金運用，貸方＝資金源泉として区分しています。これでも短期資金，長期資金それぞれどのようなバランスをしているかはわかります。しかし，各項目の有高増減をよくみると，その有高増減を単純に「運用」もしくは「源泉」とみてよいかどうか疑問のあるものもでてきます。

　たとえば，有形固定資産については今期は前述に比べて70万円増加しているので，これを資金の運用としていますが，資金的にここで知りたいのは，設備資金をいくら投下したかということです。有形固定資産は毎期減価償却という手続によって，資金の支出に関係なく減額されるので，設備資金支出額を求めるには資金支出とは無関係の有高増減を振り戻してみることが必要となります。

　また，負債資本の増減をみると，最も重要な資金の源泉である経常利益が示されていない，利益処分による配当および役員賞与の支出がわからない，法人税等の支出がわからないなど，いろいろな問題点があることに気づきます。

　資金運用表（精算表）は，これらの問題を除去し，修正して，正しく資金の調達と運用を計算表示するために用いる表です。

作り方

　まず，資料としてＧ社の比較貸借対照表と今期の損益計算書を用意します。また，参考事項に掲げてあるように，①今期中に行われた前期利益処分，②今期の減価償却費や退職給付引当金繰入などいわゆる非資金取引を別途に資料として集めます。

　次に金額欄が8桁ある218頁の表のような精算表を用意します。前期Ｂ／Ｓ，今期Ｂ／Ｓならびに増減欄の記入は前述の基本的な資金運用表と同じですが，修正欄においては次のような修正仕訳を行い，これを転記します。

修正仕訳

① 経常利益を資金の源泉に計上する。

G社比較貸借対照表 （万円）

資産の部	前期	今期	負債純資産の部	前期	今期
流動資産			流動負債		
現金預金	2,400	3,280	買掛債務	2,520	3,800
売掛債権	3,300	6,300	短期借入金	3,700	3,500
棚卸資産	1,400	1,400	未払費用	250	400
前払費用	120	200	前受収益	50	70
未収収益	100	120	未払法人税等	100	100
			預り金	200	230
計	7,320	11,300	計	6,820	8,100
固定資産			固定負債		
有形固定資産	2,430	2,500	長期借入金	1,400	3,100
投資その他の資産	670	800	退職給付引当金	300	400
計	3,100	3,300	計	1,700	3,500
繰延資産	100	100	純資産		
			資本金	1,000	2,000
			利益準備金	250	300
			その他利益剰余金	750	800
			計	2,000	3,100
資産合計	10,520	14,700	負債純資産合計	10,520	14,700

G社損益計算書（万円）

科目	前期
売上高	12,600
営業費用	
売上原価	9,600
販売一般管理費	2,100
計	11,700
営業利益	900
営業外収益	300
営業外費用	700
経常利益	500
特別利益	
固定資産売却費	100
特別損失	
固定資産売却除却損	200
税引前当期純利益	400
法人税等充当額	160
当期純利益	240

（参考事項）　1．前期利益処分　利益準備金　　　　　　　　　　50万円
　　　　　　　　　　　　　　　　配当　　　　　　　　　　　140万円
　　　　　　　　　　　　　　　　計　　　　　　　　　　　　190万円
　　　　　　　2．今期減価償却費　　　　　　　　　　　　　　300万円
　　　　　　　3．今期退職給付引当金繰入　　　　　　　　　　150万円

　　　　　　　（借方）　　　　　　　　　　（貸方）

　　その他利益剰余金　　500万円　　経常利益　　500万円

　経常利益は本来の企業活動により獲得された最も重要な資金の源泉ですから，損益計算書をみてこれを精算表に明らかにします。

② 　固定資産売却益を資金の源泉に計上する。

　　　　　　　（借方）　　　　　　　　　　（貸方）

　　その他利益剰余金　　100万円　　固定資産売却益　　100万円

　次にP／Lの特別利益をみて，ここに計上されている固定資産売却益を資金の源泉に計上します。

③ 　固定資産売却除却損を有形固定資産に振り戻す。

— 216 —

（借方）		（貸方）	
有形固定資産	200万円	その他利益剰余金	200万円

　次にＰ／Ｌの特別損失をみて，ここに計上されている固定資産売却除却損を振り戻します。固定資産売却除却損は非資金取引で，資金とは無関係に有形固定資産を評価し減額したものですから，これを振り戻して設備資金支出を明らかにすることが必要です。

④　法人税等充当額を未払法人税等から振り戻す。

（借方）		（貸方）	
未払法人税等	160万円	その他利益剰余金	160万円

　法人税等充当額を引当計上すると処分可能利益（剰余金）が減って未払法人税等の負債が増加します。しかし，この引当計上という取引は非資金取引ですから，これを振り戻すことによって，今期に支出した法人税等の額が精算表上において明らかにされます。

⑤　前期の利益処分によって生じた利益準備金への繰入を振り戻し，同時に配当を明らかにする。

（借方）		（貸方）	
利益準備金	50万円	その他利益剰余金	190万円
配当	140万円		

　前期利益処分は今期において行われます。このうち法定準備金の積増しは非資金取引ですからこれを振り戻すと同時に，配当の社外流出を精算表の上で明らかにします。

⑥　減価償却による有形固定資産の減少を振り戻す。

（借方）		（貸方）	
有形固定資産	300万円	減価償却費	300万円

　減価償却は非資金取引です。この仕訳は減価償却による有形固定資産の減少を振り戻し，減価償却費を資金の源泉に計上します。償却前利益（経常利益＋減価償却費）を資金の源泉とするためです。

⑦　退職給付引当金繰入による退職給付引当金の増加を振戻す。

	（借方）		（貸方）
退職給付引当金	150万円	退職給付引当金繰入	150万円

　退職給付引当金繰入も非資金取引ですから振り戻します。退職給付引当金繰入を資金の源泉とするのは，償却前引当前利益（経常利益＋減価償却費＋退職給付引当金繰入）を実質利益として資金の源泉に示すためです。以上の修正仕訳によって資金の源泉と運用を明らかにしたのが，精算表における資金欄です。

資金運用表（精算表）　　　　　（単位：万円）

科　目	前期 B/S	今期 B/S	増減 借方	増減 貸方	修正 借方	修正 貸方	資金 運用	資金 源泉
資　産　現金預金	2,400	3,280	880				880	
売掛債権	3,300	6,300	3,000				3,000	
棚卸資産	1,400	1,400						
前払費用	120	200	80				80	
未収収益	100	120	20		③ 200		20	
有形固定資産	2,430	2,500	70		⑥ 300		570	
投資その他の資産	670	800	130				130	
繰延資産	100	100						
（合計）	(10,520)	(14,700)						
負債・資本　買掛債務	2,520	3,800		1,280				1,280
短期借入金	3,700	3,500	200				200	
未払費用	250	400		150				150
前受収益	50	70		20				20
未払法人税等	100	100			④ 160		160	
預り金	200	230		30				30
長期借入金	1,400	3,100		1,700				1,700
退職給付引当金	300	400		100	⑦ 150		50	
資本金	1,000	2,000		1,000				1,000
利益準備金	250	300		50	⑤ 50			
当期未処分利益	750	800		50	① 500	③ 200		
					② 100	④ 160		
						⑤ 190		
（合計）	(10,520)	(14,700)						
修　正　経常利益						① 500		500
固定資産売却益						② 100		100
減価償却費						⑥ 300		300
退職給付引当金繰入						⑦ 150		150
配当					⑤ 140		140	
合　計			4,380	4,380	1,600	1,600	5,230	5,230

2 流動性・収支の分析　3 資金収支　10 資金運用表（正味運転資本型）

意味

正味運転資本とはNet Working Capitalの訳語で,「正味運転資本＝資本＋固定負債－固定資産（含繰延資産）」によって計算されます。

つまり右のB/S図における斜線の部分によって計算されます。

正味運転資本はまた「正味運転資本＝流動資産－流動負債」ですが,考え方として,「正味運転資本＝純資産＋固定負債－固定資産」とする理由はおよそ次のようです。

すなわち,企業の経営においてはまず安定的な長期資本（純資産＋固定負債）の調達が必要とされます。この長期資本を固定資産に投資して企業の基礎を作りますが,しかし長期資本をすべて固定資産に投資したのでは安定的な生産販売資金はなくなるので,これを全部使用せず,安定的生産販売資金として相当額を運転資本として残します。これが正味運転資本です。

「資金＝正味運転資本」という考え方によると,正味運転資本の増加は資金の流動性の上昇をもたらし,その減少は資金の固定化,つまり流動性の低下を招くことになるので,簡潔に資金繰りと支払能力を評価することができるとされます。しかし,単純に正味運転資本が増えればよいと考えることは危険です。

作り方

精算表の資金欄から,「正味運転資本＝純資産＋固定負債－固定資産」として,正味運転資本の源泉と運用を「資金」の源泉と運用に対比して示します。

なお,この表では税込みの経常利益を資金の源泉としているため,法人税等は広義の利益処分として運用に表示します。

次に流動資産と流動負債の項目（ただし流動負債から未払法人税を除く）の増

減額を正味運転資本の増加となるもの，減少となるものとに振り分けて，これを「正味運転資本増加（または減少）の明細」として表示します。

[評価]

この正味運転資本型の資金運用表では，上欄の「資金」は長期資金のバランスを，下欄の「正味運転資本増加の明細」は短期資金のバランスを表します。

上欄の「資金」では資本金や長期借入金などの長期安定資金が著しく増加しており，資金繰りはかなり良いようにみえますが，下欄の「正味運転資本増加の明細」では短期資金のバランスが異常で，とくに売掛債権が3,000万円も増加しています。今期末の売掛債権は6,300万円で月平均売上高1,050万円（12,600万円÷12）の6カ月分もあり，今期においては相当無理な，異常な販売が行われたことがわかります。このように分析すると，単純に正味運転資本が増加したから資金繰りと支払能力は良いとは評価できません。むしろ短期資金のバランスに相当問題があり，これを長期資金にしわよせしたとみるべきでしょう。

資金運用表（正味運転資本型）　　（単位：万円）

（運用）			資　　金		（源泉）
設備関係			経常利益		500
有形固定資産増加		570	支払の生じない費用		
決算関係			減価償却費	300	
法人税等	160		退職給付引当金繰入	<u>150</u>	450
配当	<u>140</u>	300	固定資産売却益		100
投資その他の資産増加		130	資本金増加		1,000
退職給付引当金支出		50	長期借入金増加		1,700
合　　　計		1,050	合　　　計		3,750
差引源泉超過(正味運転資本増加)		2,700			

(増加)	正味運転資本増加の明細		(減少)
流動資産増加		流動負債増加	
現金預金　　880		買掛債務　1,280	
売掛債権　3,000		未払費用　　150	
前払費用　　 80		前受収益　　 20	
未収収益　　 20	3,980	預り金　　　 30	1,480
流動負債減少			
短期借入金	200		
合　　計	4,180	合　　計	1,480
		差引正味運転資本増加	2,700

2 流動性・収支の分析　3 資金収支　11 資金運用表（三部制①）

意味

資金を①基礎資本，②運転資本，③財務資本の3種に区分し，それぞれの源泉と運用を対比したのが，三部制の資金運用表です。この三部制の資金運用表には2通りの型がありますが，三部制①では，経常利益や支払の生じない費用など，いわゆるキャッシュフロー，実質利益を基礎資本の源泉としている点に特徴があります。

作り方

資本金の増加をはじめ長期借入金増加（または減少），短期借入金の増加（または減少）などは，「財務資本」に集約すると三部制資金運用表ができあがります。

評価

まず，基礎資本では源泉1,050万円，運用1,050万円でトントンになります。この基礎資本の源泉はいわゆる自己金融とか内部資金といわれるもので，自己金融で基礎資本の運用はカバーできたことを意味します。

次に運転資本は，源泉1,480万円に対し運用は3,100万円と，1,620万円の著しい運用超過となっており，とくに売掛債権の異常な増加が原因と考えられ，販売のあり方，仕入のあり方などが問題です。

財務資本では，この運転資本運用超過1,620万円のほか短期借入金が200万円減少し，運用合計1,820万円に対し，資本金増加1,000万円，長期借入金1,700万円，合計2,700万円の源泉によりカバーし，差し引き880万円の現金預金増加となりました。

現金預金が増えたことは一見，支払能力が向上したようにみえますが，A社の借入金は長期・短期を合わせると今期末残高は6,600万円と月商の6カ月分以上となっており，その結果，固定性の債務者預金もかなり増えているものと考えられます。むしろ借入過大で，支払能力に問題があるといえるでしょう。

2章　流動性・収支の分析

資金運用表（三部制①）　　　　　　（単位：万円）

(運用)	1　基礎資本			(源泉)	
設備関係			経常利益		500
有形固定資産増加		570	支払の生じない費用		
決算関係			減価償却費	300	
法人税等	160		退職給付引当金繰入	150	450
配当	140	300	固定資産売却益		100
投資その他の資産増加		130			
退職給付引当金支出		50			
合計		1,050	合計		1,050
差引源泉超過		0			

(運用)	2　運転資本	(源泉)	
流動資産増加		流動負債増加	
売掛債権	3,000	買掛債務	1,280
前払費用	80	未払費用	150
未収収益	20	前受収益	20
		預り金	30
合計	3,100	合計	1,480
		差引運用超過	1,620

(運用)	3　財務資本	(源泉)	
運転資本運用超過	1,620	資本金増加	1,000
短期借入金減少	200	長期借入金増加	1,700
合計	1,820	合計	2,700
差引源泉超過(現金預金増加)	880		

2 流動性・収支の分析　3 資金収支　12 資金運用表（三部制②）

[意味]

　この資金運用表では資金を①運転資本，②基礎資本，③財務資本とし，経常利益や支払の生じない費用など，いわゆるキャッシュフロー，実質利益を運転資本の源泉に表示し，また，キャッシュフロー以外の諸項目は経常収支に関連する項目とします。この結果，経常外収支に関連する預り金は，運転資本からはずされますが，退職給付引当金の取崩しによる退職金支払は経常支出（人件費支払）ですから運転資本の運用に表示します。

　このようにすると，運転資本の源泉超過は経常収支の収入超過を，また，その運用超過は経常収支の支払超過を表します。

[作り方]

　三部制①の資金運用表から基礎資本，運転資本の順序を逆にし，かつ，上記のように運転資本の源泉，運用を再編成すると三部制②の資金運用表ができあがります。

[評価]

　まず運転資本では源泉2,400万円に対し運用3,150万円で，差し引き750万円の運用超過になりますが，これは経常収支の支払超過を表します（195頁経常収支を参照）。今期のG社は本来の企業活動から資金を得られなかったことを意味し，とくに売掛債権の著しい増加から販売には相当問題があると考えられます。

　次に基礎資本では源泉130万円に対し運用1,000万円と，差し引き870万円の運用超過となりますが，ここは，よほどの資産売却益がないかぎり，ふつうはかなりの運用超過になります。ただ，このケースでは，運転資本が著しい運用超過の中で，設備や決算にこれだけ資金を支出してよいかどうか，という問題はあります。

　財務資本では，上記の運転資本運用超過，基礎資本運用超過等を，増資や長期借入金でカバーしていますが，三部制①において説明したように，借入過大という問題点を指摘しなければならないと思います。

2章　流動性・収支の分析

　以上，資金運用表については，正味運転資本型，三部制①，三部制②などをみてきましたが，この中で最後の三部制②では，運転資本の部において企業活動の収支である経常収支差額が明らかになるので，資金繰りと支払能力の評価に便利です。また，間違いのない判断ができると考えられます。

資金運用表（三部制②）　　　　（単位：万円）

（運用）	1　運転資本		（源泉）
売掛債権増加	3,000	経常利益	500
前払費用増加	80	支払の生じない費用	
未収収益増加	20	減価償却費　　300	
退職給付引当金支出	50	退職給付引当金繰入　150	450
		買掛債務増加	1,280
		未払費用増加	150
		前受収益増加	20
合計	3,050	合計	2,400
		差引運用超過	750

（運用）	2　基礎資本		（源泉）
設備関係		固定資産売却益	100
有形固定資産増加	570	預り金増加	30
決算関係			
法人税等　　160			
配当　　　　140	300		
その他			
投資その他の資産増加	130		
合計	1,000	合計	130
		差引運用超過	870

（運用）	3　財務資本		（源泉）
運転資本運用超過	750	資本金増加	1,000
基礎資本運用超過	870	長期借入金増加	1,700
短期借入金減少	200		
合計	1,820	合計	2,700
差引源泉超過（現金預金増加）	880		

2 流動性・収支の分析　3 資金収支　13 資金移動表

[意味]

資金移動表は，財務諸表を分析し，間接的に作成される資金表で広義には資金運用表の一種です。資金運用表と異なる点は，資金の動きを収支両建で表示する点にあります。しかし，資料の関係からすべての項目を収支両建にすることはできませんが，経常収支だけは必ず収支両建とします。

運転資本から経常収支へ　　　　（単位：万円）

（手順1）

（運用）	運転資本（資金運用表より）		（源泉）
売掛債権増加	3,000	経常利益	500
前払費用増加	80	支払の生じない費用	
未収収益増加	20	減価償却費　　　300	
退職給付引当金支出	50	退職給付引当金繰入　150	450
		買掛債務増加	1,280
		未払費用増加	150
		前受収益増加	20
合計	3,150	合計	2,400
		差引運用超過	750

（手順2）経常利益を損益両建とする

（運用）	運転資本（損益両建）		（源泉）
営業費用	11,700	売上高	12,600
営業外費用	700	営業外収益	300
売掛債権増加	3,000	支払いの生じない費用	
前払費用増加	80	減価償却費　　　300	
未収収益増加	20	退職給付引当金繰入　150	450
退職給付引当金支出	50	買掛債務増加	1,280
		未払費用増加	150
		前受収益増加	20
合計	15,550	合計	14,800
		差引運用超過	750

（手順3）収入支出に再編成する

（支出）	経常利益		（収入）	
費用支払			売上収入	
費用			売上高	12,600
営業費用	11,700		売掛債権増加	△3,000　9,600
営業外費用	700　12,400		営業外収入	
支払の生じない費用			営業外収益	300
減価償却費	300		未収収益増加	△20
退職給付引当金繰入	150　△450		前受収益増加	20　300
前払費用増加	80			
買掛債務増加	△1,280			
未払費用増加	△150			
退職給付引当金支出	50			
合計	10,650		合計	9,900
			差引支払超過	750

作り方

　資金移動表は資金運用表から簡単に作成することができます。資金運用表（三部制②）の「運転資本」のうち，経常利益を損益両建とし，これを収入，支出に再編成すると「運転資本」は経常収支となりますが，そのプロセスは次の「運転資本から経常収支へ」に示したとおりです。それに続く設備などの収支，財務収支は，前述の資金運用表の基礎資本，財務資本です。

評価

　まず経常収支では経常収入9,900万円，経常支出10,650万円で差し引き750万円の支払超過となり，最も基本的で重要な収支が赤字であったことを示します。なお，経常収支比率は，

$$経常収支比率 = \frac{経常収入9,900万円}{経常支出10,650万円} \times 100 = 93.0\%$$

となります。

　次に設備などの収支も870万円の支払超過となり，財務収支において上述の2つの支払超過を増資や長期借入金でカバーしていますが，これらの問題点についてはすでに資金運用表（三部制②）で説明したとおりです。

資金移動表　　　　　　　　（単位：万円）

1　経常利益

(支出)			(収入)		
費用支払			売上収入		
費用			売上高	12,600	
営業費用	11,700		売掛債権増加	△3,000	9,600
営業外費用	700	12,400	営業外収入		
支払の生じない費用			営業外収益	300	
減価償却費	300		未収収益増加	△20	
退職給付引当金繰入	150	△450	前受収益増加	20	300
前払費用増加		80			
買掛債務増加		△1,280			
未払費用増加		△150			
退職給付引当金支出		50			
合計		10,650	合計		9,900
			差引支払超過		750

2　設備などの収支

(支出)			(収入)	
設備関係			固定資産売却益	100
有形固定資産		570	預り金増加	30
決算関係				
法人税等	160			
配当	140	300		
その他				
投資その他の資産増加		130		
合計		1,000	合計	130
			差引支払超過	870

3　財務収支

(支出)		(収入)	
経常収支支払超過	750	資本金増加	1,000
設備投資の収支支払超過	870	長期借入金増加	1,700
短期借入金減少	200		
合計	1,820	合計	2,700
差引収入超過（現金預金増加）	880		

2 流動性・収支の分析　3 資金収支　14 収支分岐点

意味

利益計画，利益管理に損益分岐点があるように，資金計画，資金管理にも収支分岐点というものを考えることができます。すなわち，収支分岐点とは狭義には経常収入と経常支出が等しくなる点の売上高ですが，広義には，ある売上高のときに経常収支はどのようになるか，借入金返済などの経常外支出をまかなえるか，など，資金繰りの基本を問題にし，支払能力の有無を考えようとするものです。

売上収入と費用支払の算式

① 売上収入

売上収入はすでに経常収支や資金移動表で述べたとおり，

　　売上収入＝売上高－（期末売掛債権－期首売掛債権）

です。

売上収入を計画する場合，期首売掛債権は既定の額ですが，期末売掛債権は回転期間分の残高になると考えられるので，仮に売掛債権回転期間が4.2月とすると，期末売掛債権は計画売上高の $\frac{4.2}{12}=35\%$ に相当する有高となります。そこで上式は，

　　売上収入＝売上高－（売上高×売掛債権発生率－期首売掛債権）
　　　　　　＝売上高×（1－売掛債権発生率）＋期首売掛債権

として計算することができます（営業外収入については金額的重要性からここでは説明を省略いたします）。

② 費用支払

費用支払についても経常収支や資金移動表で述べたとおりですが，金額的重要性から次のように集約したいと思います。すなわち，

　　費用支払＝費用－支払の生じない費用
　　　　　　＋（期末棚卸資産－期首棚卸資産）
　　　　　　－（期末買掛債務－期首買掛債務）

この式において費用は，損益分岐点でみたように変動費と固定費に分けられます。また，期首棚卸資産や期首買掛債務はいずれも既定の額ですが，期末棚卸資産や期末買掛債務は回転期間分の有高になるとみられます。したがって，年間売上高に対する在庫資金の発生率，買掛債務の発生率がわかれば計算することが可能です。そこで費用支払の計算式は，

　　費用支払＝売上高×変動費率＋固定費－支払の生じない費用
　　　　　　＋（売上高×在庫資金発生率－期首棚卸資産）
　　　　　　－（売上高×買掛債務発生率－期首買掛債務）

とすることができます。さらに，これを要約して，

　　費用支払＝売上高×（変動費率＋在庫資金発生率＋買掛債務発生率）＋｛固定費－支払の生じない費用－（期首棚卸資産－期首買掛債務）｝

と表されます。

収支（資金）図表の作り方

　簡単な設例で収支分岐点を説明しましょう。

〈設例1〉

　J社では売掛債権回転期間などは次のとおりです。

売掛債権回転期間 $\left(\dfrac{売掛債権}{売上高（月）}\right)$ ＝4.2月

　　ゆえに年売上高に対する売掛債権発生率＝$\dfrac{4.2}{12}$＝35％

棚卸資産「回転期間」$\left(\dfrac{棚卸資産}{売上高（月）}\right)$＝2.1月（売上の2.1月分の資金）

　　ゆえに年売上高に対する在庫資金発生率＝$\dfrac{2.1}{12}$＝17.5％

買掛債務「回転期間」$\left(\dfrac{買掛債務}{売上高（月）}\right)$＝1.5月（売上の1.5月分の資金）

　　ゆえに年売上高に対する買掛債務発生率＝$\dfrac{1.5}{12}$＝12.5％

期首売掛債権＝3,000万円
期首棚卸資産＝2,200万円
期首買掛債務＝1,500万円

2章 流動性・収支の分析

変動費率 $\left(\dfrac{変動費}{売上高}\right) = 70\%$

固定費（年）＝2,000万円

支払の生じない費用（年）＝300万円

このケースで年売上高9,000万円の場合，また12,000万円の場合の経常収支はどのようになりますか。なお営業外収入は0とします。また，収支（資金）図表を作成し，収支分岐点を示しなさい。

〈答〉

① 売上高9,000万円の場合

売上収入＝売上高×（1－売掛債権発生率）＋期首売掛債権

により，

売上収入＝9,000万円×（1－35％）＋3,000万円＝8,850万円

次に，

費用支払＝売上高×(変動費率＋在庫資金発生率－買掛債務発生率)＋｛固定費－支払の生じない費用－（期首棚卸資産－期首買掛債務）｝

により，

費用支払＝9,000万円×（70％＋17.5％－12.5％）
　　　　　＋｛2,000万円－300万円－（2,200万円－1,500万円）｝
　　　　＝9,000万円×75％＋1,000万円＝7,750万円

ゆえに売上収入8,850万円－費用支払7,750万円＝1,100万円（収入超過）

② 売上高12,000万円の場合

売上収入＝12,000万円×（1－35％）＋3,000万円＝10,800万円

費用支払＝12,000万円×75％＋1,000万円＝10,000万円

ゆえに売上収入10,800万円－費用支払10,000万円＝800万円（収入超過）

③ 収支（資金）図表

以上の計算結果をグラフに表すと，次の収支（資金）図表となります。収支分岐点は売上収入と費用支払の等しくなる点の売上高で，それはこの図から20,000万円ですが，この場合の売上収入と費用支払とそれぞれ16,000万円です。

売上収入20,000万円×（1－35％）＋3,000万円＝16,000万円

費用支払＝20,000万円×75％＋1,000万円＝16,000万円

参考までに損益分岐点を試算すると，

$$損益分岐点 = \frac{固定費2,000万円}{1-変動費率70％} = 6,667万円$$

です。一般に製造業では設備能力から，損益分岐点の2倍ぐらいが生産能力の

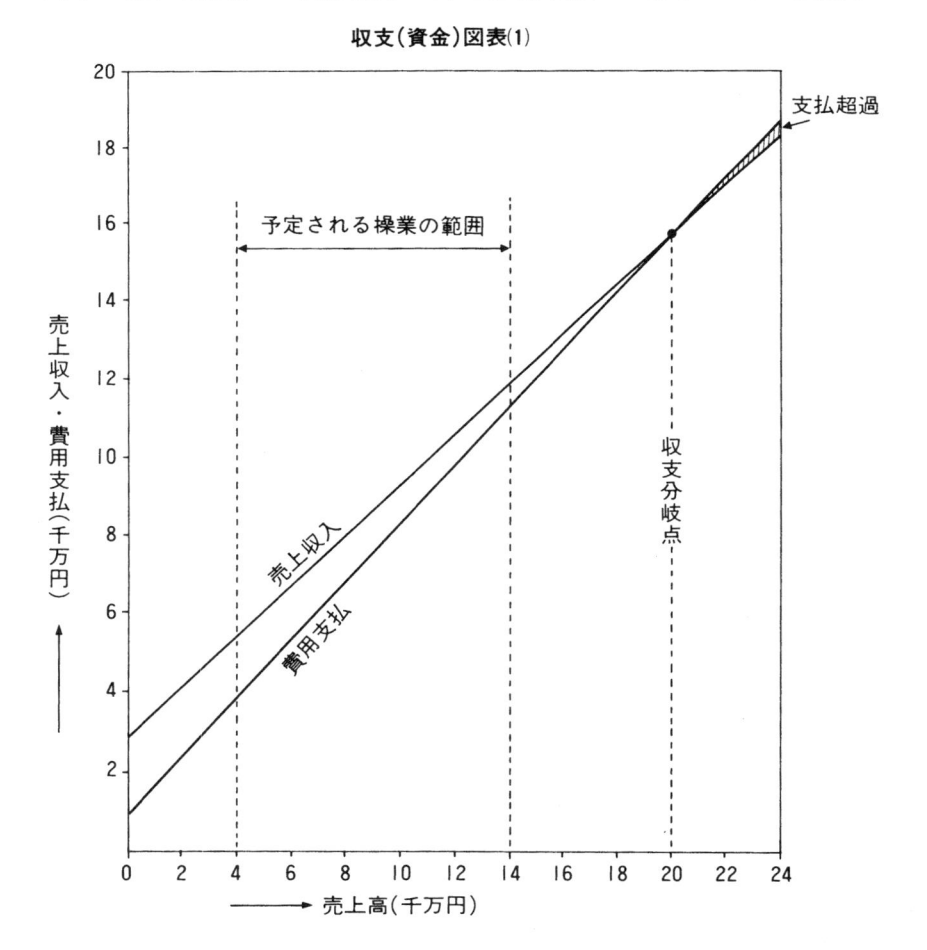

収支(資金)図表(1)

限度と考えられるので，予定される操業の範囲ではとくに経常収支が赤字になることはありませんが，経常収支差額は次第に縮小することがわかります。

〈設例2〉

前述の例では売上高が増加するに従って経常収支差額は減少しますが，これと反対のケースもあります。

K社では販売はすべて現金売りですが，棚卸資産「回転期間」などは次のとおりです。

　棚卸資産「回転期間」＝2.1月

　　　ゆえに在庫資金発生率＝$\frac{2.1}{12}$＝17.5％

　買掛債務「回転期間」＝1.5月

　　　ゆえに買掛債務発生率＝$\frac{1.5}{12}$＝12.5％

　期首棚卸資産＝2,200万円

　期首買掛債務＝1,500万円

　変動費率$\left(\frac{変動費}{売上高}\right)$＝85％

　固定費（年）＝2,000万円

　支払の生じない費用（年）＝300万円

このケースで年売上高9,000万円の場合，また12,000万円の場合の経常収支はどのようになるか。また，収支（資金）図表を作成し，収支分岐点を示しなさい。

〈答〉

① **売上高9,000万円の場合**

　売上収入＝9,000万円

　費用支払＝9,000万円×（85％＋17.5％－12.5％）
　　　　　＋｛2,000万円－300万円－（2,200万円－1,500万円）｝
　　　　＝9,000万円×90％＋1,000万円＝9,100万円

② **売上高12,000万の場合**

　売上収入＝12,000万円

費用支払＝12,000万円×90％＋1,000万円＝11,800万円

③ 収支（資金）図表

以上の計算結果をグラフに表すと次図のようになりますが，このケースでは売上高が増えるに従って経常収支差額が増加します。

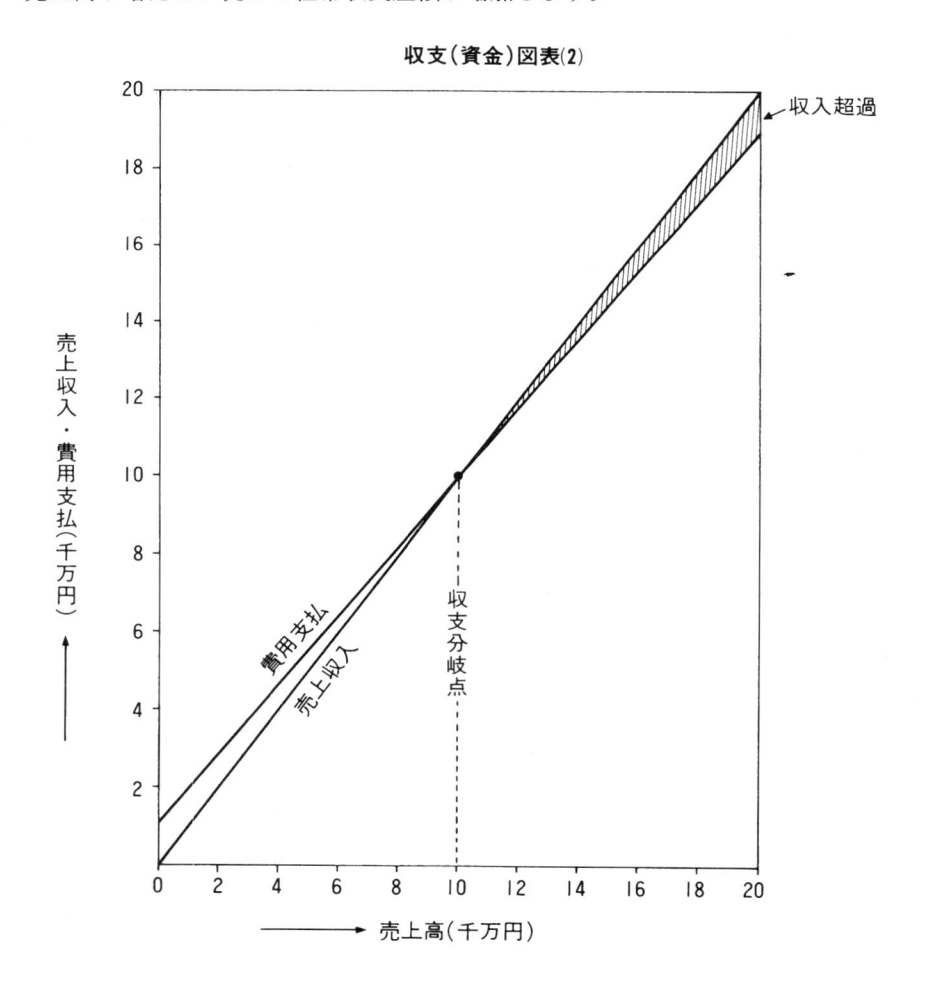

収支（資金）図表(2)

3章

キャッシュフロー分析

3 キャッシュフロー分析　1 キャッシュフロー計算書

[意味]

　キャッシュフロー計算書は、広義には資金表の一種ですが、新会計基準では正規の財務諸表として貸借対照表、損益計算書と同格に格上げされました。

　ここに記載されるキャッシュフロー情報は、①営業活動によるキャッシュフロー、②投資活動によるキャッシュフロー、③財務活動によるキャッシュフロー、に区分されますが、これらの情報から、新たにキャッシュフローに関連する収益性指標・流動性指標などの分析が行われるようになりました。

[作り方]

　作り方の基本は資金運用表や資金移動表と同じです。ただし、項目の区分が若干違います。具体的には資金運用表・資金移動表で示される決算関係支出を組み替えるのです。

```
　　資金運用表・資金移動表　　　　　　キャッシュフロー計算書
　　決算関係支出 ─┬─ 法人税等 ────────→ 営業活動によるキャッシュフロー
　　　　　　　　　└─ 配当金 ─────────→ 財務活動によるキャッシュフロー
```

　国際会計基準では法人税等は広義の営業上コストとされています。また役員賞与も広義の人件費ですから新基準でもこれを踏襲しています。ただし配当金は損益の算定に含まれない財務活動項目とします。

　以上により、一例として前章の資金運用表（三部制②）（224頁）からキャッシュフロー計算書を作成してみると次のとおりになります（配当および役員賞与140万円は、配当100万円・役員賞与40万円とします）。

3章　キャッシュフロー分析

キャッシュフロー計算書		（単位：万円）
営業活動によるキャッシュフロー		
経常利益（税引前利益）		500
減価償却費	300	
退職給付引当金繰入	150	450
売掛債権増加		△3,000
前払費用増加		△80
未収収益増加		△20
買掛債務増加		1,280
未払費用増加		150
前受収益増加		20
退職給付引当金支出		△50
法人税等	△160	△910
投資活動によるキャッシュフロー		
固定資産売却益	100	
預り金増加	30	
有形固定資産増加	△570	
投資等増加	△130	△570
財務活動によるキャッシュフロー		
資本金増加	1,000	
長期借入金増加	1,700	
短期借入金減少	△200	
配当金支払	△140	2,360
差引現金及び現金同等物増加額		880

（注）新基準では，営業キャッシュフローの表示について上記のように純額で示す方法を「間接法」といいます。これに対して総額（収支両建）で示す方法を「直説法」といいます（ここでは省略します）。
　　なお，現金及び現金同等物の定義については，序章「新会計基準の影響」を参照してください。

〔見方〕
① 営業活動によるキャッシュフロー

　営業活動は，企業の主たる収益獲得活動です。これによって生ずるキャッシュフローは外部からの資金調達に頼ることなく，営業を維持し，借入金を返済し，配当を支払い，さらに新規投資を行うために，十分な資金を獲得したかを示す重要な指標です。

② 投資活動によるキャッシュフロー

　投資活動は，現金同等物に含まれない長期資産及びその他の投資の取得と処分です。投資活動によって生ずるキャッシュフローは，将来の利益及びキャッシュフローを獲得するために，どの程度の支払が行われたかを示します。

③ 財務活動によるキャッシュフロー

　財務活動は，企業の株主持分および借入金に変動をもたらします。財務活動によって生ずるキャッシュフローは，企業の資金提供者が将来のキャッシュフローに対する請求権を予測するうえで有用とされます。

④ フリーキャッシュフロー（純現金収支）

　キャッシュフロー計算書の区分は以上のとおりですが，より分析的な観点から「フリーキャッシュフロー」を掴みます。これは営業活動によるキャッシュフローから投資活動によるキャッシュフローを差引いたもので，現金の出入りでみた純粋の儲けです。フリーキャッシュフローが赤字なら企業は有利子負債を増やすか，新株式を発行するか，手元資金を取崩さなければなりません。

3章　キャッシュフロー分析

3 キャッシュフロー分析　2 収益性関連指標　1 営業キャッシュフローマージン

算式

$$営業キャッシュフローマージン（％）＝\frac{営業キャッシュフロー}{売上高（または売上収入）}\times 100$$

算式の意味

これは営業活動によるキャッシュフローを売上高または売上収入で割ったもので，売上高経常利益率のキャッシュフロー版ともいえるものです。企業本来の営業力による現金獲得力をみようとするものです。

評価

この比率はできるだけ高い方が良いことはいうまでもありませんが，どの程度の高さが望ましいかは，業種によってもかなりその水準が異なるので一概にいうことはできません。

評価の方法としては，同業他社に比べて高いか低いか，あるいは自社の前期，前々期と比較して高くなったのか，低くなったのか，という比較が重要となります。

チェックポイント

①営業キャッシュフローマージンは，資金移動表の経常収支差額からさらに法人税等と役員賞与が控除された厳しい評価であることに留意する。

②営業キャッシュフローマージンは，売上高自体の増減とともに運転資金つまり売掛債権，棚卸資産，買掛債務などの増減に左右されるので，とくに運転資金の増減に留意する。

関連比率

（売上高）経常利益率(52頁)，経常収支比率(193頁)，運転資金回転期間(191頁)を参照。

営業キャッシュフローマージン
（営業キャッシュフロー・売上収入比率） （単位：％）

区　分	調査年度（連結決算）				
	2008年	2009年	2010年	2011年	2012年
全産業	6.1	9.8	8.7	6.6	7.2
製造業	5.4	9.7	8.4	6.0	7.1
建設業	1.0	3.4	4.6	4.8	4.2
卸売業	4.2	5.6	3.3	3.3	3.9
小売業	4.2	5.1	4.8	5.4	4.3

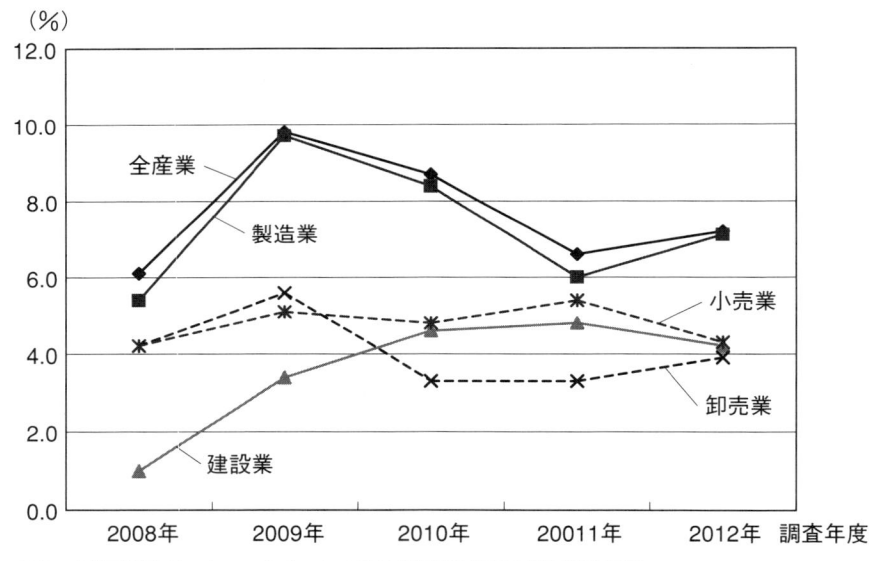

出所：産業別財務データハンドブック（日本政策投資銀行設備投資研究所）

3 キャッシュフロー分析　2 収益性関連指標　2 フリーキャッシュフロー対売上高比率

【算式】

$$フリーキャッシュフロー対売上高比率(\%) = \frac{フリーキャッシュフロー}{売上高（または売上収入）} \times 100$$

【算式の意味】

　これは現金の出入りでみた純粋の儲けであるフリーキャッシュフローを，売上高または売上収入で割ったもので，売上高当期利益率のキャッシュフロー版ともいえるものです。企業本来の現金利益の獲得力をみようとするものです。

【評価】

　この比率も前述の営業キャッシュフローマージンと同様に高いほうが良いことはいうまでもありません。しかし，どの程度の高さが望ましいかは，一概にいうことはできません。

　評価の方法としては，同業他社との比較，あるいは自社の前期・前々期比較などが重要になります。

【チェックポイント】

①営業キャッシュフローマージンが高くても，投資活動が積極的な場合にはフリーキャッシュフローは赤字（マイナス）となる場合もあるので，投資キャッシュフローに留意する。

②年度ごとに投資活動の高低があるので，できるだけ時系列でみるようにする。

【関連比率】

　（売上高）当期利益率（54頁），営業キャッシュフローマージン（239頁）を参照。

フリーキャッシュフロー対売上高比率
（営業・投資キャッシュフロー売上収入比率）　　　　　　　　　　（単位：％）

区　分	調査年度（連結決算）				
	2008年	2009年	2010年	2011年	2012年
全産業	▲0.7	3.4	3.1	0.5	0.6
製造業	▲1.4	3.4	3.3	0.1	0.5
建設業	▲0.9	2.1	3.7	3.0	2.4
卸売業	0.6	3.8	0.2	▲0.6	0.0
小売業	0.5	1.8	1.9	1.5	▲0.1

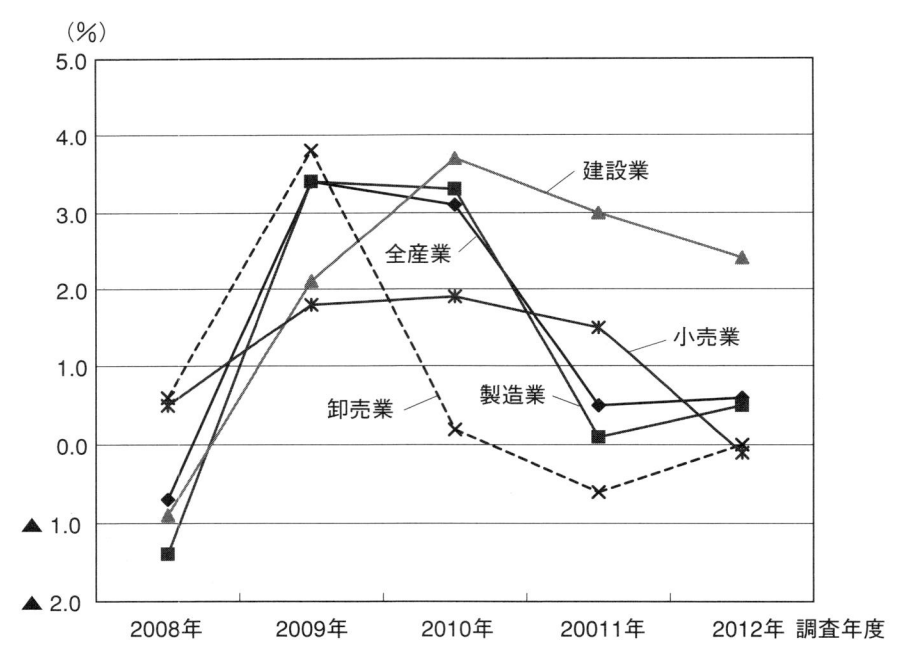

出所：産業別財務データハンドブック（日本政策投資銀行設備投資研究所）

3 キャッシュフロー分析　2 収益性関連指標　3 利益構成比率

【算式】

$$利益構成比率（\%）＝\frac{当期純利益}{当期純利益＋減価償却費}\times 100$$

【算式の意味】

　分母の税引後償却前利益（当期純利益＋減価償却費）も一種のキャッシュフローです。この算式は営業キャッシュフローを絞り込んで，その基本である税引後償却前利益のうち，当期純利益の割合をみようとするものです。

【評価】

　利益構成比率は，一部には40％ぐらい（したがって利益4：減価償却費6）が望ましいとする考え方もあります。しかしこれは業種によってかなり差があり，労働集約型の業種では減価償却割合が低いため，利益構成比率は相対的に高くなりますが，装置産業では減価償却割合が高くなり，利益構成比率は相対的に低くなる傾向があります。したがって，業種の比較が重要となります。

【チェックポイント】

○業種の特性とともに各期間の収益性の高低に留意する。

【関連比率】

　（売上高）当期利益率（54頁），（売上高）減価償却費率（63頁）を参照。

利益構成比率（純利益・減価償却費構成比率）(2012年度)

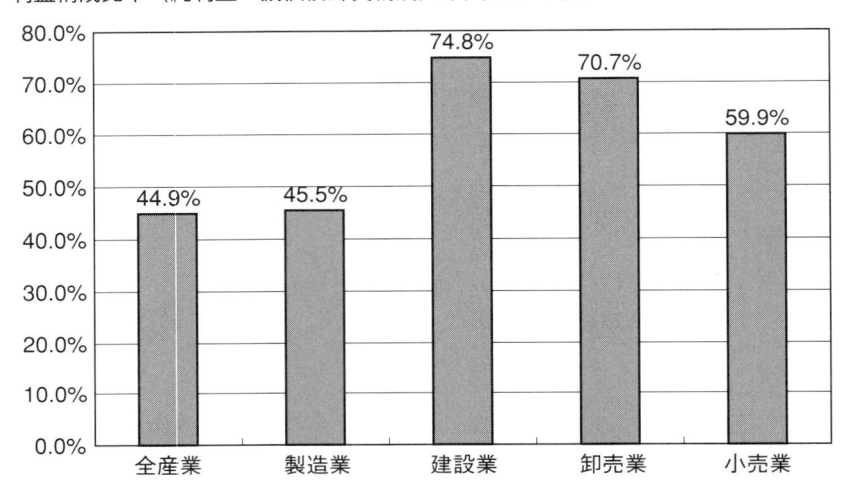

区分	比率
全産業	44.9%
製造業	45.5%
建設業	74.8%
卸売業	70.7%
小売業	59.9%

出所：産業別財務データハンドブック（日本政策投資銀行設備投資研究所）

3 キャッシュフロー分析　2 収益性関連指標　4 EBITDA構成比率

〔算式〕

（Ⅰ）　純利益構成比率（％）＝ $\dfrac{純利益}{EBITDA} \times 100$

（Ⅱ）　減価償却費構成比率（％）＝ $\dfrac{減価償却費}{EBITDA} \times 100$

〔算式の意味〕

EBITDAとは，Earning Before Interest, Taxes, Depreciation and Amortizationの略で，イービットディーエーと読みます。要するに償却前・利子支払前・税引前利益のことで，キャッシュ利益ともいいます。このEBITDAも一種のキャッシュフローで，上記の算式はその構成割合をみようとするものです。

〔評価〕

一概に高低の可否を論じられません。業種や各年度の収益性によってかなり変化するので，同業他社との比較，自社の時系列比較などが重要です。

〔チェックポイント〕

○業種の特性と共に各期間の収益性の高低に留意する。

〔関連比率〕

利益構成比率（243頁）を参照。

3 キャッシュフロー分析　2 収益性関連指標　5 キャッシュフロー版PER

[算式]

$$\text{キャッシュフロー版PER（株価収益率）（倍率）} = \frac{\text{株価}}{\text{1株当り営業キャッシュフロー}}$$

ただし，

$$\text{1株当り営業キャッシュフロー} = \frac{\text{営業キャッシュフロー}}{\text{発行済株式数}}$$

（注）分母は営業キャッシュフローに換えてフリーキャッシュフローとする場合もある。
なおPERはPrice Earnings Ratioの略で，株価収益率を示す。

[算式の意味]

普通，PER（株価収益率）は株価が1株当り利益（純利益・税引後利益）の何倍になっているかを示す指標です。これに対してキャッシュフロー版PERは，1株当り利益の代わりに1株当り営業キャッシュフロー（またはフリーキャッシュフロー）で割出すものです。

[評価]

何倍が妥当かという絶対的水準はありませんが，企業のキャッシュ獲得力，同業他社との比較などから株価水準を判断します。低ければ割安，高ければ割高とみます。

[チェックポイント]

○株価は市場の相場に左右されるので，営業キャッシュフローの変化とともに株価動向にも留意する。

[関連比率]

本書には関連する比率はありませんが，日本経済新聞などのPERを参照してください。

3 キャッシュフロー分析　3 流動性関連指標　1 営業キャッシュフロー対流動負債比率

[算式]

$$営業キャッシュフロー対流動負債比率（\%）=\frac{営業キャッシュフロー}{流動負債}\times 100$$

[算式の意味]

営業キャッシュフローを流動負債で割ったもので，キャッシュフロー版の当座比率ともいうべきものです。

[評価]

できるだけ高いほうが良いことは当然ですが，営業キャッシュフローが赤字のため，この比率自体がマイナスとなるケースも少なくありません。したがって同業他社との比較や，自社の時系列比較が重要となります。

[チェックポイント]

○業種の特性や自社の時系列比較に留意する。

[関連比率]

流動比率（136頁），当座比率（139頁）を参照。

営業キャッシュフロー対流動負債比率　　　　　　　　　　　　　　（単位：％）

区　分	2008年	2009年	2010年	2011年	2012年
全産業	17.6	26.3	24.4	17.7	18.9
製造業	15.7	25.7	23.4	15.7	18.4
建設業	2.1	7.8	10.9	10.6	9.7
卸売業	12.2	14.8	8.9	9.1	10.1
小売業	16.7	20.5	19.3	21.5	14.8

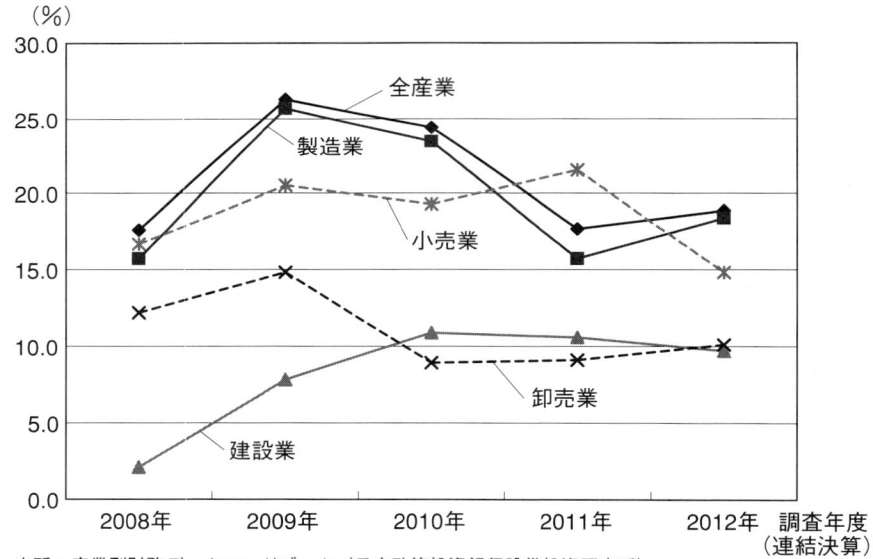

出所：産業別財務データハンドブック（日本政策投資銀行設備投資研究所）

3 キャッシュフロー分析　3 流動性関連指標　2 インタレスト・カバレッジ・レシオ

［算式］

$$\text{インタレスト・カバレッジ・レシオ（倍）} = \frac{\text{営業キャッシュフロー} + \text{支払利子} + \text{法人税等}}{\text{支払利子}}$$

［算式の意味］

本書の収益性・損益の分析にもインタレスト・カバレッジ・レシオがありますが，上記の算式はそのキャッシュフロー版です。利子支払能力，利子支払の安全性を見ようとするもので，倍率で表します。

［評価］

倍率は高ければ高いほど利子支払の余裕度が高く，望ましいとされます。

［チェックポイント］

○支払利子は原則的に期間費用であるが，土地等の取得のために借入れた借入金利息を資産計上することもあるので留意する。

［関連比率］

1章のインタレスト・カバレッジ・レシオ（68頁）を参照。

利払能力（キャッシュフローインタレストカバレッジ）　　　　　　（単位：倍）

区　分	調査年度（連結決算）				
	2008年	2009年	2010年	2011年	2012年
全産業	16.6	21.7	22.6	19.3	21.8
製造業	20.5	28.9	31.4	25.2	29.3
建設業	8.9	15.6	20.2	23.1	26.0
卸売業	31.7	39.1	21.9	24.0	28.1
小売業	25.8	29.4	29.5	35.6	32.9

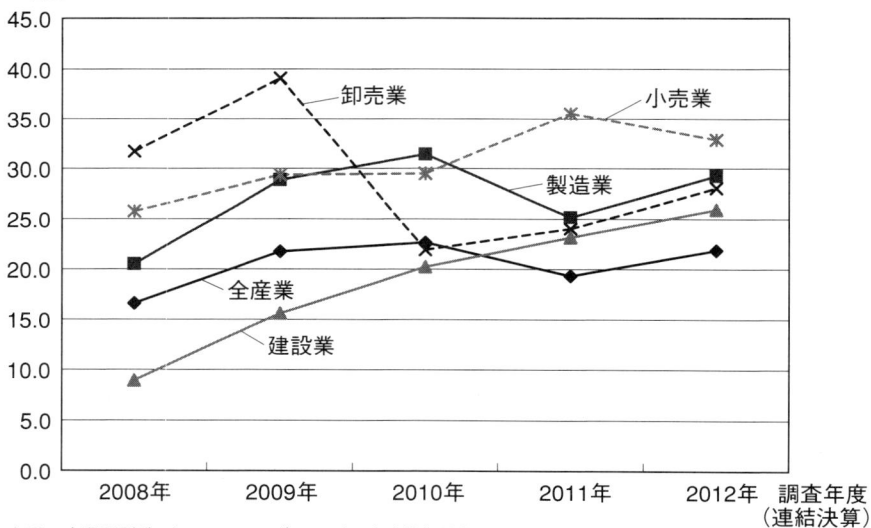

出所：産業別財務データハンドブック（日本政策投資銀行設備投資研究所）

3 キャッシュフロー分析　3 流動性関連指標　3 営業キャッシュフロー対純設備投資比率

算式

$$\text{営業キャッシュフロー対純設備投資比率(\%)} = \frac{\text{純設備投資額（取得－売却）}}{\text{営業キャッシュフロー}} \times 100$$

（注）分子を「純設備投資額＋純投融資額」とし，営業キャッシュフロー対純投資比率をみることもある。

算式の意味

純設備投資額は設備に係る取得支出と売却収入の差額です。上記の算式は，その年度の純設備投資額と稼得された営業キャッシュフローの比率です。純設備投資額が営業キャッシュフローの範囲内であれば，この比率は100％以下となります。

評価

この比率が100％以下であれば，いわゆる自己資金の範囲内で設備投資が賄われたことになり，資金繰りとしてはかなり健全であると評価されます。しかし，将来を睨んで積極的な設備投資が行われる場合には，この比率は100％以上になります。これによって企業の財務政策の適否をみることが可能になることがポイントです。

チェックポイント

○上記比率が100％以上の場合には，新規に資金調達を要するので，借入過多にならないかについて，予想される財務構成，資本構成などに留意する。

関連比率

営業キャッシュフロー対有利子負債比率（253頁），営業キャッシュフロー対長期債務比率（255頁）を参照。

営業キャッシュフロー対純設備投資比率　　　　　　　　　　　　　（単位：％）

区　分	調査年度（連結決算）				
	2008年	2009年	2010年	2011年	2012年
全産業	113.1	211.6	199.2	141.5	144.5
製造業	99.3	229.3	215.1	137.5	145.5
建設業	67.7	268.6	380.9	367.4	293.4
卸売業	208.5	362.8	217.6	180.6	164.0
小売業	124.5	181.6	178.3	174.2	124.9

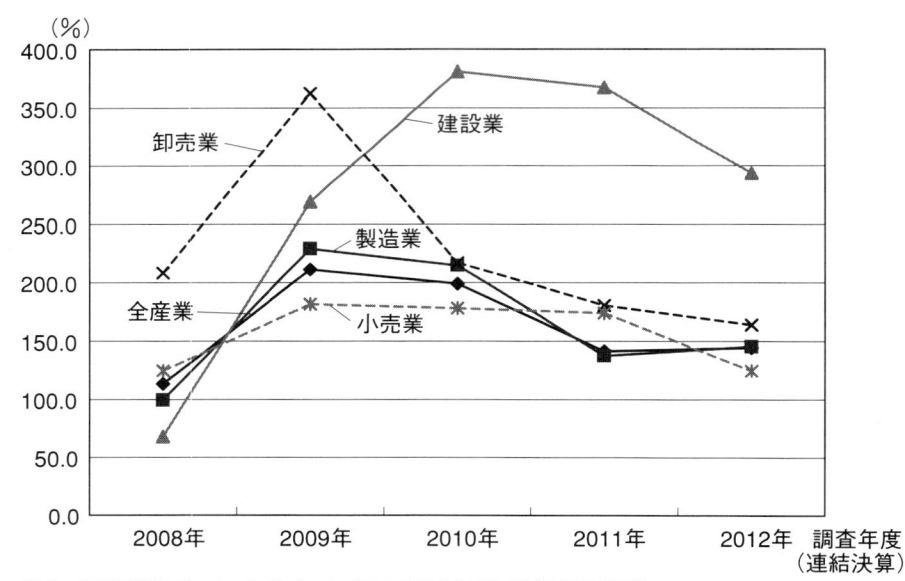

出所：産業別財務データハンドブック（日本政策投資銀行設備投資研究所）

3 キャッシュフロー分析 / 3 流動性関連指標 / 4 営業キャッシュフロー対有利子負債比率

【算式】

（Ⅰ）　営業キャッシュフロー対有利子負債比率（％）

$$= \frac{\text{営業キャッシュフロー}}{\text{有利子負債}} \times 100$$

（Ⅱ）　営業キャッシュフロー対有利子負債比率（％）または（倍率）

$$= \frac{\text{有利子負債}}{\text{営業キャッシュフロー}} \times 100$$

【算式の意味】

　この比率は営業キャッシュフローに対する有利子負債（短期・長期借入金，社債など）の大きさをみようとするものです。

算式（Ⅰ）は営業キャッシュフローが有利子負債の何％をカバーしているかを示し，「産業別財務データハンドブック」のデータがこの方法によっています。

算式（Ⅱ）は有利子負債は営業キャッシュフローの何倍あるか，言い換えれば何年分あるかを示します。

【評価】

　算式（Ⅰ）は高いほど，また算式（Ⅱ）は低いほど流動性・支払能力は高く健全であるということになります。単年度だけでなく時系列比較も重要です。

【チェックポイント】

○営業キャッシュフローに比較して有利子負債が過大であるか否かに留意する。

【関連比率】

営業キャッシュフロー対長期債務比率（255頁）を参照。

営業キャッシュフロー対有利子負債比率　　　　　　　　　　　　（単位：％）

区　分	調査年度（連結決算）				
	2008年	2009年	2010年	2011年	2012年
全産業	17.2	25.4	24.2	18.1	18.8
製造業	19.3	31.5	30.6	21.2	23.8
建設業	4.7	15.8	21.7	24.2	23.2
卸売業	12.8	16.0	10.1	10.3	10.8
小売業	20.5	24.6	23.6	26.7	17.5

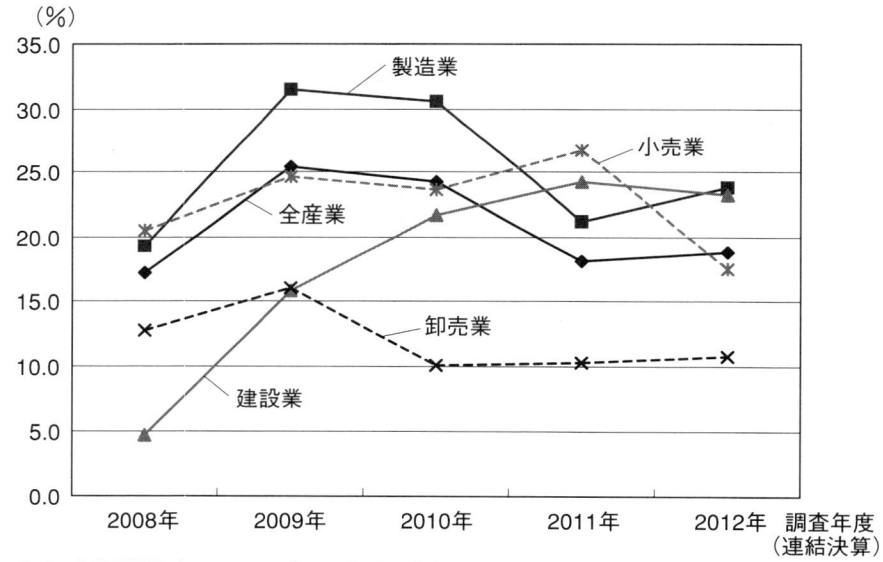

出所：産業別財務データハンドブック（日本政策投資銀行設備投資研究所）

3 キャッシュフロー分析　3 流動性関連指標　5 営業キャッシュフロー対長期債務比率

[算式]

（Ⅰ）　営業キャッシュフロー対長期債務比率（％）

$$=\frac{（営業キャッシュフロー＋運転資金増加）}{長期債務} \times 100$$

（Ⅱ）　営業キャッシュフロー対長期債務比率（％）または（倍率）

$$=\frac{長期債務}{（営業キャッシュフロー＋運転資金増加）} \times 100$$

ただし，運転資金＝売掛債権＋棚卸資産－買掛債務

長期債務＝長期借入金＋社債＋長期預り金など

[算式の意味]

　この比率は，営業キャッシュフロー（運転資金増加を加えたもの）に対する長期債務の大きさをみようとするものです。長期的には，この広義のキャッシュフローが長期債務返済に対応するとされ，「産業別財務データハンドブック」の財務データは算式（Ⅰ）によっています。

[評価]

　算式（Ⅰ）は高いほど，また算式（Ⅱ）は低いほど流動性・支払能力は高く健全であるということになります。単年度だけでなく時系列比較も重要です。

[チェックポイント]

○運転資金増加に滞留売掛債権や不良棚卸資産があるか否かに留意する。

[関連比率]

　営業キャッシュフロー対有利子負債比率（253頁）を参照。

営業キャッシュフロー対長期債務比率　　　　　　　　　　　　　　　　（単位：％）

区　分	調査年度（連結決算）				
	2008年	2009年	2010年	2011年	2012年
全産業	21.3	28.5	32.1	27.8	28.8
製造業	25.1	39.9	46.9	39.4	42.7
建設業	13.1	▲15.0	13.1	38.0	34.4
卸売業	10.3	13.0	11.3	15.6	16.5
小売業	30.3	32.8	36.8	44.2	37.7

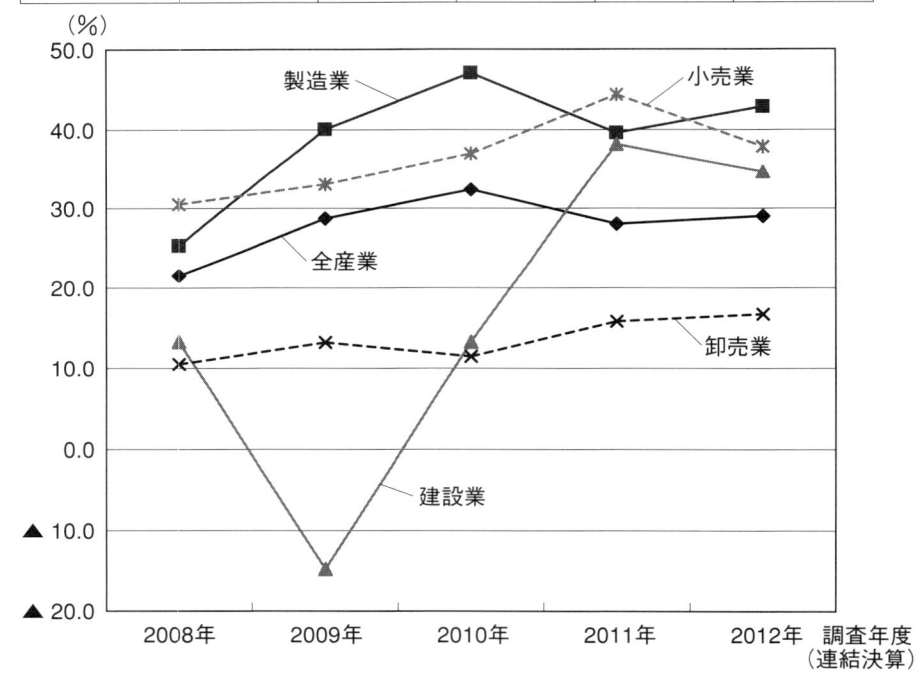

出所：産業別財務データハンドブック（日本政策投資銀行設備投資研究所）

3 キャッシュフロー分析　3 流動性関連指標　6 配当性向

[算式]

$$配当性向（\%）= \frac{配当金支払}{営業キャッシュフロー} \times 100$$

[算式の意味]

　この算式は，キャッシュフロー版の配当性向で，配当金支払を営業キャッシュフローで割って求めます。配当金は大であっても分母の営業キャッシュフローが大であれば配当性向は相対的に低く表され，逆の場合は高くなります。

　キャッシュフロー版配当性向は配当金支払の余裕度を示すものといえます。

[評価]

　株主，出資者の側からすれば配当性向は高いほうが良いとされますが，財務管理の立場からすれば配当性向は低いほうが資金繰り上望ましいとされます。一般的に好況時には配当性向は低く，不況時には高くなります。

[チェックポイント]

○配当政策とともに営業キャッシュフローの大小・増減等に留意する。

[関連比率]

　2章の配当性向（154頁）を参照。

配当性向　　　　　　　　　　　　　　　　　　　　　　　　　　　（単位：％）

区　分	調査年度				
	平成20年度	平成21年度	平成22年度	平成23年度	平成24年度
全産業	165.2	133.2	55.4	62.2	58.6
製造業	―	207.1	54.5	87.7	83.8
建設業	287.7	134.3	85.6	100.6	25.8
卸売業・小売業	86.6	90.1	40.4	35.2	38.6

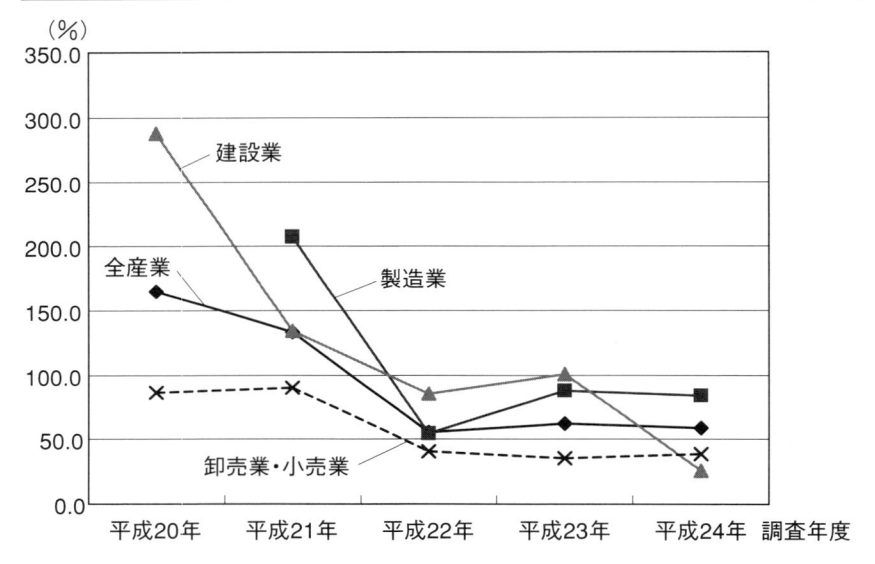

出所：財務省法人企業統計年報

3 キャッシュフロー分析　4 企業価値関連指標　1 経済付加価値(EVA)

【算式】

　経済付加価値（EVA）＝税引後営業利益－資本コスト

　ただし，

　　税引後営業利益＝EBITDA－減価償却費(DA)－税金(T)

　　資本コスト＝加重平均資本コスト

【算式の意味】

　EVAとは，Economic Value Addedの略で，経済付加価値と訳されます（EVAは米国スターン・スチュアート社の登録商標）。EVAは「税引後営業利益－資本コスト」によって求めます。つまり税引後営業利益が資本コストを超過する場合，その超過分がその企業の経済付加価値EVAであるということです。

　税引後営業利益は，前項の流動性関連指標で説明したEBITDA（キャッシュ利益）から「EBITDA－減価償却費(DA)－税金(T)」として求めます。なお税引後営業利益のことをNOPAT（Net Operating Profits After Taxes）といいます。

　　　（注）DA＝Depreciation and Amortization，T＝Tax の略

　また，資本コストは，有利子負債コストと株主資本コストの加重平均資本コストで，WACC（Weighted Average Cost of Capital）といいます。資本コストについては，265頁で詳しく説明します。

【評価】

　経済付加価値EVAは，企業が税引後営業利益（税引後営業キャッシュフロー）から資本コストを差引き，資本コストを超過するキャッシュフローをどれだけ生み出したかを判断する尺度とされます。

【チェックポイント】

○税引後営業利益の計算にはとくに問題はないが，資本コストの計算に留意する。

【関連比率】

　資本コスト（265頁），市場付加価値（MVA）（260頁）を参照。

3 キャッシュフロー分析　4 企業価値関連指標　2 市場付加価値(MVA)

算式

　　市場付加価値（MVA）＝企業の市場価格－投下資本
　　　　　　　　　　　＝（株式時価総額＋負債時価総額）－（株主資本簿価＋負債簿価）
　　負債は時価と簿価の乖離が少ないので，負債時価＝負債簿価，とみると，
　　市場付加価値（MVA）＝株式時価総額－株主資本簿価

算式の意味

　MVAとは，Market Value Addedの略，EVAと同じく米国スターン・スチュアート社が開発した登録商標で市場付加価値と訳されます。株式の時価総額は企業の市場価値ですから，この市場価値から投下資本である株主資本簿価を差引いたものが市場付加価値つまりMVAです。

　なお，MVAは理論的には将来のEVAの現在価値とされますが，その計算はかなり複雑になるので本書では省略します。

評価

　EVAを内部尺度とすれば，MVAは市場という外部からの尺度です。企業経営における投資家の期待を反映しながら企業を評価する数値で，いわば将来におけるEVA（経済付加価値）の累積版です。

チェックポイント

○株価は好不況によりかなり変動するので，株式時価総額の評価が過大にならないよう留意する。

関連比率

　経済付加価値（EVA）（259頁），企業価値・株主価値（261頁）を参照。

3 キャッシュフロー分析　4 企業価値関連指標　3 企業価値・株主価値

算式

(Ⅰ)　企業価値＝投下資本＋市場付加価値（MVA）
　　　　　　＝フリーキャッシュフローの現在価値
(Ⅱ)　株主価値＝企業価値－有利子負債等

算式の意味

株価とキャッシュフローの関係で，最近は企業価値，株主価値などが問題にされるようになりました。企業価値は企業の市場価格ですから，前述のMVAの算式から誘導されるように，「企業価値＝投下資本＋市場付加価値（MVA）」となります。

企業価値は，理論的には各年度の税引後営業利益（NOPAT）から新規投資を差引いたフリーキャッシュフローの現在価値でもあります（計算が複雑なため省略します）。

株主価値は上式の企業価値から有利子負債等を差引いたもので，株主持分の市場価値です。

評価

株主価値を発行済み株式数で割ったものが「理論株価」です。高いほうが良いことはいうまでもありません。

チェックポイント

○理論株価と実際株価の乖離（実際株価が割安か，割高か）に留意する。

関連比率

経済付加価値（EVA）（259頁），市場付加価値（MVA）（260頁）を参照。

| 3 | キャッシュフロー分析 | 4 | 企業価値関連指標 | 4 | 正味現在価値（NPV） |

算式

正味現在価値（NPV）＝現在価値（PV）－初期投資額

（注）NPV=Net Present Valueの略，PV=Present Valueの略

算式の意味

貨幣は時間的価値を持ちます。投資の可否を検討する場合，その投資がもたらす将来キャッシュフローは割引率で現在価値に換算し，投資額をカバーしているか否かを見なければなりません。このような割引キャッシュフローの計算をDCF（Discount Cash Flow）法といいます。DCF法はすべての経済計算の基本です。

簡単な例で説明しましょう。ある企業で投資額2億円，その投資は毎期7千万円のキャッシュフローを稼得し，期間4年，4年後の残価ゼロとします。4年間のキャッシュフローは単純合計では2億8千万円ですが，仮に割引率を10％とすると，4年間のキャッシュフローの現在価値は，「7千万円×利率10％の年金現価係数3.170＝2億2千2百万円」です。したがって正味現在価値はこれから投資額2億円を差引いた2千2百万円です。

評価

正味現在価値がプラスであればそのプロジェクトは採択，反対に正味現在価値がマイナスであればそのプロジェクトは棄却，また，正味現在価値がゼロの場合にはそのプロジェクトは目標値すれすれの臨界点にあることを意味します。

チェックポイント

○一般的に割引率は10％内外ですが，財務戦略では割引率はケースバイケースです。

関連比率

内部収益率（IRR）（263頁），回収期間（264頁）を参照。

3章 キャッシュフロー分析

3 キャッシュフロー分析　**4** 企業価値関連指標　**5** 内部収益率(IRR)

[算式]

　　　内部収益率＝正味現在価値（NPV）がゼロになる割引率

　　　（注）内部収益率は，IRR（Internal Rate of Return），あるいは投資利益率とも呼ばれる。

[算式の意味]

　正味現在価値（NPV）がゼロとなる割引率とは，「投資額＝将来キャッシュフローの現在価値」となるような割引率（利率）です。前項の正味現在価値の例で具体的に説明しましょう。仮に割引率を5％，10％，15％，20％とすると，各割引率における正味現在価値は次のようになります。

　　　割引率5％　7千万円×年金現価係数3.546－投資額2億円＝　4千8百万円
　　　〃　10％　　〃　×　〃　　　3.170－　〃　　　＝　2千2百万円
　　　〃　15％　　〃　×　〃　　　2.855－　〃　　　＝　　　0百万円
　　　〃　20％　　〃　×　〃　　　2.589－　〃　　　＝△1千9百万円

[評価]

　このように，割引率15％のところで正味現在価値はゼロとなるので，このプロジェクトの内部収益率（IRR）は15％と評価されます。

[チェックポイント]

○内部収益率（IRR）が資本コストを上回るか否かに留意する。

[関連比率]

　資本コスト（265頁），正味現在価値（262頁），回収期間（264頁）を参照。

| 3 | キャッシュフロー分析 | 4 | 企業価値関連指標 | 6 | 回収期間 |

算式

　　回収期間＝投資が各年度のキャッシュフローによって回収される期間

算式の意味

　　資金繰りとの関係を含めて投資を評価する方法です。これも正味現在価値の例で具体的に説明しましょう。単純に計算すると，投資額2億円を毎期のキャッシュフロー7千万円で割ると「2億円÷7千万円＝2.86年」となりますが，正しくはDCF法（ディスカウント・キャッシュフロー法）により計算しなければなりません。仮に10％の割引率を適用した場合には，「毎期のキャッシュフロー7千万円＝投資額2億円×資本回収係数」であるから，資本回収係数は，「7千万円÷2億円＝0.35」となるので，利率10％の資本回収係数が0.35に近い年数を求めます。

　　その年数（n）は，　n＝3………資本回収係数＝0.4021
　　　　　　　　　　　　n＝4………資本回収係数＝0.3155

　　よって，補間法により，（0.4021－0.35）／（0.4021－0.3155）＝0.6（約）
　　ゆえに，n＝3年＋0.6年＝3.6年
となります。

評価

　　回収期間は短いほど資金効率が良いことはいうまでもありません。

チェックポイント

○回収期間が短いことにとらわれると結果として安物買いになる危険に留意する。

関連比率

　　正味現在価値（NPV）（262頁），内部収益率（IRR）（263頁）を参照。

3 キャッシュフロー分析　4 企業価値関連指標　7 資本コスト

算式

加重平均資本コスト
　　＝（負債コスト×負債ウェイト）＋（株主資本コスト×資本ウェイト）
（注）加重平均資本コストは英語でWACC（Weighted Average Cost of Capital）という。

算式の意味

資本コストは，負債コストと株主資本コストの加重平均コストを用います。この場合の負債は借入金等の有利子負債です。

まず負債コストですが，負債利子率（普通長期資金の利率）を6％とし，法人税等の税率を40％とすると，負債コストは「6％×（1－40％）＝3.6％」です。次に株主資本コストは株式市場の期待収益率とされますが，これを仮に10％とします（期待収益率の理論モデルは複雑なので省略）。

目標資本構成を，負債ウェイト40％，資本ウェイト60％とすると，加重平均資本コストは，次のように7.44％となります。

　　加重平均資本コスト＝（3.6％×0.4）＋（10.0×0.6）＝7.44％

評価

企業の資本コストは事業が必要とする収益率です。つまり債権者に利子を支払ったうえで，株主が期待する収益を上げられるレベルです。

チェックポイント

①資本コストは資本構成の差によっても相違することに留意する。
②個別事業の投資に際しては，各事業部・個別事業ごとの資本コストの推計も必要。

関連比率

経済付加価値（EVA）（259頁），市場付加価値（MVA）（260頁），内部利益率（IRR）（263頁）

4章

生産性・付加価値

4 生産性・付加価値　1 生産性　1 生産性

【算式】

$$生産性 = \frac{産出（output）}{投入（input）}$$

【算式の意味】

　生産性という用語は，英語のProductivityの訳語で，どのくらいの生産が行われたか，また，どの程度生産が効率的に行われたかを表します。

　この算式で分母の「投入」とは生産諸要素の投入ということであり，具体的には労働もしくは資本です。分母に労働が用いられた場合には，この算式は労働生産性となり，分母に資本が用いられた場合には，この算式は資本生産性になります。

　次に分子の「産出」については，売上高または生産高から材料など他者の生産物の価値（これを前給付費用という）を差し引いた正味の生産高である付加価値をもってくるのが基本です。

【評価】

　生産性は，高ければ高いほど企業経営の効率は良く，国民経済に対する企業活動の経済的貢献度は高いと評価されます。なぜなら，付加価値とは一国の経済におけるＧＮＰ（国民総生産），ＧＤＰ（国内総生産）などいわゆる「国富」を表すからです。

【チェックポイント】

○付加価値には後述のように各種の計算方式があることに留意する。

4章　生産性・付加価値

1人当たり国内総生産（名目）

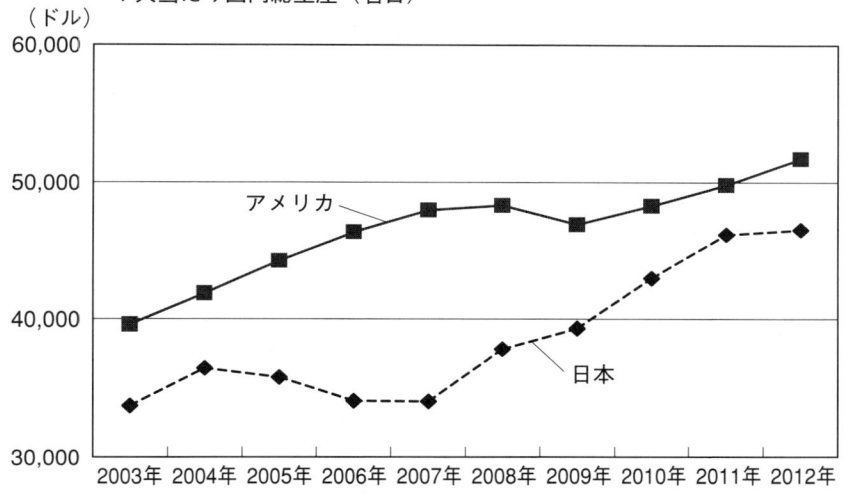

1人当り国内総生産（GDP）
（単位：ドル）

年　度	日　本	アメリカ
2003年	33,718	39,597
2004年	36,444	41,846
2005年	35,781	44,224
2006年	34,077	46,358
2007年	34,038	47,964
2008年	37,865	48,308
2009年	39,321	46,907
2010年	42,917	48,294
2011年	46,175	49,797
2012年	46,530	51,709

出所：IMFデータ等をもとに作成

わが国の1人当りGDPがアメリカを超えた時期もありました

4 生産性・付加価値　2 付加価値　1 付加価値（加工高）

算式

日本政策投資銀行方式（産業別財務データハンドブック）

　　付加価値＝営業利益＋人件費＋賃借料＋租税公課＋特許使用料＋減価償却費

中小企業庁方式（中小企業の経営指標……製造業）

　　加工高＝生産高－（直接材料費＋買入部品費＋外注工賃＋間接材料費）

　　（注）生産高＝売上高－製品仕入原価

算式の意味

付加価値の計算方法には，集計法と控除法があります。集計法とは損益計算書，製造原価計算書から付加価値要素を集める方法で，上式の日本政策投資銀行方式がその代表的なものです。

控除法とは売上高または生産高から購入した財貨・サービスなどの前給付費用を差し引く方法で，上式の中小企業庁方式がその代表的なものです。この方式では付加価値を加工高と呼びます。

評価

付加価値は理論上，①粗付加価値，②純付加価値に分けられます。

付加価値 ＜ 粗付加価値／純付加価値

一般に，付加価値の中に減価償却費を含めたものを粗付加価値といいます。日銀方式も中小企業庁方式も，その付加価値，加工高はいずれも減価償却費が含まれるので，粗付加価値です。

純付加価値の計算例としては次表の財務省方式，生産性本部方式などがあります。

4章　生産性・付加価値

> チェックポイント

①人件費には賃金給料のほか退職給与（含引当金繰入）賞与，法定福利費，福利厚生費を含める。

②減価償却費は経常損益の部に計上されている費用としての減価償却費とし，特別損失に計上される「特別償却」は含めない。

主な付加価値計算方式

方　式	計　算　式
日　銀	付加価値＝経常利益＋人件費＋金融費用＋賃借料＋租税公課＋減価償却費 （日本銀行統計局「主要企業経営分析」より，1996年以降廃刊）
財務省	付加価値＝営業純益（営業利益－支払利息割引料）＋役員給与＋従業員給与＋福利厚生費＋支払利息割引料＋賃借料＋租税公課 （財務省財政金融統計月報「法人企業統計特集」より）
通産省 （現経産省）	粗付加価値＝税引後経常利益＋人件費＋租税公課＋賃借料＋特許使用料＋純金融費用（金融収益を除く）＋減価償却費 （通産省「わが国企業の経営分析」より，2000年以降廃刊）
三菱総研	付加価値＝人件費＋賃借料＋金融費用＋租税公課＋法人税等＋当期純利益＋減価償却費 （三菱総合研究所「企業経営の分析」より）
日本政策 投資銀行	付加価値＝営業利益＋人件費＋賃借料＋租税公課＋特許使用料＋減価償却費 （日本政策投資銀行「産業別財務データハンドブック」より）
中小企業庁	加工高＝生産高－（直接材料費＋買入部品費＋外注加工費＋間接材料費） （中小企業庁「中小企業の経営指標」より）
ラッカー	生産価値＝売上高－外部給付支払額 　　　　＝工場時給労務費＋会社経営費 　会社経営費＝所有主費用＋その他営業費 　所有主費用＝支払利子＋税金＋配当＋必要内部留保 （今坂朔久「ラッカープラン」より）
生産性本部	付加価値＝純売上－｛（原材料＋支払経費＋減価償却費）＋期首棚卸資産－期末棚卸資産±付加価値調整額｝ 　付加価値調整額＝他勘定振替高，原価差額などの修正項目 （社会経済生産性本部生産性研究所「付加価値分析」より）

（注）上述の計算式で人件費には諸手当のほか特定福利費・厚生費を含める。

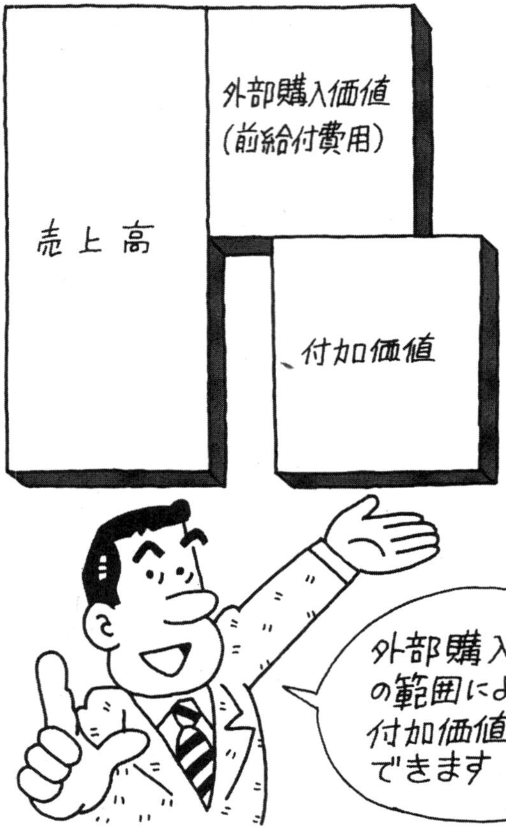
外部購入価値
(前給付費用)
売上高
付加価値
外部購入価値
の範囲によって
付加価値に差が
できます

4 生産性・付加価値　3 労働生産性　1 労働生産性

算式

$$労働生産性（Ⅰ）（千円）＝\frac{付加価値}{従業者数（平均）}$$

（注）分母の平均は「(前期末＋当期末)÷2」による

$$労働生産性（Ⅱ）（千円）＝\frac{付加価値}{人件費}$$

算式の意味

　労働生産性（Ⅰ）は，1人当り付加価値をみるものですが，分母の従業者数は役員（取締役，監査役）を含む人数で，パート社員でも常用従業者数はこれを含めた総従業者数とします。この1人当り付加価値は，賃金給料等の分配のパイの大きさを示します。

　労働生産性（Ⅱ）は人件費当り生産性で，たとえば人件費千円当りの付加価値が2千円であれば2という指数で示されます。1人当り労働生産性が高くても，高給者が多く人件費水準が高いと人件費当り生産性は低くなるので，このような見方も必要となります。

評価

　2008年版「産業別財務データハンドブック」によると，全産業平均の1人当り労働生産性は16,340千円，このうち製造業平均では16,110千円となっています。

　また，平成17年度調査の「中小企業の財務指標」では，製造業における1人当り加工高は8,014千円となっています。これらの数値は業種によってかなりの差異がありますが，一応の目安となるでしょう。

チェックポイント

①業種の異なるごとにかなりの差異があることに留意する。
②1人当り労働生産性が基本であるが，人件費当り労働生産性にも留意する。

関連比率

1人当り売上高（生産高）(276頁)，付加価値率(278頁)を参照。

付加価値生産性　　　　　　　　　　　　　　　　　　　　　　（単位：百万円）

区　分	調査年度				
	2008年	2009年	2010年	2011年	2012年
全産業	14.35	13.80	14.72	13.76	13.72
製造業	11.97	11.39	12.83	12.19	12.28
建設業	14.51	13.64	13.82	13.91	13.70
卸売業	13.37	11.18	12.21	12.76	12.35
小売業	7.10	7.20	7.40	7.50	7.33

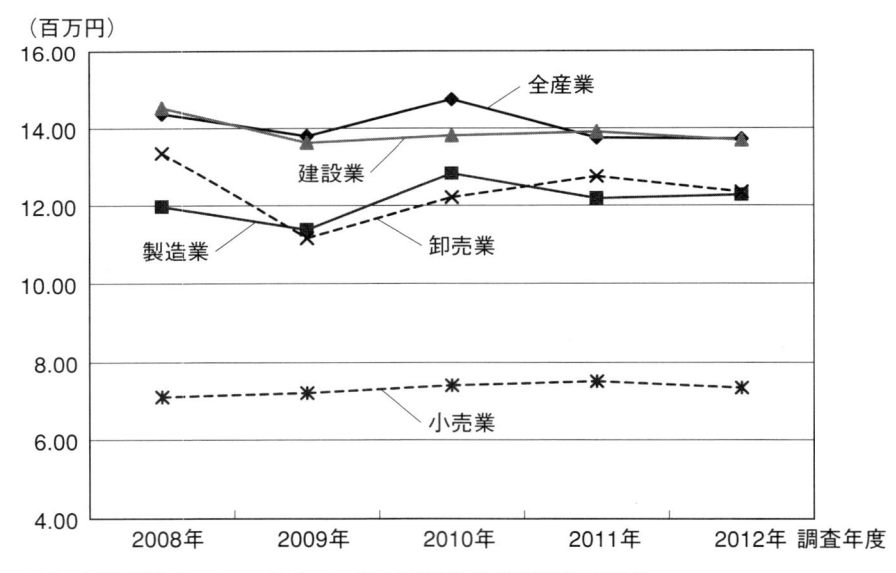

出所：産業別財務データハンドブック（日本政策投資銀行設備投資研究所）

4章 生産性・付加価値

生産性3原則
① 雇用増大の原則
② 労使協議の原則
③ 公正配分の原則

労使は国民経済の立場に立ち企業の社会的責任を自覚すること

4 生産性・付加価値　3 労働生産性　2 1人当り売上高（生産高）

〔算式〕

$$1人当り売上高（生産高）（千円）＝\frac{売上高（生産高）}{従業者数（平均）}$$

（注）分母の平均は「（前期末＋当期末）÷2」による

〔算式の意味〕

前述の労働生産性（1人当り付加価値）は，次のように，1人当り売上高（または生産高）と付加価値率の2つに分解されます。上式はその1つの構成要素です。

$$労働生産性＝\frac{付加価値}{従業者数（平均）}$$

$$＝\underbrace{\frac{売上高（生産高）}{従業者数（平均）}}_{（1人当り売上高）}×\underbrace{\frac{付加価値}{売上高（生産高）}}_{（付加価値率）}$$

生産性分析としては1人当り生産高を割り出すのが本来の方法ですが，生産高はP/Lのうえではとらえにくいので，「実現された生産高」という意味で，1人当り売上高をもって1人当り総生産の指標とします。

〔評価〕

1人当り売上高は業種によってかなりの差がありますが，参考までに2013年版「産業別財務データハンドブック」では全産業平均74.7百万円，うち製造業平均71.4百万円，建設業平均77.1百万円，卸売業平均393.4百万円，小売業平均32.4百万円となっています。

〔チェックポイント〕

○業種の特性に留意する。

〔関連比率〕

労働装備率（281頁），設備利用率（283頁）を参照。

4章　生産性・付加価値

1人当り売上高　　　　　　　　　　　　　　　　　　　　　　（単位：百万円）

区　分	調査年度				
	2008年	2009年	2010年	2011年	2012年
全産業	82.8	69.8	73.7	74.4	74.7
製造業	77.5	66.8	72.3	71.7	71.4
建設業	85.3	75.9	71.2	74.4	77.1
卸売業	458.3	330.5	366.7	394.1	393.4
小売業	34.7	34.0	34.3	33.5	32.4

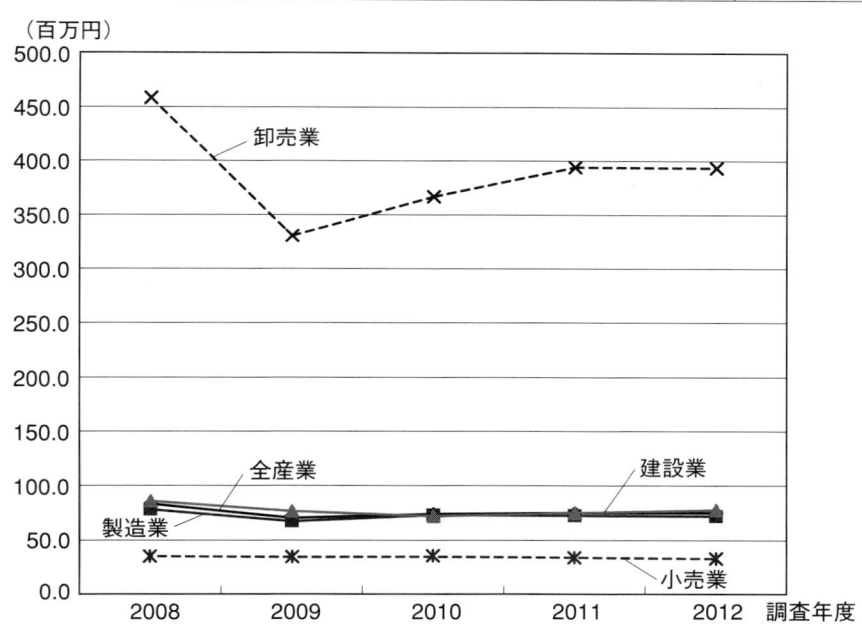

出所：産業別財務データハンドブック（日本政策投資銀行設備投資研究所）

4 生産性・付加価値　3 労働生産性　3 付加価値率（加工高比率）

[算式]

$$付加価値率（\%）= \frac{付加価値}{売上高（生産高）} \times 100$$

$$加工高比率（\%）= \frac{加工高}{生産高} \times 100$$

[算式の意味]

この式も1人当り売上高とともに労働生産性を構成する要素の一つで，高付加価値経営を目指すには当然付加価値率ないし加工高比率は高くなければなりません。

付加価値率の反面は，

$$付加価値率 = 1 - 前給付費用率\left(\frac{前給付費用}{売上高（生産高）}\right)$$

によって，前給付費用率です。

前給付費用は他から購入した財貨サービスの価値ですから，なぜ付加価値率が高いのか，あるいは低いのかは，この前給付費用率の高低によることになります。よって，どの前給付費用率（たとえば原材料費率，販売促進費率など）が高いか，前給付費用の内訳をみることも重要です。

[評価]

付加価値率は業種によりかなりの差があります。平成24年度「財務省法人企業統計年報」によると製造業18.5％ですが，付加価値率の高い業種としては，医療，福祉業53.3％，宿泊業44.9％，陸運業40.2％などがあります。

[チェックポイント]

①付加価値率の反面である前給付費用率を検討する。
②業種の特性に留意する。

4章　生産性・付加価値

関連比率

労働生産性（273頁），1人当り売上高（生産高）（276頁）を参照。

付加価値率　　　　　　　　　　　　　　　　　　　　　　　　（単位：％）

区　分	調査年度				
	平成20年	平成21年	平成22年	平成23年	平成24年
全産業	17.5	19.3	19.6	19.9	19.8
製造業	16.6	18.2	19.0	18.3	18.5
建設業	18.6	20.6	20.6	19.8	19.8
卸売業・小売業	9.4	10.6	10.5	11.3	11.4

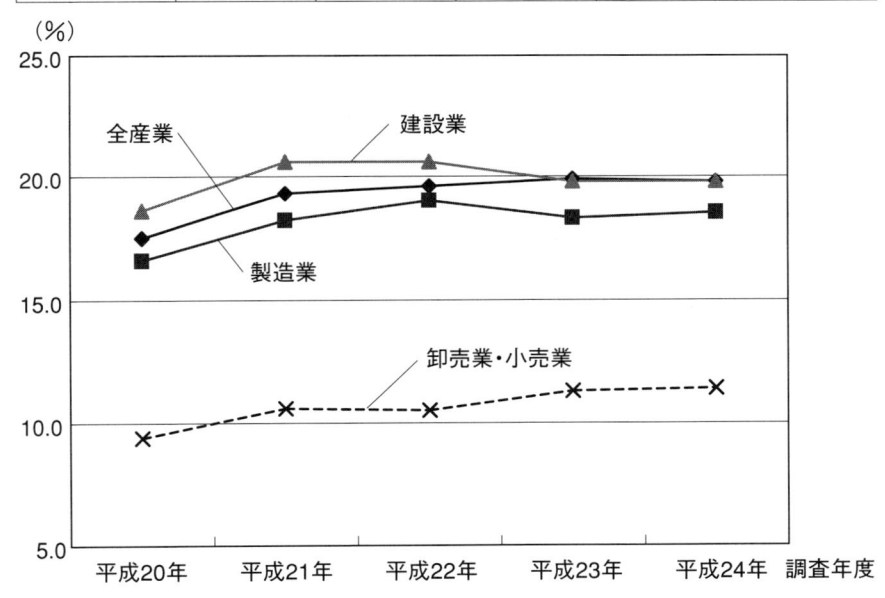

出所：財務省法人企業統計年報

わが社は
高付加価値
経営を目指
します
付加価値
（売上高－
前給付費用）
40%
原材料費
25%
外注費
10%
運賃等物流費
20%
5%
その他経費
前給付費用率
60%

4 生産性・付加価値　3 労働生産性　4 労働装備率

算式

$$労働装備率（千円）＝\frac{有形固定資産（除建設仮勘定）（平均）}{従業者数（平均）}$$

(注) 分母の平均は「(前期末＋当期末)÷2」による

算式の意味

前述（276頁）の1人当り総生産は次のように労働装備率と設備利用率の2つに分解されます。

$$1人当り売上高（生産高）＝\frac{売上高（生産高）}{従業者数（平均）}$$

$$＝\frac{有形固定資産（除建設仮勘定）（平均）}{従業者数（平均）}×\frac{売上高（生産高）}{有形固定資産（除建設勘勤定）（平均）}$$

この式はその1つの構成要素です。

労働装備率は1人当りの設備投資額ですが、生産性向上をはかる場合、どうしても合理化投資が必要となるので、合理化投資が進むほど、労働装備率は高くなります。

なお、労働装備率は％ではなく金額（千円単位）で示されます。

評価

労働装備率は一般に労働集約産業よりも装置産業の方が高くなります。労働装備率が高いことは合理化投資が進んでいることになりますが、場合によっては過剰投資と判断されることもあります。また、重要な設備がファイナンスリースによっている場合には、これを設備投資とみなして有形固定資産に加算する必要も生じます。

チェックポイント

①過剰投資の有無に留意する。
②ファイナンスリース利用の度合に留意する。重要な場合にはこれを設備に加

算する。

[関連比率]

1人当り売上高（生産高）（276頁），設備利用率（283頁）を参照。

労働装備率 (単位：百万円)

区　分	調査年度					
	平成20年度	平成21年度	平成22年度	平成23年度	平成24年度
全産業	10.7	10.8	11.1	10.7	10.1
製造業	11.0	10.9	10.6	10.5	10.4
建設業	6.1	5.3	5.7	6.1	6.3
卸売業・小売業	6.9	6.6	6.6	6.4	6.5

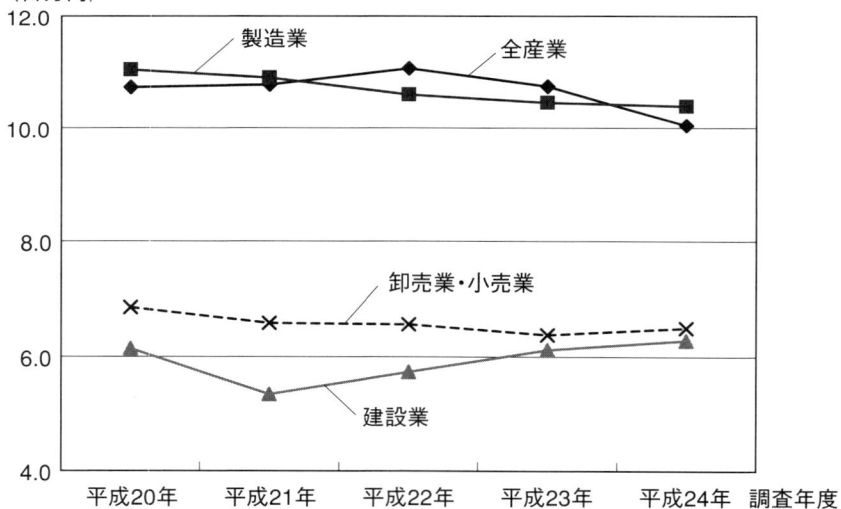

出所：財務省法人企業統計年報

4 生産性・付加価値　3 労働生産性　5 設備利用率

【算式】

$$\text{設備利用率（有形固定資産回転率）} = \frac{\text{売上高}}{\text{有形固定資産（除建設仮勘定）（平均）}}$$

（注）分母の平均は「（前期末＋当期末）÷2」による

【算式の意味】

　この比率は労働装備率とともに1人当り総生産を構成する重要な要素の一つです。

　設備利用率は当然高いほど，生産活動が活発であることを示しますが，これが高すぎることは合理化投資がほとんど行われず，旧設備を酷使しているケースも少なくありません。また，これが低すぎることは逆に過剰投資のため十分に活用されていない場合もあります。

【評価】

　設備利用率は一般に設備の少ない労働集約産業ほど高く，巨大な設備投資を伴う装置産業ほど低くなる傾向にあります。したがって，低いよりも高い方が良いのですが，一概に高ければ良いと判断するわけにいきません。業種等の特性を勘案して判断することが必要です。

【チェックポイント】

①過剰投資の有無に留意する。
②ファイナンスリース利用の度合に留意する。重要な場合にはこれを設備に加算する。

【関連比率】

　1人当り売上高（生産高）（276頁），労働装備率（281頁）を参照。

設備利用率（有形固定資産回転率）　　　　　　　　　　　　　　（単位：回）

区　分	調査年度				
	2008年	2009年	2010年	2011年	2012年
全産業	3.00	2.51	2.68	2.76	2.77
製造業	4.26	3.66	4.07	4.17	4.19
建設業	6.99	5.70	5.44	5.49	6.01
卸売業	32.33	22.73	23.95	25.09	25.05
小売業	4.46	4.26	4.18	4.04	3.91

出所：産業別財務データハンドブック（日本政策投資銀行設備投資研究所）

4 生産性・付加価値　　4 資本生産性　　1 総資本投資効率

【算式】

$$\text{総資本投資効率（％）} \atop \text{（総資本生産性）} = \frac{\text{付加価値}}{\text{負債純資産合計（平均）}} \times 100$$

（注）分母の平均は「(前期末＋当期末)÷2」による

【算式の意味】

総資本投資効率は，企業に投下運用されている総資本が何％の付加価値を生み出しているかという総資本生産性を表します。資本生産性は基本的には，

$$\text{資本生産性（％）} = \frac{\text{付加価値}}{\text{純資産}} \times 100$$

で表されます。分母の純資産が総資本の場合は総資本生産性，それが自己資本の場合は自己資本生産性となりますが，資本生産性の総合指標がこの総資本生産性です。

【評価】

総資本投資効率は，次のように総資本回転率と付加価値率に分解されます。

$$\text{総資本投資効率（％）} = \frac{\text{付加価値}}{\text{負債純資産合計（平均）}} \times 100$$

$$= \frac{\text{売上高（生産高）}}{\text{負債純資産合計（平均）}} \times \frac{\text{付加価値}}{\text{売上高（生産高）}}$$

したがって，評価にあたっては総資本回転率，付加価値率の両面から検討することが必要となります。

【チェックポイント】

○評価に同じ。

【関連比率】

総資本回転率（78頁），付加価値率（278頁）を参照。

4 生産性・付加価値　4 資本生産性　2 設備投資効率

［算式］

$$設備投資効率（\%）（設備資本生産性） = \frac{付加価値}{有形固定資産（除建設仮勘定）（平均）} \times 100$$

（注）分母の平均は「（前期末＋当期末）÷2」による

［算式の意味］

設備投資効率は，企業に投下運用されている資本のうちの設備資本が何％の付加価値を生み出しているかという設備資本生産性を表します。

［評価］

設備投資効率は次のように設備利用率（有形固定資産回転率）と付加価値率に分解されます。

$$設備投資効率(\%) = \frac{付加価値}{有形固定資産（除建設仮勘定）（平均）} \times 100$$

$$= \frac{売上高（生産高）}{有形固定資産（除建設仮勘定）（平均）} \times \frac{付加価値}{売上高（生産高）}$$

したがって評価にあたっては設備利用率と付加価値の両面から検討することが必要となります。

［チェックポイント］

①評価に同じ。

②ファイナンスリース利用の度合に留意し，重要な場合には，これを設備に加算して分析することも必要。

［関連比率］

付加価値率（278頁），設備利用率（283頁）を参照。

4章　生産性・付加価値

設備投資効率（資本生産性）　　　　　　　　　　　　　　　　　　（単位：％）

区　分	調査年度				
	平成20年	平成21年	平成22年	平成23年	平成24年
全産業	59.5	59.5	60.6	62.2	66.3
製造業	65.5	62.8	71.8	71.8	72.3
建設業	110.2	122.3	116.3	112.2	113.7
卸売業・小売業	86.9	88.7	90.3	97.9	95.1

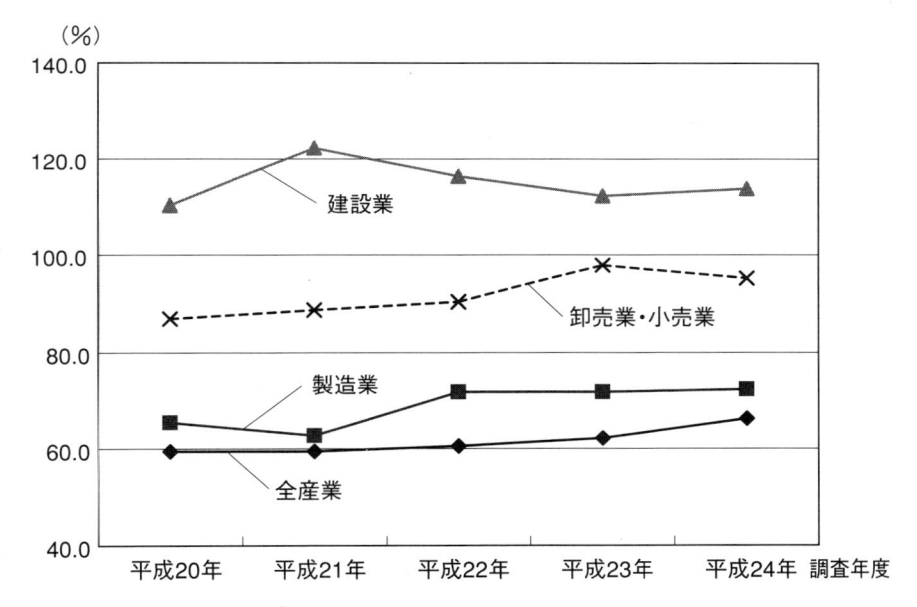

出所：財務省法人企業統計年報

4 生産性・付加価値　4 資本生産性　3 資本集約度

算式

$$資本集約度（千円）＝\frac{負債純資産合計（平均）}{従業者数（平均）}$$

（注）分母の平均は「（前期末＋当期末）÷2」による

算式の意味

資本集約度は従業者1人当りの総資本装備率で，広義の労働装備率であるということもできます。

前述の総資本投資効率に資本集約度を乗ずると次のように労働生産性となります。

$$\underset{(総資本投資効率)}{\frac{付加価値}{負債純資産合計（平均）}} \times \underset{(資本集約度)}{\frac{負債純資産合計（平均）}{従業者数（平均）}} = \underset{(労働生産性)}{\frac{付加価値}{従業者数（平均）}}$$

資本生産性と労働生産性の関係

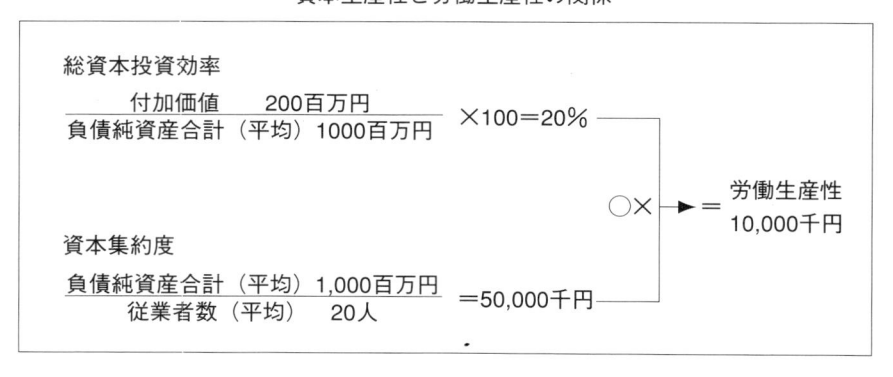

```
総資本投資効率
   付加価値          200百万円
─────────────── ×100＝20％
負債純資産合計（平均） 1000百万円
                                        ○× ＝ 労働生産性
資本集約度                                      10,000千円
負債純資産合計（平均） 1,000百万円
─────────────── ＝50,000千円
従業者数（平均）      20人
```

— 288 —

4章 生産性・付加価値

[評価]

　資本集約度は低いよりも高い方が良いのは当然ですが，高すぎることは過剰資本，過大資本（とくに過大負債）として問題となります。

　また，上式のように資本集約度は資本生産性と労働生産性をつなぐ指標ですから，資本集約度を単独で評価するのではなく，資本生産性，労働生産性との関連で検討することが必要です。

[チェックポイント]

○評価に同じ。

[関連比率]

　労働生産性（273頁），総資本投資効率（285頁）を参照。

4 生産性・付加価値　5 分配率　1 労働分配率

［算式］

$$労働分配率（％）= \frac{人件費}{付加価値} \times 100$$

（注）分母の平均は「（前期末＋当期末）÷2」による

［算式の意味］

付加価値のうち人件費の割合を示します。人件費は，生産要素（労働＋資本）のうち労働に帰属する，労働に分配される部分ですから，その高低は，「公正配分」という視点から労使間で重視される分配率です。なお，労働分配率の分子，分母を逆にすると，$\frac{付加価値}{人件費}$ となって，人件費当り生産性を表します。

［評価］

労働分配率は，次のように人件費水準と労働生産性に分解されます。

$$労働分配率（％）= \frac{人件費}{付加価値} \times 100$$

$$= \frac{人件費}{従業者数（平均）} \div \frac{付加価値}{従業者数（平均）}$$

たとえば今期1人当り人件費600万円で，1人当り付加価値1,200万円の場合には，労働分配率は50％ですが，次期に人件費水準は600万円と変わらなくても，労働生産性が低下し，1人当り付加価値が1,000万円になると，労働分配率は60％に上昇します。したがって，労働分配率は単純に高い方が良いと考えることは誤りで，むしろ高すぎることが問題であるケースも少なくありません。

［チェックポイント］

○評価に同じ。

［関連比率］

労働生産性（273頁），人件費水準（294頁）を参照。

4章　生産性・付加価値

付加価値構成比（2012年度）　　　　　　　　　　　　　　　（単位：％）

区　分	全産業	製造業	建設業	卸売業	小売業
人件費	51.7	61.6	81.9	76.6	47.4
支払利息・割引料	3.0	2.2	1.3	6.9	0.8
租税公課	9.8	7.8	7.8	10.9	7.5
減価償却費	18.0	17.2	1.8	7.4	8.7
その他	17.5	11.2	7.2	▲1.8	35.5

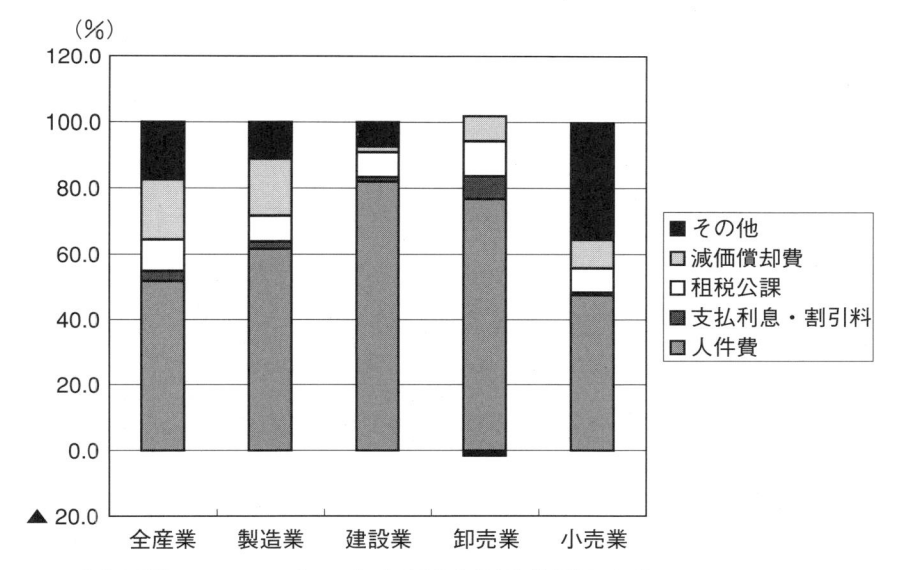

出所：産業別財務データハンドブック（日本政策投資銀行設備投資研究所）

4 生産性・付加価値　5 分配率　2 資本分配率

[算式]

$$資本分配率（\%） = \frac{経常利益（または当期利益）}{付加価値} \times 100$$

[算式の意味]

付加価値のうち，自己資本に帰属する利益の割合を示し，その高低は労働分配率と同様に公正配分という視点から労使間で重視される分配率です。

[評価]

総資本投資効率（総資本生産性）に資本分配率を乗ずると収益性の総合指標である総資本利益率になります。

$$\frac{付加価値}{負債純資産合計（平均）} \times \frac{経常利益}{付加価値} = \frac{経常利益}{負債純資産合計（平均）}$$
$$（総資本投資効率）\quad（資本分配率）\quad（総資本経常利益率）$$

このように資本分配率は資本生産性と収益性をリンクする指標で，生産性と収益性は深くかかわっていることがわかります。

したがって，単純に高ければ良いとするのではなく，収益性への影響の度合も評価することが必要となります。

[チェックポイント]

○評価に同じ。

[関連比率]

総資本経常利益率（34頁），総資本投資効率（285頁）を参照。

4章 生産性・付加価値

生産性と収益性のリンケージ

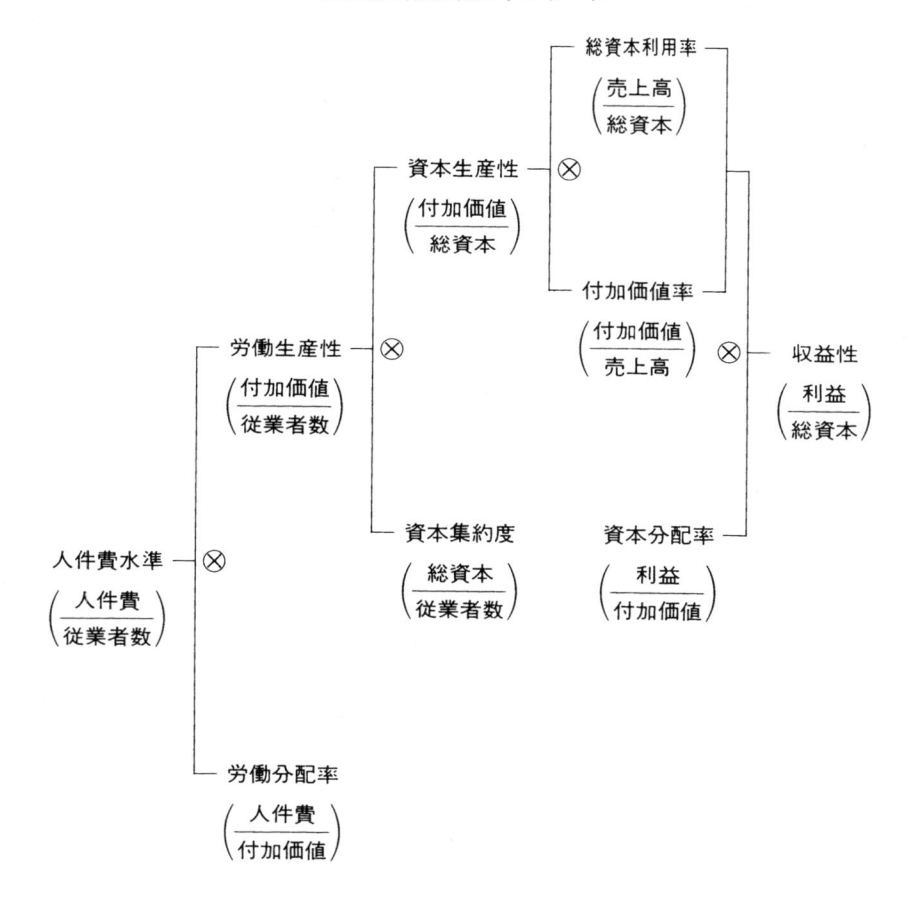

$$\text{労働生産性}\left(\frac{\text{付加価値}}{\text{従業者数}}\right) = \text{資本生産性}\left(\frac{\text{付加価値}}{\text{総資本}}\right) \otimes \text{資本集約度}\left(\frac{\text{総資本}}{\text{従業者数}}\right)$$

$$\text{資本生産性}\left(\frac{\text{付加価値}}{\text{総資本}}\right) = \text{総資本利用率}\left(\frac{\text{売上高}}{\text{総資本}}\right) \otimes \text{付加価値率}\left(\frac{\text{付加価値}}{\text{売上高}}\right)$$

$$\text{収益性}\left(\frac{\text{利益}}{\text{総資本}}\right) = \text{資本生産性}\left(\frac{\text{付加価値}}{\text{総資本}}\right) \otimes \text{資本分配率}\left(\frac{\text{利益}}{\text{付加価値}}\right)$$

$$\text{人件費水準}\left(\frac{\text{人件費}}{\text{従業者数}}\right) = \text{労働生産性}\left(\frac{\text{付加価値}}{\text{従業者数}}\right) \otimes \text{労働分配率}\left(\frac{\text{人件費}}{\text{付加価値}}\right)$$

4 生産性・付加価値　5 分配率　3 人件費水準

［算式］

$$人件費水準（千円）=\frac{人件費}{従業者数（平均）}$$

（注）分母の平均は「（前期末＋当期末）÷2」による

［算式の意味］

1人当りの人件費額（年間）で，平均年齢，男女比率，正社員と臨時社員の比率等でかなり異なります。人件費とは人にかかる費用一切で給料賞与のほか退職手当（引当金繰入を含む），法定福利費，福利厚生費等を含みます。人件費水準は「賃金水準」と呼ばれる場合もあります。

［評価］

人件費水準は高いほど，その企業における従業者の処遇が良いことになります。

しかし，人件費水準は次式のように，労働生産性と労働分配率によって決まりますので，労働分配率がほぼ一定の水準（たとえば50％など）で推移する場合には，労働を生産性の向上が人件費水準向上の重要な要素となります。

$$人件費水準（千円）=\frac{人件費}{従業者数（平均）}$$

$$=\frac{付加価値}{従業者数（平均）}\times\frac{人件費}{付加価値}$$

［チェックポイント］

①とくに労働生産性との関連に留意する。
②当該企業の平均年齢，人員構成等の特徴をつかんでおく。

［関連比率］

労働生産性（273頁），労働分配率（290頁）を参照。

4章 生産性・付加価値

労働生産性　10,000千円 ↗ 12,000千円

労働分配率　50% → 50%

1人当り人件費　5,000千円 ↗ 6,000千円

人件費水準の向上には労働生産性向上が必要です

4 生産性・付加価値　5 分配率　4 生産性基準原理

【算式】

$$\text{合理的な人件費上昇率} = \text{労働生産性の伸び率} - \left(\text{1人当り投資経費等の伸び率} \times \text{労働生産性の伸び率} \right) \times \text{修正係数}$$

(注) 1. 修正係数 = $\dfrac{\text{投資経費等比率}}{1 - \text{投資経費等比率}}$

2. 投資経費等比率 = $\dfrac{\text{減価償却費} + \text{金融費用} + \text{賃借料} + \text{租税公課}}{\text{付加価値}}$

【算式の意味】

　生産性基準原理というのは旧日経連が提唱する合理的な人件費の決定基準をいいます。この算式の特徴は，付加価値の中の投資経費等がやむなく増加する場合には，労使協調の思想にもとづき，その追加分を労使が公正に負担しようとするもので，その場合の合理的な人件費上昇率が計算されます。

〈設例〉

　K社では，今期の付加価値構成は，1人当り付加価値1,000万円，うち1人当り投資経費等400万円，1人当り人件費500万円，1人当り利益100万円となっています。次期においては，労働生産性は12％上昇する見込みですが，そのために必要であった設備投資に伴う経費がこれを超えて20％増加する見込みです。このような場合，労使共同負担の考え方にもとづけば，次期の人件費上昇率は何％に抑えなければならないか。

　生産性基準原理の公式にあてはめると，合理的な人件費上昇率は次のように6.67％となります。

　　合理的な人件費上昇率 = 12％ － （20％ － 12％） × 66.7％
　　　　　　　　　　　　= 12％ － 5.33％ = 6.67％

　　ただし修正係数 = $\dfrac{40\%}{1 - 40\%}$ = 66.7％

4章　生産性・付加価値

この結果，次期の各分配率は次のように変化します。

	〔今期〕		〔次期〕	
1人当り付加価値	1,000万円	(100%) →12%アップ	1,120万円	(100%)
うち1人当り投資経費等	400	(40%) →20% 〃	480万円	(42.9%)
〃　1人当り人件費	500	(50%) →6.67%	533.4	(47.6%)
〃　1人当り利益	100	(10%) →6.67%	106.6	(9.5%)

つまり，投資経費等の増加を人件費（労）と利益（使）で分け合ったことになります。

労使共同負担の考え方

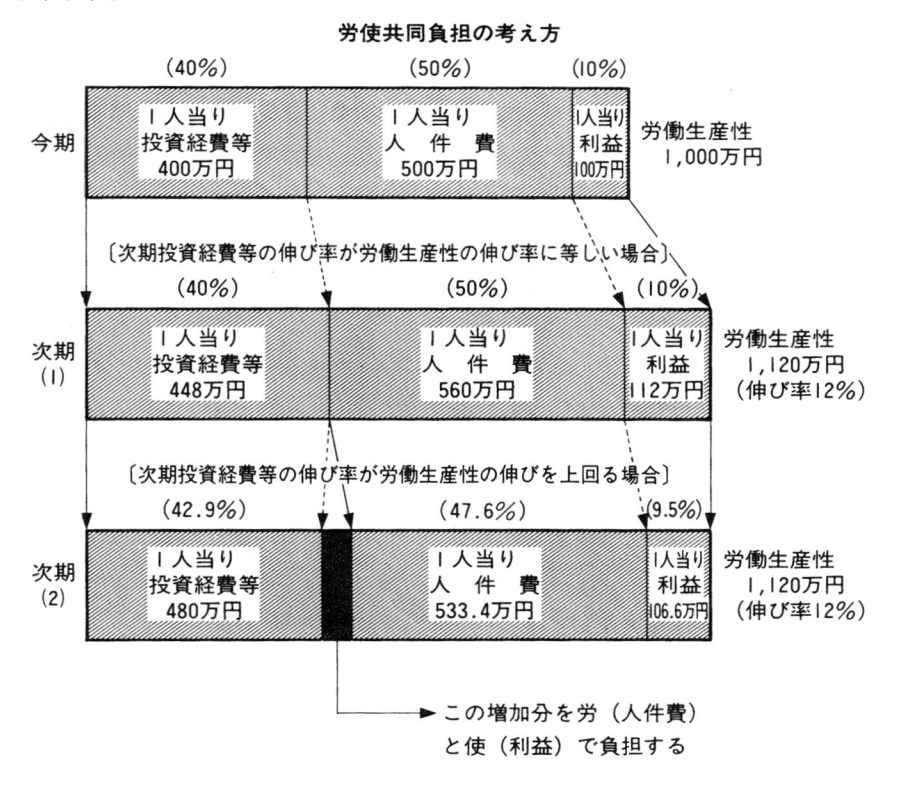

今期：
- 1人当り投資経費等 400万円 (40%)
- 1人当り人件費 500万円 (50%)
- 1人当り利益 100万円 (10%)
- 労働生産性 1,000万円

〔次期投資経費等の伸び率が労働生産性の伸び率に等しい場合〕

次期(1)：
- 1人当り投資経費等 448万円 (40%)
- 1人当り人件費 560万円 (50%)
- 1人当り利益 112万円 (10%)
- 労働生産性 1,120万円（伸び率12%）

〔次期投資経費等の伸び率が労働生産性の伸びを上回る場合〕

次期(2)：
- 1人当り投資経費等 480万円 (42.9%)
- 1人当り人件費 533.4万円 (47.6%)
- 1人当り利益 106.6万円 (9.5%)
- 労働生産性 1,120万円（伸び率12%）

→この増加分を労（人件費）と使（利益）で負担する

— 297 —

4 生産性・付加価値 5 分配率 5 適正採算人員

[算式]

$$適正採算人員（人）= \frac{付加価値 \times 労働分配率}{1人当り人件費}$$

[算式の意味]

企業における人件費枠は，

人件費枠　　　　＝人数×人件費水準　　＝付加価値×労働分配率
（企業のコスト）　　　（個人の収入）

と考えることができます。

この式からわかるように，企業が高水準の人件費を維持するためには，①付加価値を高めて人件費枠を大きくする，②少数精鋭により人件費水準を大きくする，という2通りの方法しかありません。

したがって，要員計画は各職場の必要人員数から積上げ式にきめるのではなく，付加価値や人件費水準からマクロ的に検討することが必要で，上式はこのための等式です。

〈設例〉

K産業では現在の付加価値額1,000百万円，労働分配率50％，1人当り人件費500万円，従業者数は100名です。いま仮に付加価値額と労働分配率はそのままで，1人当り人件費を550万円にアップしようとすれば，その場合の適正採算人員は次のように91名となります。

$$適正採算人員 = \frac{付加価値1,000百万円 \times 労働分配率50\%}{1人当り人件費550万円} = 91人$$

4章　生産性・付加価値

[関連比率]

付加価値（加工高）（270頁），労働分配率（290頁）を参照。

和井内　清（わいない　きよし）

〈略歴〉
昭和5年　東京都出身。
昭和33年　公認会計士第三次試験合格，約10年間企業(機械工業)に勤務。
昭和44年　監査法人栄光会計事務所(現新日本有限責任監査法人)入所。
平成8年　同法人退所。なお，この間に日本公認会計士協会常務理事，大蔵省公認会計士試験委員等を歴任。

〈著書〉　損益分岐点の実務（日経文庫），財務分析ABC，社長のための時価会計，連結決算書入門（共著）（いずれも銀行研修社）利益とキャッシュフローの総合管理（清文社），他10数冊。

|最新| 図解・イラストでみる財務分析ＡＢＣ　〈検印省略〉

平成5年9月1日　初版発行1刷　　平成16年9月2日　最新版発行
　8刷　平成8年2月14日　　　　　5刷　平成26年7月14日
平成9年2月1日　第二版発行
　3刷　平成14年3月8日

著　者　和井内　清
発行者　星野　広友

発行所　株式会社　銀行研修社
東京都豊島区北大塚3丁目10番5号
電話　東京　03(3949)4101(代表)
振替　00120-4-8604番　〒170-8460

印刷／神谷印刷株式会社　　　　ISBN4-7657-4120-0 C2033
製本／株式会社常川製本
落丁・乱丁本はおとりかえします。
2004 © Printed in Japan
★定価はカバーに表示してあります。

謹告　本書の全部または一部の複写，複製，転記載および磁気または光記録媒体への入力等は法律で禁じられています。これらの許諾については弊社・秘書室(TEL03-3949-4150　直通)までご照会ください。

銀行研修社の好評図書ご案内

融資担当者のキャリアアップのための 融資審査演習教本
B5判・並製・232頁
定価 2,300円＋税
ISBN978-4-7657-4330-3

石原泰弘 編著

本書は、融資申込から与信判断までの事例を取り上げ、実践的な審査の応用力を身に付けることができます。融資担当者、役席者の融資判断パワーアップ養成に最適な書。

貸出条件緩和債権先・経営改善計画策定先の的確な査定はどう行うか 貸出金査定Q＆A
A5判・並製・208頁
定価 1,600円＋税
ISBN978-4-7657-4326-6

深田建太郎 編著

自己査定は、金融機関が信用リスクを管理するためとともに、自己資本比率を正確に算定するために欠かせない重要な作業であり、特に貸出債権の査定については、融資担当者の必須の技能・知識であるといえます。本書は査定実務において必要な知識を体系的にかつQ＆A形式でまとめた、金融機関行職員の必携書です。

金融円滑化法の管理・説明・サポートの実際
A5判・並製・240頁
定価 2,100円＋税
ISBN978-4-7657-4323-5

金融円滑化法実務研究会 編

金融円滑化の現場において主導的な役割を果たすことが期待される金融円滑化管理責任者・顧客説明管理責任者・顧客サポート管理責任者等に求められる役割から、営業店等の現場で必要とされる金融円滑化・顧客説明・経営相談、改善支援の実務を解説しました。

新訂 貸出条件変更・管理の実務
A5判・並製・176頁
定価 1,800円＋税
ISBN978-4-7657-4350-1

金融円滑化法実務研究会編／弁護士 小田大輔監修

本書は具体的な貸出条件変更・返済条件緩和の手法について、解説するとともに、条件変更後最も重要である再建計画の進捗状況管理についても具体的に解説しました。いかに中小企業の経営改善のコンサルティングを行っていくかを解説した、金融機関職員の必携書です。

貸し渋り・貸し剥がし批判を防ぐ！ 融資円滑説明術
A5判・並製・224頁
定価 1,905円＋税
ISBN978-4-7657-4302-0

中村 中 著

本書は、中小企業の融資審査結果が相手の期待に反する場合、どのように説明すればよいかについて、この道のベテラン著者が事例を掲げて具体的に解説した融資・法人担当者の必携書です。

第二版 貸出条件緩和先の再建計画書
A5判・並製・256頁
定価 2,286円＋税
ISBN978-4-7657-4320-4

中村 中・久保田 博三・渡邊 賢司 編著

金融検査マニュアル別冊記載の再建計画作成事例を規範として、要管理先・破綻懸念先等の再建計画書の作り方・見方を債務者区分別及び業種別にケーススタディ形式で解説した、全行職員の必携書。3事例追加。

最新 業種別審査小事典
上巻 A5判・並製・368頁・定価2,667円＋税
下巻 A5判・並製・336頁・定価2,667円＋税
上巻ISBN978-4-7657-4296-2／下巻ISBN978-4-7657-4291-7

編集協力 東京商工リサーチ

本書は、店周企業はもちろん、分布に地域的性格のある企業も含め上下通巻684業種について、当該業種の今日的な趨勢と課題、審査の勘所をコンパクトにまとめた融資担当者必携の書。

企業観相術
A5判・並製・208頁
定価 1,810円＋税
ISBN978-4-7657-4272-6

依馬 安邦 著

財務データや書類だけにとらわれず、担当者自身の五感を活用することによって企業の真の姿を見極め、的確な信用判定につなぐ力が身につく、融資担当者必携の書です。

▶最寄の書店で品切れの際は、小社へ直接お申込ください。

銀行研修社の好評図書ご案内

第二版 事業承継とM&A
中央綜合税理士法人 編著

A5判・並製・264頁
定価2,300円＋税
ISBN978-4-7657-4304-4

経営者の子息が事業を承継する割合が減り、親族以外の者が承継する割合が増加しています。事業承継の悩みを抱えている方々に、役員等への承継、M&A、IPOなど事業承継の方法をアドバイスするために知っておくべき基礎的事項を詳しく解説した、これからの法人担当者必読の書です。

第二版 相続預金取扱事例集
木内是壽 著

A5判・並製・302頁
定価2,400円＋税
ISBN978-4-7657-4097-8

長年数多くの相続案件を取り扱ってきた著者が、貴重な経験とノウハウをすべて開示し、初期動作から具体的実務手順、書類の作成、法的処理まで網羅しました。顧客折衝にあたる渉外、窓口担当者の必携書です。

中小零細企業支援実例集
中央総合研究所 著

A5判・並製・256頁
定価2,000円＋税
ISBN978-4-7657-4334-1

非常に厳しい経営環境の中で、企業自ら実践したあるいは金融機関等の支援を受けて業績を維持・向上させてきた具体的事例を多数収載。取引先への経営支援ヒント満載の金融機関法人担当者必読の書。

貸出条件緩和債権先・経営改善計画策定先の的確な査定はどう行うか 貸出金査定Q&A
深田建太郎 編著

A5判・並製・208頁
定価1,600円＋税
ISBN978-4-7657-4326-6

自己査定は、金融機関が信用リスクを管理するためとともに、自己資本比率を正確に算出するために欠かせない重要な作業であり、特に貸出債権の査定については、融資担当者の必須の技能・知識であるといえます。本書は査定実務において必要な知識を体系的にかつQ&A形式でまとめた、金融機関行職員の必携書です。

第二版 事例に学ぶ自己査定120のポイント
深田建太郎 編著

A5判・並製・224頁
定価2,200円＋税
ISBN978-4-7657-4391-4

旧版「事例に学ぶ自己査定100のポイント」を、取引先を査定する第一歩である財務諸表やビジネスモデルの検証ポイントや、取扱いが明確化された資本性借入金への対応を追加し、実務に対応した構成にバージョンアップした改訂版です。自己査定を的確に進めるための完全版となりました。

銀行員のためのM&A入門
デロイト トーマツ FAS 編著

A5判・並製・320頁
定価2,800円＋税
ISBN978-4-7657-4282-5

中堅・中小企業の事業承継や過剰債務での悩み、あるいは戦略的提携の希望など、M&Aが解決の処方箋の一つとなる場合に、コンサルティング機能をいかんなく発揮できるよう、M&Aの基礎知識を余すところなく解説した一冊です。

プロが語る企業再生ドラマ
清水 直 著

A5判・上製・368頁
定価3,000円＋税
ISBN978-4-7657-4266-5

著者の40数年間の弁護士生活で関与した数多くの案件から14件を厳選し、日々の実践の中で体得した公正・衡平・遂行可能という「企業再生の理念」に基づくノウハウを随所にちりばめた実例集です。

第五版 貸出稟議書の作り方と見方
銀行研修社 編

A5判・並製・248頁
定価2,200円＋税
ISBN978-4-7657-4365-5

①貸出案件の採上げから貸出実行まで実務処理に即しての留意点、②稟議項目および稟議書付属書類の具体的作成方法、③稟議書の実際例から「良い稟議書」の記述方法、④貸出稟議書を通して的確に判断できる「技」と「眼」を養成する記載内容のチェック方法等について、基礎から実践レベルまでの内容を解説した基本書です。

▶最寄の書店で品切れの際は、小社へ直接お申込みください。

銀行研修社の好評図書ご案内

第三版 融資業務180基礎知識
融資業務研究会 編

A5判・並製・352頁
定価2,300円+税
ISBN978-4-7657-4339-6

融資の目的、取引の相手方の調査から資金使途、与信判断、保全措置、貸付実行、貸付事後管理など融資業務に必要な基礎180項目を精選し平易に解説した、融資業務担当者必携の一冊です。

ベテラン融資マンの知恵袋
寺岡雅顕 著

A5判・並製・256頁
定価2,200円+税
ISBN978-4-7657-4422-5

長年地域金融機関の融資の第一線で活躍してきた"ベテラン融資マン"が、初めて融資に携わる方を対象に、「これさえ読めばとりあえず融資の実務で困らない」基礎知識を易しく解説しました。まさに、融資の入門書としての決定版です。

第二版 最新 図版・イラストでみる決算書分析ABC
新日本有限責任監査法人 著

A5判・並製・304頁
定価2,095円+税
ISBN978-4-7657-4237-5

決算書の勘定科目数字は企業の財務状況のほか、企業自体の業況を表しています。本書は、決算書がまったくわからない初心者にもすぐ活用できるように、100の勘定科目のしくみと見方を解説し、決算書分析の勘どころをまとめました。

第十一版 決算書読破術
齋藤幸司 著

A5判・並製・268頁
定価2,190円+税
ISBN978-4-7657-4234-4

融資担当・渉外担当の仕事で一番困るのは、企業の決算書が"粉飾"されている場合です。本書は、初心者でも「面白く読んですぐわかる」ように具体例を挙げて、より易しく解説した画期的な内容です。会社法の施行による決算書の内容や貸借対照表の区分表示の変更にも対応した最新版。

融資渉外のための面談観察術
佐野修一/平井謙一 著

A5判・並製・240頁
定価1,800円+税
ISBN978-4-7657-4340-2

徴求した決算書の分析だけでは見えてこない、中小企業の真の姿を読み解くために必須の面談テクニック及び情報処理手法が満載された、融資渉外担当者の指南書です。

図解 全銀協の電子債権記録機関でんさいネットによる 電子記録債権の実務Q&A
全国銀行協会 電子債権記録機関設立準備室 著

A5判・並製・136頁
定価1,200円+税
ISBN978-4-7657-4321-1

全国銀行協会が、全金融機関参加型として開業する電子債権記録機関（通称：でんさいネット）の仕組みと実務をQ&A形式で分かりやすく解説した入門書。

キーワードで学ぶ企業分析
中島 久著

A5判・並製・212頁
定価1,714円+税
ISBN978-4-7657-4150-7

本書は企業の実態分析を行う際に着眼点とするべきさまざまなテーマを『キーワード』としてピックアップし、解説した、企業分析を行うすべての担当者にとって座右の一冊。

第二版 中小企業財務の見方超入門
久田友彦 著

A5判・並製・278頁
定価2,000円+税
ISBN978-4-7657-4240-5

中小企業の場合、決算書の勘定科目や内容が不明瞭であてにならないこと、さらに、企業規模が小さいことから少額の変動でも比率が極端に変化します。本書は、金融機関の渉外担当者が知っておかなければならない中小企業財務の見方のノウハウを示した基本書。

▶最寄の書店で品切れの際は、小社へ直接お申込ください。